■ 湖北省高校人文社科重点研究基地南方少数民族研究中心，国家民委人文社科重点研究基地武陵山少数民族经济社会发展研究基地，武陵山民族文化与旅游发展湖北省协同创新中心研究成果。

文化多样性与地方治理丛书·总主编　戴小明

责任政府研究

——从地方治理的视角

徐铜柱　著

中国社会科学出版社

图书在版编目（CIP）数据

责任政府研究：从地方治理的视角／徐铜柱著．—北京：中国社会科学出版社，2015.6

ISBN 978－7－5161－6386－3

Ⅰ．①责…　Ⅱ．①徐…　Ⅲ．①地方政府—行政管理—研究—中国　Ⅳ．①D625

中国版本图书馆 CIP 数据核字（2015）第 146992 号

出 版 人　赵剑英
责任编辑　孔继萍　梁剑琴
责任校对　闫　萃
责任印制　何　艳

出　　版　中国社会科学出版社
社　　址　北京鼓楼西大街甲 158 号
邮　　编　100720
网　　址　http://www.csspw.cn
发 行 部　010－84083685
门 市 部　010－84029450
经　　销　新华书店及其他书店

印刷装订　北京市兴怀印刷厂
版　　次　2015 年 6 月第 1 版
印　　次　2015 年 6 月第 1 次印刷

开　　本　710×1000　1/16
印　　张　16
插　　页　2
字　　数　271 千字
定　　价　58.00 元

凡购买中国社会科学出版社图书，如有质量问题请与本社联系调换
电话：010－84083683

总　序

湖北民族学院地处鄂渝湘黔四省（市）毗邻的武陵山片区腹地——恩施土家族苗族自治州，长期以来，学校始终牢记“面向少数民族和民族地区，为少数民族、民族地区和国家战略服务”的办学宗旨，坚持“立足湖北、面向西部、服务基层、辐射全国”的办学定位。近年来，依托民族地区、武陵山区，哲学社会科学专业建设、学科发展充分发挥省级科研平台湖北省人文社会科学重点研究基地——南方少数民族研究中心的团队凝聚和辐射功能，以“大民族学”的视阈来开展科学研究、构建优势学科体系、凝练特色学科方向，保持和加强在“一州”（恩施自治州）、“一区”（武陵山片区）、“一族”（土家族）研究领域的独特优势，努力在民族文化保护与传承、生物多样性与生态安全、区域经济发展与环境保护、鄂西生态旅游圈建设，以及民族区域治理等领域产生具有重大影响的理论成果，占领学术研究的高地。

在湖北省高等学校创新能力提升计划（简称“2011 计划”）的支持下，呈现在广大读者面前的这套《文化多样性与地方治理丛书》，是一个大型的跨学科协同研究项目，涉及文化学、历史学、民族学、政治学、法学、经济学、管理学等学科领域。该项目的目的不仅在于展示湖北民族学院及“2011 计划”协同单位学者相关研究的最新成果，更在于激励具有创新精神的年轻学者脱颖而出。丛书的研究内容既有对地方治理政策框架的宏观讨论，也有对民族地方具体政策法规的微观分析，还有对社会文化变迁的细致考察，从丛书的选题和研究内容来看，它们本身就带有文化多样性的特点。丛书的作者都是接受过系统专业学习和学术训练的博士，既有已经在学界崭露头角的中青年专家，也有初出茅庐的青年才俊，虽然有的著作可能还略显稚嫩，但都显示出了每一位研究者良好的创新能力和较为扎实的基本功底。

一方山水养育一方人，有什么样的风土，就有什么样的人文；有什么样的文化，就有什么样的地方风貌。地方政府是国家政治制度的重要组成部分，不了解前者，就不能了解后者。每一个国家只有一个中央政府，却有多个地方政府。地方政府与民众的日常生活更为息息相关，与多样性的地理和社会生态环境的联系更为密切。地方政府的重要性，不仅源于与它有关的政治和政治家们，源于在地方这一级所提供的服务的数量，而且还源于它在增进民主和个人自由方面所作的哲理和道德上的贡献。① 现代治理是德治与法治的结合、道德治理与法律治理的统一，更是文化认同、文化共识之上的规则之治、宪政之治。多民族统一的中国疆域辽阔，地域差别，民族不同，文化多样，历史和现实昭示我们：政府施政不能脱离民族的文化传统和相应的人文环境，只有尊重传统性，包容多样性，关注民族性，才能因地制宜，实现有效治理，达致善治。我国正处在社会转型期，我们期待《文化多样性与地方治理丛书》的出版，能对推动地方治理、特别是民族区域治理能力和水平的提升有所裨益。

值此《文化多样性与地方治理丛书》付梓之际，我们谨向所有对组编工作给予关注、支持和帮助的相关专家，特别是中国社会科学出版社及其编辑者所付出的努力致以衷心的感谢！

戴小明

2013 年 10 月 8 日

---

① 参见［以］柴姆·卡西姆《民主制中的以色列地方权力》，余斌、王荣花译，北京大学出版社 2005 年版，第 1、3 页。

内容摘要

习近平总书记指出，权力就是责任，责任就要担当。我们要增强忧患意识和紧迫感，担负起管党治党的历史使命，做到守土有责、守土尽责。这表明了新时期加快责任政府建设有着特别重要的意义。

责任政府是一种主动作为、敢于担当、勇于负责的政府模式，是适合社会治理目标要求的有效政府类型，既是一种政府理念，又是一种制度安排。作为一种价值理念，它体现出人民的主体性，对人民负责，即政府要积极回应社会和公众的需求，认真履行义务和承担责任，集责任、服务、法治、公正、廉洁、有限理念于一体，具有与时俱进的理论品质。作为一种制度选择，责任政府始终处于对制度、机制、体制不断进行优化的过程中，通过责任制约权力机制的建立，实现权力行政向责任行政的转化，始终保持着制度的先进性和有效性。责任政府具有丰富的理论基础，社会契约论、人民主权论、治理与善治理论、马克思主义中国化的民本观等，构成了责任政府建设的理论源泉，指导责任政府建设的发展方向。责任政府之所以优越于传统官僚制政府模式，是因为具有与社会治理相适应的基本特征和价值诉求。责任政府的特征表现在民主与法治、履责与问责、有限与无限、效率与公平、公开与回应、廉洁与亲民等方面的统一，体现出责任政府的时代特征。责任政府建设要求实现价值理念的转变，即政府本位向责任本位转变、权力行政向法治行政转变、为民做主向由民做主转变、政府主导向合作治理转变、集权管理向分权管理转变、暗箱操作向透明行政转变，彰显出责任政府改革和发展的前进方向。正因为如此，建设责任政府意义重大，既可强化责任理念、重塑政府形象，又可转变政府职能、提升社会治理能力；既可推进民主行政、提高决策水平，又可促进公平施政、维护社会和谐稳定。

从地方治理的视角审视和建设责任政府，首先需要对政府履行地方社会治理职责的现状有一个清晰的认识。政府在地方社会治理中已取得了显著的成效、获得了许多成功经验的同时，也还存在一些问题，特别是离小康社会目标诉求还有较大的差距，突出表现为一些地方政府在社会治理责任方面存在缺位与不足。比如基础性公共服务责任不足、社会治理责任的重心发生位移、公权与私权的矛盾以及地方政府履责行为的选择性等方面存在一些亟待解决的现实问题。究其原因，一是传统“官本位”思想的政治文化生态的惯性作用难以一时消除；二是现代政府的公共精神、责任理念、法治意识在许多地方政府及其官员心中还没能形成主流意识，自觉弘扬的动力不足；三是政府运行体制中的弊端制约责任政府建设的发展；四是制度缺陷成为责任政府建设的困境；五是利益集团的选择障碍增加了责任政府建设的难度。

责任政府的职责重心应该放在人民最关心、最直接、最现实的利益问题上。把握地方政府的治理责任内容是建设责任政府的重要前提。从地方治理面临的现实问题探讨责任政府治理责任的重点，才能更好地发挥政府职能，使保障和改善民生工作更加科学有效。从构建社会秩序的视角看，应强化政府维护稳定的治理责任；从社会良性运行的视角看，应强化政府的民生性保障责任；从生活生产安全的视角看，应强化政府的安全监督管理责任；从社会环境优化的视角看，应强化政府的生态等方面的治理责任；从基础保障的视角看，应增强政府的经济发展责任。

一些地方政府在履责行为方面存在选择性，与责任政府的担当品质相违背。当前，实现责任担当迫切需要强化地方政府的履责动力。在社会常态化状态下，可以从推进事业发展、回应社会问题、执行上级指令、完善政府建设等方面来强化政府的履责动力。在社会特殊时期，应通过高层领导意志、自上而下的压力机制、自下而上的倒逼机制来激发地方政府的履责动力。同时，优化政府履责的传统方法，创新政府社会管理的现代方法，并将传统方法和现代方法有机结合起来，以增强政府履责实效。

敢于负责、勇于担当是责任政府的显著特征，与之相适应的是行政问责制的建立与完善。行政问责既是责任政府建设的重要内容，又是一种有效的制度安排。责任政府不仅要求政府明确职责内容并敢于负责，而且更要明确政府履责失败必须承担责任并接受相应的责任追究，这种责任追究是一种否定性的惩罚措施。加强行政问责是有效促进政府履责的制度保障。

建设责任政府是完善国家治理体系和提升国家治理能力的重要内容。而责任政府建设是一项复杂而系统的工程，要在改革创新中不断优化责任政府建设的相关措施：一是树立责任至上、公众至上、服务精神、诚信品质、公平正义观念以优化责任政府理念；二是围绕服务型政府、法治政府、有限政府、廉洁政府的目标要求塑造政府类型以优化责任政府的目标模式；三是重构政府职能结构、理顺政府职能关系以优化责任政府职能结构关系；四是健全决策、执行、监督机制以优化责任政府的运行机制；五是完善合同化管理、绩效管理、电子政务等手段以优化责任政府的管理方法；六是通过强化环保职能、理顺政府及部门之间关系以实现区域之间、政府与社会、政府与自然等关系的和谐发展。

关键词：责任政府；政府责任；地方治理；公共服务；担当精神；问责制

目　录

导　论

引　言：本章的主要内容是文章研究的前提和基础，包括四个方面：研究背景介绍了选题缘由以及当前政府改革和社会治理的紧迫性，凸显责任政府建设的重要意义。通过文献梳理法对该领域的国内国外研究现状进行全面分析与归纳总结，以期找准研究的重点。厘清本书的研究思路，构建本书的内容框架。着力从研究视角、研究对象和论证材料等方面予以创新，并综合运用规范与实证手段相结合、案例等方法以确保本研究的顺利完成。

一　研究背景

（一）问题的缘起

党的十八大报告提出了全面建成小康社会和深化改革开放目标，由此彰显出政府的时代责任和发展方向。因此，“建设什么样的政府”已成为当下的时代命题。服务型政府、责任政府、法治政府等政府模式正逐渐获得人们的认同，成为政府改革发展的方向。从地方治理的视角看，迫切需要政府责任的回归，才能实现政府社会治理目标的现代化诉求。习近平总书记指出，权力就是责任，责任就要担当。我们要增强忧患意识和紧迫感，担负起管党治党的历史使命，做到守土有责、守土尽责。正因为如此，责任政府就成了本研究首选的研究对象。当前，我国正处于从社会管理向社会治理转型的新的历史时期，政府如何做到责任回归并担负起新的责任使命是本研究的逻辑起点。纵观政府社会治理的方式方法，主要经历了“管控”、“管理”、“治理”几个阶段。

从“管控”到“管理”，社会管理日益得到重视。传统社会管理模式的突出特点是“管控为主”，整个社会运转都由政府主导，公共服务内容与方式往往由政府单方面决定甚至强制性实施，较少考虑公众的意愿。这种“管控”方式经历了较长的发展阶段，也产生过许多的积极效果。但伴随社会的发展与进步，“管控”方式的弊端日益显现，直接导致社会管理获得重视。2004 年党的十六届四中全会提出了社会管理的概念，党的十七大、十八大报告都沿用了社会管理的提法。实践证明，但凡有远见的政府都将社会管理上升为政府的重要职能之一加以建设，由此激发人们对社会管理高度的关注，无论是学界还是政界都对社会管理做了深入的探讨。社会管理与政府管理既相区别又相联系，社会管理的有效性离不开政府建设及其作用的发挥，而且政府作为社会管理的核心主体，其价值引领和行为选择决定着社会管理的水平和方向。因此，社会管理理应成为政府的重要职能，做好社会管理工作也就成为政府的应尽责任。然而，仅有上述认识还远远不够，一些地方政府在行政管理的实践中也在努力做一些社会管理的事情，但效果不甚令人满意，许多社会问题越来越严峻。究其原因，这与地方政府的理念、类型、方法、职能等因素是否符合社会发展的现实需要紧密相连。因此，现有的社会管理模式需要不断创新才能适应不断变化的行政生态环境。

经过多年的理论和实践的探索，社会管理尽管已经取得了很大的成就，但许多深层次的问题依然难以从根本上予以解决，时代呼唤对传统的社会管理方式方法进行转型和创新。党的十八届三中全会在认真审视当前国内外面临的新情况和新问题的基础上科学决策，提出了“推进国家治理体系和治理能力现代化”的宏伟目标。从“管理”到“治理”，社会治理顺应时代发展与时俱兴。习近平总书记指出：“治理与管理一字之差，体现的是系统治理、依法治理、源头治理、综合施策。”在现代公共管理理论体系中，国家治理体系和治理能力是公共管理现代化的主要内容，是一个系统工程，只有具有开放的胸怀和长远的政治眼光的政党才会将其纳入治国方略中去。从“管理”到“治理”，一字之变，凸显了政府将实施全方位的现代转型，体现了管理主体的多元、共治、共担、共赢的理念，突出了权力的依法、合规、分享、有序和服务，这既是政府管理理念的重大转变，又是一个重大的改革命题。这一重大决策不仅开启了政府治理的新途径，同时也开启了社会治理的新征程。时不我待，政府只有与时俱进才能践行为人民服务的宗旨，按照社会治理的理念、方式方法来处理和解决当前一系列社会问题，这既是政府的时代责任，同时又是政府自身改革发展的需要。因此，在“治理”理论高扬的时代背景下什么样的政府模式与之相适应，才能达到有效的政府治理目标，无论在理论上还是在实践上都需要做深入的研究和探索。

有效治理需要担当精神，而担当的前提是责任清晰，这就需要建成与发展具有担当精神的责任政府。国内外研究表明，传统政府模式已无法解决现实中的诸多社会问题，社会治理呼唤新的政府模式与之相适应。习近平总书记在参加索契冬奥会期间接受俄罗斯媒体采访时说："我的执政理念，概括起来说就是为人民服务，担当起该担当的责任""牢记责任重于泰山"。这表明了责任政府模式正好顺应当前社会发展的需要，是实现社会治理目标最有效的政府模式之一。责任政府作为一种现代新型政府模式，是现代民主政治发展的产物，具有与时俱进的改革品质，其理念的先进性、机制的灵活性、职能的合理性、手段的科学性和关系的协调性赋予了其更强的执行力、创造力和生命力，能够有效解决社会发展中出现的新情况、新问题，担负起时代赋予的责任。因此，建设责任政府就成为解决社会问题、优化政府社会治理结构和提升政府社会治理能力的重大方略。一方面，社会治理目标的达成依赖于责任政府建设的顺利推进；另一方面，责任政府的重要职责就是加强和创新社会管理，提高政府的社会治理能力，促进社会的公平正义。本研究从地方治理的视角来研究责任政府建设的相关问题，既是责任政府理论发展的需要，又是创新社会治理现实的需要，适应了目前社会治理背景下政府改革发展的新要求，以期对完成全面建成小康社会目标任务作出有益贡献。

（二）背景分析

传统官僚制政府在社会管理中的无效性，需要创新政府模式与之相适应。改革开放三十多年来，政府改革虽然已经取得了很大的成就，但始终还没完全摆脱"官本位"、"权力本位"、"政府本位"思想的束缚，而且在一些地方政府那里还表现得相当严重。一些地方政府在社会治理过程中依然习惯和擅长使用行政手段，认为社会治理就是对公众的"管制"和"约束"，缺乏服务理念和责任精神，不善于使用经济、法律、现代信息技术等手段。政府职能不清，权力界限不明，政府越位、错位、缺位现象依然存在。特别是随着公众的民主意识、维权意识、参与意识的不断增强，互联网、手机、微博、微信等信息技术的广泛使用，大数据背景下政府适应新媒体的能力不强，社会治理思维和手段常常滞后于公众和网民。比如2009年影响全国的"邓玉娇案"，当地政府明显在重视新媒体作用、利用新媒体、引导社会舆论等方面能力不足，反应迟钝，导致了地方政府形象受损，地方政府公信力减弱。再比如2011年发生在某地的连环爆炸案，嫌疑人在案发前多次在微博上发出相关信息，暗示有极端行为发生，由于地方政府相关部门事先没有加强对微博平台的监控与预警，没有关注，因而没有能及时控制事态，最终导致了悲剧发生。网络、微博、短信平台改变了传统的传播模式，个人的一条短信几经转发就会在成千上万人面前呈现，形成网络舆情。而一些地方政府应对网络舆情的方式仍然以宣传、禁令、防止事态扩大为主，这种方式在传统传播时代无疑是非常有效的，但在信息时代就显得有些简单低效，类似问题在其他领域依然存在。许多地方安全生产事故时有发生，据统计2012年全国各地发生安全事故33万起，造成了7.2万人死亡。各地食品药品安全问题时有出现，直接影响到人民群众生命健康安全。各地因强拆、征地、改制引发的矛盾增加，导致了以报复社会为目的的恶性案件和极端事件时有发生。[①] 可见，以政府为中心的管制型政府运行模式已难以适应新时期社会治理的现实需要。因此，改革、创新政府管理模式在社会问题的驱使下已成为一种必然选择，研究和建设责任政府自然成为理性的选择和社会治理的期盼。

社会转型时期突出的社会结构性矛盾呼唤政府责任的回归，要求建设责任政府。近年来，中国社会处于急剧变革的历史时期，机遇与挑战并存，成绩和困难同在。据统计，2011年，中国人均国内生产总值达到5432美元，这标志着中国已跨入中上等收入水平阶段，成为经济大国，确实令人欣喜。但是，经济大国并不等于经济强国，经济发展并不等于社会进步，中国目前的发展存在非良性运行的情况，处于不平衡的发展状态，在经济上取得巨大成绩的同时，政治体制改革、社会建设与管理等方面比较滞后，诸多社会问题相伴而生。这些问题突出表现在收入分配不公、贫富差距加重、社会公平失衡、腐败现象严重、社会保障不足、生态环境恶化、社会诚信缺乏、公共安全堪忧等方面，整个社会步入发展的高速期和矛盾的凸显期，呈现出多变性和不稳定性。与此同时，中国的国际环境也面临着严峻的形势，世界格局也发生了巨大改变，原有秩序已被打破，霸权主义、强权政治和新自由主义泛滥，企图通过私有化抢劫自然资

---

① 光明日报：《为什么要创新社会治理体制?》，光明网（http://news.gmw.cn/2013－12/12/content_9780884.htm）。

源和人民财富，取消政府保障社会公共福利的职能。[①] 除此之外，广大社会公众对提高生活质量、加强和改善公共服务、增强公众的幸福指数等方面提出了更新更高的期盼。问题的严重性、形势的复杂性和需求的多样性需要政府采取非常规手段，以更大的政治勇气迎接挑战，以非凡的政治智慧解决困难，这就是当下政府最大的责任。因此，研究和建设责任政府是解决社会问题、促进社会发展的必然选择，具有十分重要的现实意义。

二 研究现状

（一）国内研究现状

1. 关于“责任政府”内涵的研究

研究责任政府首先要明确的是“责任政府”的内涵，综合国内众多学派观点，具有代表性的观点包含五种：

（1）许多学者引用国外《布莱克法律辞典》中“责任政府”的定义，即“这个术语通常用来指这样的政府体制，在这种政府体制里，政府必须对其公共政策和国家行为负责，当议会对其投不信任票或他们提出的重要政策遭到失败，表明其大政方针不能令人满意时，他们必须辞职”[②]。这是国内学者采用较多的国外关于责任政府的定义。

（2）国内较早全面定义“责任政府”内涵的学者是中国人民大学教授张成福，他认为，“责任行政或责任政府既是现代民主政治的一种基本理念，又是一种对政府公共行政进行民主控制的制度安排”[③]。作为民主政治时代的一种基本价值理念，它要求政府必须回应社会和民众的基本要求并积极采取行动加以满足；政府必须积极地履行其社会义务和职责；必须承担道义上的、政治上的、法律上的责任；政府必须接受来自内部的和外部的控制以保证责任的实现。作为一种制度安排，责任政府意味着保证政府责任实现的责任控制机制，这种控制机制既包括内部的，也包括外部的。

（3）李景鹏教授提出的观点。他认为，责任政府的具体表现形式多种多样，取决于不同的历史、文化和政治实践，但是它们的共同特征是政

① 卫建林、朱佳木等：《世界正在发生深刻复杂变化》，《中国社会科学》2013 年第 1 期。

② Henry Cambell Black, *Black's Law Dictionary*, St. Paul, Minn., West Publishing Co., 1990, p. 1180.

③ 张成福：《责任政府论》，《中国人民大学学报》2000 年第 2 期。

府有强烈的责任心、政府责任明确、认真履行政府责任、严格的责任追究。这表明责任政府的关键就是责任心，只有当一个政府明确了自己在各项工作中的责任，在实践中认真地实现这些责任，并能建立起严格的责任追究制度的时候，这个政府才称得上是责任政府。①

（4）张定淮、涂春光的观点。他们认为现代责任政府具有多种表现形式和丰富的内涵，它建立在制度责任和伦理责任相结合的基础之上，是一种制度责任和伦理责任的高度统一，是制度规范和道德内化的综合体现。②

（5）王邦佐、桑玉成教授的观点。他们认为："在现代政治实践中，所谓责任政府并不是一种意志表示，而是一种政治原则，以及建立在这种政治原则基础上的政府责任制度。"③

可以说，关于责任政府的内涵的理解，经历了一个从引用到本土化再到不断发展深化的一个认识过程，而且在实践中必将进一步丰富其内涵。

2. 关于责任政府的责任内容的研究

责任政府的实现应首先定位政府责任的内容，只有政府责任内容具体了才会有明确的目标要求，才能制定出考核目标达成度的相关标准。

（1）张成福教授研究的结论。从广义和狭义两个层次对政府的责任进行界定，从广义的角度看，政府责任意味着政府组织及其公职人员履行其在整个社会中的职能和义务，即法律和社会所要求的义务；从狭义的角度看，政府责任意味着政府机关及其工作人员违反法律规定的义务，违法行使职权时，所承担的否定性的法律后果，即法律责任。具体而言，主要包括道德责任、政治责任、行政责任、政府的诉讼责任和侵权赔偿责任。④

（2）高秦伟、刘祖云等学者的研究成果。高秦伟把政府责任分为三大类，即政治责任、道德责任、法律责任，政府的法律责任一般被称为行政法律责任或行政责任，认为政府法律责任、行政法律责任与行政责任是具有同样内涵的概念。⑤ 刘祖云认为政府责任包括法律责任、岗位责任、

① 李景鹏：《政府的责任和责任政府》，《国家行政学院学报》2003年第5期。

② 张定淮、涂春光：《论责任政府及其实现机制》，《中国行政管理》2003年第12期。

③ 姚尚建：《国内责任政府研究的历史与现状》，《学术交流》2006年第4期。

④ 张成福：《责任政府论》，《中国人民大学学报》2000年第2期。

⑤ 高秦伟：《架构政府责任体系的理论探讨》，《行政与法》2002年第1期。

政治责任与道德责任。[①] 顾爱华则认为政府责任应由法律责任、工作责任、政治责任与道德责任心组成。[②] 研究结果表明，大多数学者都认同把政府责任分为四大类，即法律责任、行政责任、政治责任与道德责任（或道义责任）。

（3）杨雪冬博士的观点。她认为政府的基本责任就是运用公共权力管理各种公共事务，以保证社会经济生活的有序运行，具体包括七个方面的责任：维持社会秩序、支持经济发展、提供市场不能提供与个人无法承担的公共物品、保护公民权与人权、保护环境与人类文化遗产、成为遵守社会道德的表率、承担国际责任。[③]

实践证明，政府责任内容取决于当地社会发展的水平和行政生态环境的变迁，正因如此，人们对政府责任内容的研究呈现出动态变化的过程。

3. 关于责任政府的理论基础的研究

关于“责任政府”建构的理论依据，学者们在探讨中展现出不同的理论视角：

（1）刘祖云总结出了四个研究视角的理论基础。第一，行政法的视角。学者们普遍认可，责任行政是现代行政法的一项基本原则，这一原则实际上成为对行政法的合法性原则与合理性原则的必要补充。第二，公共行政的视角。学者都认为，政府与人民之间是一种委托与被委托的关系，政府必须对作为委托人的人民负责，因此，责任行政是现代公共行政的基本原则与根本取向之一。第三，政治民主的视角。“与政府的民主取向一样，政府的责任取向也是政府的内在价值标准。”第四，综合的视角。有人认为，公共行政的民主取向、法治取向与社会伦理取向，决定了政府的三大责任，即政治责任、法律责任与道德责任。也有人认为，民主政治、依法治国与政府的高效廉洁必然要求责任政府。[④]

（2）于飞在《论责任政府的理论基础》中分别从政治学基础、社会学基础、伦理学基础、管理学基础的视角论述了责任政府的理论基础，并就四个视角分别对应的人民主权论、社会契约论、责任伦理观以及客户关

---

① 刘祖云：《论公共行政责任的实现》，《理论月刊》2003 年第 4 期。

② 顾爱华：《中国公共行政责任与追究制度探讨》，《中国行政管理》2002 年第 8 期。

③ 杨雪冬：《责任政府——一个分析框架》，《公共管理学报》2005 年第 1 期。

④ 刘祖云：《“责任政府”及其实现途径——当代中国公共行政责任理论研究反思》，《江苏社会科学》2005 年第 1 期。

系理论作了与责任政府相关的论述。①

(3) 王和平、陈家刚教授专门研究了责任政府的宪政基础。他们认为，建立责任政府的宪政基础就意味着政府必须根据宪法、法律的规定，通过行使公共权力以保障、发展公共利益和公民权利。构建责任政府，最重要的基础性工作就是建立健全责任政府的宪政基础，即政府应按照宪法、法律的规定来确定政府的行政范围。对于宪政，宪法学家张友渔从民主政治的角度指出："所谓宪政就是拿宪法规定国家体制、政权组织以及政府和人民相互之间权利义务关系而使政府和人民都在这些规定之下，享有应享有的权利，负担应负担的义务。"② 在宪政框架之内，责任政府主要存在两层关系，一是人民与政府之间的关系，即权力拥有者与权力行使者之间的关系；二是政府内部各部门之间的关系，即政府机关的权力划分问题。③

(4) 有学者专门论述了责任政府的法理基础。刘勇华、彭中礼博士认为责任政府已成为民主政体的重要标志和基本原则。现代责任政府理念的产生，与西方国家近代资产阶级革命以来所提倡的人民主权观念、法治理念和民主政治观念密不可分。人民主权理论是责任政府的主体理论基础，主权在民理论是责任政府的范畴属性基础，法治理念是责任政府的法治基础。④

4. 关于责任政府的实现路径的研究

既然责任政府已成为人们普遍推崇的价值取向，那么就应该采取有效途径使这一理想政府模式变为现实，要求政府不仅要承担起应有的积极责任，而且还必须主动地承担起消极责任。为达到这一目标，人们从理论与实践的角度都做了非常有价值的探讨，主要观点有：

(1) 政府及其行政人员应自觉强化责任意识，转变责任理念。学者们的研究可归纳为"四个实现"：实现从政府权力本位向责任本位的转变，以理顺政府与人民之间的关系；实现从全能政府向有限政府的转变，以明确政府职能；实现从法律仅仅治民、治事向法律首先治官、治权的转

---

① 于飞：《论责任政府的理论基础》，《哈尔滨市委党校学报》2006 年第 11 期。

② 张友渔：《宪政论丛》（上），群众出版社 1986 年版，第 82 页。

③ 王和平、陈家刚：《论责任政府的宪政基础》，《中国行政管理》2011 年第 9 期。

④ 刘勇华、彭中礼：《责任政府的法理基础》，《南华大学学报》（社会科学版）2010 年第 2 期。

变，以更新法治理念；实现从强调公民责任向同时强调公民责任与政府责任的转变，以完善责任制度。①

（2）建立相应的制度体系。首先是要有责任政府的明确定位。张定淮、涂春光的观点很明确，即实现责任政府可以从四个方面切入，一是政府职能的定位（做什么），二是价值新取向的确立（朝哪个方向去做），三是行为模式的转换（怎么做），四是官员“问责制”的推行（规范与纠偏机制）。② 其次是建立明确的责任监督机制。陈国权教授认为，建立系统、全面和有效的责任监督机制是实现责任政府的基本前提。这些机制主要包括三个方面，即健全的法律监督制度、完善的民主监督体制和良好的政德监督机制。③

（3）问责制是实现责任政府的基本手段。谭功荣博士认为，行政系统本身就是一个责任体系。行政权力的性质决定了其必须在法律的边界内活动。政府及其官员对于违反法律规定的过失或不当行为必须承担相应的行政责任，这是责任政府最基本的实践形式。因此，问责制成为责任政府最基本的实践形式，④ 除此之外，还有一些学者分别就监督机制、问责机制、调控机制等问题做了有益研究。有学者认为行政道德责任是责任政府的关键，要实现行政道德责任就必须建立起实现机制，包括自我控制机制和外部惩罚机制等。⑤

5. 关于责任政府研究中存在的不足

（1）理论研究本土化问题还有待加强。国内有关责任政府的理论主要来源于对国外相关理论的借鉴，这些理论往往在现实中出现一些不和谐的现象，比如按宪政原则监督政府在实践中还不能顺畅推行等，这主要是由于我国和英美等西方国家的历史传统、文化背景、社会环境不同所致，今后应加大力度研究适合本国本地区特点的相关理论。

---

① 张晓泉、林学飞：《政法治条件下政府责任的实现》，《中共浙江省委党校学报》2003 年第 2 期。

② 张定淮、涂春光：《论责任政府及其重建机制》，《中国行政管理》2003 年第 12 期。

③ 陈国权：《论责任政府及其实现过程中的监督作用》，《浙江大学学报》（人文社会科学版）2001 年第 2 期。

④ 谭功荣：《问责制：责任政府最基本的实践形式》，《中共福建省委党校学报》2004 年第 7 期。

⑤ 郑振宇：《行政道德责任：建立责任政府的关键》，《理论与改革》2002 年第 6 期。

(2) 相关概念还有待进一步厘清。目前的研究成果中，有一些概念还比较模糊。如“责任政府与责任行政”、“政府职能与政府职责”、“政府责任与行政职能”等，虽然已有一些专家对类似的问题进行了有价值的研究，但还有较大的完善空间。

(3) 权力与责任如何对等的问题研究不足。虽然从理论上讲有多大权力就有多大责任，但在现实中拥有的权力与承担的责任往往并不一致，权力常常大于责任。如果真正将责任有效地和权力对等起来，不仅能强化政府及其行政人员的责任意识，而且还是对权力的一种有效监督。

(4) 承担责任的良好氛围还需大力塑造。责任政府的一个重要特征就是主动承担责任、敢于承担责任，但目前还缺少这方面的氛围。受传统“官本位”、“政府本位”、“权力本位”思想的影响，不仅在人们思想上还存在一些不负责任的问题，而且现实中的市场环境、文化环境、社会环境等也存在一些制约良好责任氛围形成的不利因素。因此，塑造责任氛围还需要着力探讨。

(5) 责任政府与相关政府模式的关系还有待进一步厘清。随着社会的进步和人们民主意识的增强，传统的单一的官僚制政府模式已不能胜任社会发展的需要和公众的价值诉求，与之相应的新型政府模式应运而生：如责任政府模式、服务型政府模式、法治政府模式、廉洁政府模式、绩效政府模式、亲民政府模式等。上述政府模式在我国社会建设与管理过程中，在理论和实践中得到了认可与推行，人们纷纷从不同的视角对相关政府模式进行研究，无论从什么角度来讲都是一大进步。然而，这些政府模式之间究竟是什么关系？通过对已有的主要研究成果的归纳分析，发现学者们主要持三种不同的观点：一是责任政府模式具有根本性，它包含着服务型政府、法治政府等其他政府模式；二是服务型政府模式具有根本性，它包含着责任政府、法治政府等其他政府模式；三是各种政府模式均衡发展，相互包容、互相渗透。无论是哪一种观点，在目前看来都有其合理的一面。但如果要将相关研究进一步深入，特别是依据公共管理实践所追求的价值取向，就应该对相关政府模式之间的关系进行梳理。本研究希望能够对此做一点点贡献。

（二）国外研究现状

在过去的一个世纪，政府责任缺失已成为一个全球性的问题，构建责任政府、重塑政府合法性成为世界各国普遍关注的问题。关于责任政府的产生及研究最早起源于英国，1829 年在英国的政治辩论中首先使用了“责任政府”一词，后发达于美国。20 世纪以来世界各国对责任政府均给予了高度关注。

1. 关于政府责任内容的研究

代表性的人物是美国的芬纳（Hennan Finer）和卡尔·弗瑞德里奇（Carl Frederick）两位行政学家，他们把政府责任分为主观责任和客观责任两部分，认为主观责任是指行政人员的伦理自主性，客观责任指的是行政人员应该承担来自国家法律、组织与社会所要求的相关责任。二人在政府责任的内容上比较一致，但在如何实现政府责任的问题上有着不同的看法。芬纳认为政府主观责任指的是对治理者内在的制约，政府的客观责任指的是对行政行为的外在约束；卡尔·弗瑞德里奇则认为外在约束难以保证政府客观责任的实现，因为有许多政府官员在大多数时间里实际上遵循的是主观的责任道德。行政学者特里·L. 库珀（Terry L. Cooper）在此基础上提出行政责任实际上是由客观上的责任行为和行政人员的个人伦理自主性两方面构成。

2. 关于政府责任价值的研究

行政学家斯塔琳（Gmver Starling）对政府责任价值的研究具有突出贡献，他将政府责任价值分为六部分：一是回应性，即政府对民众对政策变革的接纳和对民众要求做出反应，并采取积极的措施解决问题。二是弹性，即政府在政策形成和执行中，不能忽略不同群体、不同地域对政策目标达成的情景差异。三是能力，即政府行为的有效。四是正当程序，即政府组织及行政人员的行为必须受到法律制裁。五是责任，即组织必须对其外部的某些人和某些事负责，在做错事时必须承担责任。六是诚实。可以说这些研究成果为责任政府的深度研究提供了厚实的土壤。

3. 关于责任实现途径的研究

美国的乔治·弗雷德里克森和特里·L. 库珀两位行政学家的研究成果具有代表性：乔治·弗雷德里克森从追求社会公平的行政价值视角，提出了“在民主政治环境下，公共管理者最终应向公民负责”的理论，指出“公共行政的精神是建立在对所有公民的乐善好施的道德基础之上的”。乔治·弗雷德里克森将实现社会公平引入公共行政的价值范畴，超越了以往只注重追求行政效率的公共行政价值取向，在一定意义上促进了责任政府价值的升华。特里·L. 库珀在《行政伦理学：实现行政责任的精神》中，针对现代和后现代情境中行政主体面临伦理困境时“怎么行动”的可能性途径进行了研究，从行政组织和行政人员个体两个维度，提出一种可能的动态行为过程，即行政人员面临伦理的不确定性和挑战，通过启动内在的道德自律机制，作出负责任的行为选择。①

4. 关于政府责任的全球性会议

1999 年 7 月 12—15 日，国际行政学会在英国举办了第一次专门研究“政府责任”的国际会议，会议的主题是：“公共行政责任：协调民主、效率和道德。”会议研讨的主要内容有：一是内涵，即如何理解“公共行政责任”；二是重要性，即为什么要进一步研究“公共行政责任”；三是路径，即如何解决当今的“公共行政责任”。这次国际行政学会的专门会议，使政府责任问题在经济全球化、权力社会化、资讯网络化的大背景下，重新成为学术研究的理论前沿和各国政府及学界共同关注的现实问题，将人们对责任政府的研究推向了新的高地。

（三）研究思路与分析框架

1. 研究思路

本书以当前社会治理对地方政府产生新的价值诉求为逻辑起点，按照厘清地方政府权力的来源及其与责任的关系—政府为什么负责—政府对谁负责—政府负什么责—政府如何负责的逻辑思路，以责权统一为主线，探究当代责任政府的本质特征和价值诉求，剖析地方政府履责现状与问题，从应然与实然两个维度分析责任政府实然责任与应然责任产生偏差的原因，于此基础上从地方治理的不同视角构建责任政府履责的内容框架，并建立相应的约束保障机制，从多角度优化责任政府建设的有效措施，从而实现责任政府有效履行责任和实现社会治理目标的统一。

2. 分析框架

本书基于上述的研究思路，形成了理论渊源、现状分析（含原因剖析）、目标架构、路径探讨四大部分共 7 章内容（不含导论和结语）。导论部分首先说明了问题的缘起和研究的背景，特别是对该问题的国内外研究现状进行了较系统的梳理，并就研究思路、分析框架、创新之处和研究

---

① 杨淑萍：《行政分权视野下地方责任政府的构建》，博士学位论文，中央民族大学，2007 年，第 8 页。

方法等内容进行了架构和选择，为本研究的顺利进行奠定了良好的基础。

第一部分理论渊源集中在第1章，全面分析了责任政府的理论渊源、基本特征、价值诉求和研究意义，为责任政府研究的深入和目标选择提供了坚实的理论支撑。

第二部分现状分析集中在第2—3章，从实然的角度审视了政府在地方治理中责任缺失的表现，以及政府履责和公众利益的矛盾等现实问题，并由此探讨问题产生的深层原因。

第三部分目标架构集中在第4—5章，基于实然的现状和应然的价值诉求，重新架构政府在地方治理中应履行的责任内容，以及履行责任所必需的基本条件，如履责动力与方法等问题，从而丰富责任政府的内容。

第四部分路径探讨集中在第6—7章，首先是对政府责任的履行建立约束机制，通过问责制的建立和完善来保障政府积极履责。其次从理念、目标模式、职能结构、运行机制、运行方法和创建环境等角度全面优化责任政府建设的路径。

结语部分总结了本研究得出的主要结论，以及研究中还存在的不足。已有研究既是一个阶段性的成果，又为进一步的研究指明了方向。

（四）创新之处与研究方法

1. 创新之处

第一，研究视角的开拓性。从地方治理的视角研究责任政府相关问题，由此构建政府责任的重点，可谓研究视角有一定的开拓性。将社会管理明确作为政府的一项职能提出以后，尽管人们对它的研究已取得了很大成绩，但把社会治理与责任政府建设结合起来进行专题研究，目前还比较有限，本书所选视角具有新意。

第二，研究对象的针对性。本书将地方政府作为研究对象，避免了以整个政府为对象的宽泛研究，在材料收集、案例选择、内容厘定等方面都更具针对性。根据调查得知，公众对中央及高层政府认同度高，而对地方政府的认可度存在差异。地方政府直接面对公众，直接为公众的切身利益服务，建设地方责任政府更具有现实意义，将地方政府的责任与社会治理目标相结合也就具有创新意义。

第三，研究材料的真实性和时效性。本书收集整理了一系列社会治理中的真实案例进行剖析，并从中得出与研究主题相关的结论，使论证更具说服力。选择的材料具有创新性。

2. 研究方法

本研究拟采用多种方法相结合的研究方法，具体表现在：

第一，文献综合法。对已有的研究成果进行归纳分析，厘清该领域的研究现状，从而明确研究的重点和方向。

第二，社会调查法。对社会调查的结果进行统计分析，主要以问卷调查和实地访谈调研方法为基础，通过发放问卷、专题会议、重点访谈等方式，广泛收集与本研究有关的资料，并进行统计分析和资料整理，以便获取有效的第一手资料。

第三，坚持规范分析与实证分析相结合的方法。所谓规范分析，是指首先以一定的价值判断为分析基础，提出某些标准作为分析处理经济、政治、文化、社会、生态发展及其失调问题的标准。所谓实证分析，一般不涉及价值判断，以追求“价值中立”为特征，研究客体自身所具有的内在规律性，并根据这些规律进行分析和预测，从而达到认识和把握客体的目的。在具体的研究过程中，规范分析和实证分析并不是截然分开的，它们往往是相互渗透、交叉使用的。根据研究的需要，本研究也将综合使用这两种分析方法，以分析和论证社会治理视域下地方政府的责任以及建设责任政府的相关问题。

第四，运用相关软件对数据进行统计分析。

（五）研究的意义

本书立足于社会转型与改革开放新时期地方政府践行职责的重要性，对地方政府履责现状、存在的主要问题以及如何履责等相关问题进行全方面的分析，不仅具有重要的理论意义，而且具有现实价值。简述如下：

1. 研究的理论意义

第一，本书在具有时代意义的社会治理背景下系统研究地方责任政府建设相关问题，不仅是对社会治理理论的弘扬，而且也是对责任政府理论的进一步深化，更是对社会治理理论与责任政府理论的有机结合所做的探索性研究，体现了与时俱进的理论品质。

第二，对地方责任政府的理论基础进行较系统的梳理，进一步明确建设责任政府的理论渊源，特别是较深入地阐释了社会契约论、人民主权论、治理理论、马克思主义中国化的民本思想等与地方责任政府的关系，既是对相关理论的认识深化，又促进了相关理论在指导实践过程中得以发展和完善。

第三，本书涉及政治学、行政学、社会学、公共管理学、法学等学科领域，通过对问题的分析和探讨，有利于促进各学科的有机融合，发挥不同学科整合的综合优势，避免单一学科研究问题的局限性。

第四，进一步丰富责任政府的相关理论。责任政府的理论虽然广阔，但是随着社会环境的变化和社会发展水平的提高，相关理论也应该与时俱进，本研究既立足现实又着眼未来，相关研究结论是对责任政府理论的有益贡献。

2. 研究的现实意义

第一，有利于为政府改革提供理论和对策参考。目前正值改革开放的新时期，政府改革面临着全新的问题和使命，改革的宏伟目标已经确立，但改革的方式、方法和相关范式需要人们去探索，本研究正好提供了一定的思路和方法可供借鉴。

第二，有利于为政府进行社会治理提供有效路径参考。政府如何进行社会建设与管理还处于探索过程中，本研究提出通过建设责任政府的路径达到完成社会治理的目标，为政府增强社会治理效果在路径上指明了方向。

第三，有利于人们正确认识责任政府建设的重要性。长期以来，人们对责任政府建设的重要性认识不足，导致实践中对地方政府的一些责任缺失问题、权责不统一问题监督不力，影响了政府职能的有效发挥，许多现实问题归根结底都是政府没能有效履责所致。本研究告诉人们，通过建设责任政府，让政府真正负起责任来，是解决当前乃至今后许多社会问题的重要举措。

第四，有利于塑造政府负责任的良好形象，增强政府公信力，提升政府社会治理能力和水平。

第一章　责任政府的内涵及其理论基础

引　言：本章在文献分析、比较研究的基础上对责任政府的内涵进行分析与界定，并就责任政府的类型和特征作了归纳与探讨。现代责任政府产生的理论基础主要包括社会契约论、人民主权论、治理与善治理论、马克思主义中国化的民本观等，本章系统分析这些理论内核与责任政府之间的关系。特别是从社会转型时期社会治理的需求视角阐释了当代责任政府的价值诉求，以及建设责任政府对完善政府治理结构和提高政府社会治理能力的重要性。

第一节　责任政府的内涵与特征

在改革开放继续前行的当下，建设责任政府对于提高社会管理水平、增进社会治理能力具有十分重要的现实意义。责任政府的核心价值是以"责任"为中心，古往今来，包括政府在内的公共组织只要把应尽责任履行到位，就会获得广大民众的支持与信赖。因此，无论是认知责任政府，还是建设责任政府，都离不开探讨政府责任的相关内涵，这也是建设责任政府的基本前提。

一　政府责任的内涵

明确政府责任是理解责任政府的重要前提，厘清政府责任是建设责任政府的重要内容。对"政府责任"内涵的理解，应先理解什么叫"责任"。

《现代汉语词典》中对"责任"的定义有三种：一是使人担当起某种职务和职责；二是分内应做之事，如"尽职尽责"、"岗位责任"；三是做不好分内之事，而应该承担的过失，如“侵权责任”、“违约责任”、“赔付责任”等，这是一般意义上的解释。从法律的视角来看，“责任”是与“权利”相对应的，而且是对等的，即有什么样的权利就有什么样的责任，法律上叫做“权责一致”。从公共管理的视角来看，责任是指公共管理的主体在对社会公共事务的管理中应该履行的职责和义务。在公共管理的主体中，政府居主导地位，起核心作用，因此，责任实际上体现为政府责任。有人认为，在民主体制中，政府责任即指公共官员有义务就自身的行为向公民汇报，以及公民有权对不满意的行为采取行动（包括提起诉讼），这是民主制度最为重要的因素。① 从广义的角度上来看，政府责任是指政府能够积极地对社会民众的需求作出回应，并采取积极的措施，公正、有效率地实现公众的需求和利益。②

在当代西方关于“政府责任”的研究中，主要包括两层含义：一方面是主观责任，指每个人内心认为他应该承担的责任，其往往是基于某种价值或理念，这主要是在个人的社会化过程中逐步形成的；另一方面是客观责任，它是伴随着“职位”的产生而产生的。③

无论是国内研究还是西方的观点，政府责任源于政府掌握公共权力，“权责一致”是政府责任及其履行责任的重要特征。与此同时，政府责任不是一个单一的元素，它是包含责任理念、责任内容、责权关系等一系列元素的综合体。

本书认为：所谓政府责任，是指政府在进行公共管理的活动中依据法律、运用公共权力、处理公共事务、提供公共产品和公共服务、实现公共目标应该履行的积极职责和义务，以及政府未能履行相应责任时必须承担的惩罚性后果。关于政府责任的内容，在不同时期和不同的社会环境下有着不同的规定性。在当前的社会转型时期，特别是在着力建设小康社会的新形势下，政府责任的重点应适时调整，必须在政治、经济、文化、社会、生态五个方面大有作为，才能体现责任政府的真正内涵和与时俱进的发展品质。

---

① 谭功荣：《问责制：责任政府最基本的实践形式》，《中共福建省委党校学报》2004 年第 7 期。

② ［英］安东尼·吉登斯：《第三条道路及其批评》，孙相东译，中共中央党校出版社 2002 年版，第 61 页。

③ 杨楠：《试论政府责任及其实现途径》，《兰州学刊》2011 年第 5 期。

当前，由于社会发展失衡而导致社会矛盾较为突出，为政府社会治理提出了新的更高的要求，为政府责任的具体指向提供了现实诉求。在地方治理的视角下，政府如何将自身的责任定位与社会问题的解决结合起来，使责任政府建设与社会的和谐发展相统一，这本身就是政府应该履行的重要职责，同时也是责任政府建设的重要内容，因而具有重要的研究价值。

二 责任政府的内涵

1. 责任政府的定义

关于责任政府的概念，在不同的国家和不同的历史时期有着不同的理解。在责任政府的起源问题上，一般认为它是近代民主政治发展的产物，来源于英国的议会传统，即1215年制定的《大宪章》对政府权力给予约束。随后发展于美国及西方国家，目前已成为世界各国政府改革与治理的普遍目标和价值诉求。

《布莱克法律辞典》（*Black's Law Dictionary*）对“责任政府”的解释是：“这个术语通常用来指这样的政府体制，在这种政府体制里，政府必须对其公共政策和国家行为负责。当社会对其投信任票或他们提出重要政策遭到失败，表明其大政方针不能令人满意时，他们必须辞职。”①

就中国而言，较早全面定义责任政府的学者是中国人民大学教授张成福，他认为，“责任行政或责任政府既是现代民主政治的一种基本理念，又是一种对政府公共行政进行民主控制的制度安排”。作为民主政治时代的一种基本价值理念，它要求政府必须回应社会和民众的基本要求并积极采取行动加以满足；政府必须积极地履行其社会义务和职责；必须承担道义上的、政治上的、法律上的责任；政府必须接受来自内部和外部的控制以保证责任的实现。作为一种制度安排，责任政府意味着保证政府责任实现的责任控制机制，这种控制机制既包括内部的，也包括外部的。② 随后学者们分别从不同的视角对责任政府予以阐释。具有代表性的观点有：

李景鹏教授认为，责任政府的具体表现形式多种多样，取决于不同的历史、文化和政治实践，但是它们的共同特征是政府有强烈的责任心、政

---

① Henry Cambell Black, *Black's Law Dictionary*, St. Paul, Minn., West Publishing Co., 1990, p. 1180.

② 张成福：《责任政府论》，《中国人民大学学报》2000年第2期。

府责任明确、认真履行政府责任、严格的责任追究。①

张定淮、涂春光认为，现代责任政府具有多种表现形式和丰富的内涵，它建立在制度责任和伦理责任相结合的基础之上，是一种制度责任和伦理责任的高度统一，是制度规范和道德内化的综合体现。②

王邦佐、桑玉成教授认为："在现代政治实践中，所谓责任政府并不是一种意志表示，而是一种政治原则，以及建立在这种政治原则基础上的政府责任制度。"③

周庆行教授立足于当代政府改革的时代要求认为："现代责任政府就是负有时代责任感、国家和民族责任感、群众和社会责任感的，能够科学行政、民主行政、依法行政，具有勤政廉洁、务实高效、公正透明、持续创新、服务全民和社会等特点的、勇于承担责任且职权有限的现代政府。"④

综上所述，虽然人们对责任政府的定义不尽相同，但都反映出了人们对责任政府的理解的多层次和多维度，既符合责任政府研究和发展的历程，也符合现实社会的不断变化对责任政府内容的多样诉求。纵观相关领域的研究成果，人们更倾向于张成福教授的观点。

本书无意构建一个普遍意义的概念，而是从地方社会治理的现实维度，探求地方政府在社会转型的特殊时期创新社会治理机制、提升社会治理能力等方面应履行的职责和义务。因此，本书认为，在地方治理视角下的责任政府（local responsible government）是按照民主与法制原则建立的，负有社会责任感和担当精神的，具有务实、高效、回应、服务、廉洁等特征，拥有维护社会和谐稳定、提供优质公共服务、促进社会公平正义、推进社会可持续发展能力的现代政府模式。

2. 责任政府的构成要素

要更深入理解责任政府的内涵，就应对责任政府的构成要件做进一步的探讨。现代责任政府无论是作为一种民主理念，还是一种制度安排，都不是一个单一的范畴，而是一个完整的复合体系。从公共管理学的理论视

---

① 李景鹏：《政府的责任和责任政府》，《国家行政学院学报》2003 年第 5 期。

② 张定淮、涂春光：《论责任政府及其实现机制》，《中国行政管理》2003 年第 12 期。

③ 姚尚建：《国内责任政府研究的历史与现状》，《学术交流》2006 年第 4 期。

④ 周庆行、王洪增：《论现代责任政府》，《南都学坛》2006 年第 1 期。

角来看，责任政府的构成要素一般应包括责任主体、责任客体、责任内容、责任机制以及责任环境五个部分。

（1）责任主体。世界各国对政府的界定范围有所不同，一般分为广义和狭义两方面的定义。广义的定义几乎包括国家机器的方方面面；狭义的定义仅指负有执行职能的政府机构，本研究所指的责任主体属于后者。因此，责任主体可以归纳为依法成立的各级各类行政机关及其工作人员。政府机关在我国纵向分为五个层级，横向分为若干部门，且在不同时期有不同的划分。

（2）责任客体。这里的责任客体是指有权追究责任的一方。一是人民群众。按照人民主权的理论，政府的权力来源于人民的让渡和授予，人民有权对政府行使公共权力进行监督，对政府的履责状况进行评判，对政府的责任缺失进行追究。在我国，人民的直接追究机制还不完善，主要通过举报、信访、申诉等方式进行，但近年来因渠道不畅通，群众通过聚集造成大规模群体性事件的方式对政府施压，这成为一种新的追责方式。二是代表人民的权力机构——人民代表大会及其常委会。人民尽管是权力的主人，但如何行使权力在不同国家的方式不一样，特别是单个人的力量往往有限，致使人民权力的行使得不到有效保障。为此，人民代表大会就代表人民行使权力，作为我国的权力机关，要求政府对其负责，并受其监督。三是党委及其纪律检查委员会。在我国，中国共产党是执政党，各级政府及其公务员都必须坚持党的领导，党委或者党的纪律检查委员会对政府领导及其工作人员的履职履责实施监督；对不负责的人员追究相应的责任。比如双规制度、诫勉谈话制度等都是对政府失职违法行为的追究方式。四是政府自身也可以成为追究责任的一方。政府内部上下级之间不仅是领导与被领导的关系，而且也具有监督和追责的关系，若下级失职，上级有权追究下级的责任，否则就成为上级的失职了。五是企事业单位、第三部门也可成为政府责任的重要客体。政府履行责任会对社会产生多方位的影响，不同组织和利益集团（如非政府组织、企业等）难以回避，一旦其自身利益受到影响时，这些组织和部门就会成为政府责任的重要客体。六是司法机关，包括法院、检察院。政府必须依法行政，按照法律的规定办事，一旦违法必须追究其法律责任。因此司法机关也是责任政府不可缺少的责任客体。

（3）责任内容。责任政府的一个显著特征就是责任的履行与担当。

政府行使公共权力，就必须承担公共责任。关于政府的责任内容，根据不同的标准可作出不同的划分。按照责任性质划分，可分为积极责任和消极责任。积极责任是指政府必须履行的责任和义务，如提供公共产品、维护公共利益等；消极责任是指政府不履行或不能有效履行应尽责任和义务时必须承担的惩罚性责任，如赔偿、道歉、恢复名誉等。按照责任领域的内容划分，张成福认为政府必须承担道义上的、政治上的、法律上的责任，或者进一步细化为道德责任、政治责任、行政责任、诉讼责任和侵权赔偿责任。[①] 也有学者认为，政府责任包括遵循宪法、维护国家法律、保卫国家安全、发展公共事业、维护公民生命和财产不受侵犯。[②] 除此之外，许多学者将政府责任分为政治责任、经济责任、法律责任、道德责任等。本书立足于社会建设与管理的实践，认为政府责任的内容除了普遍性的要求以外，应更加强化政府的社会职能，将其具体划分为政治责任、经济责任、法律责任、道德责任、文化责任、社会责任、生态责任等。

（4）责任机制。如何将责任政府的相关要素有机结合起来，需要相应的机制与之呼应——责任追究机制应运而生。政府责任追究机制（或称行政问责制）是建立责任政府的重要途径。责任机制解决了用什么方式、采用怎样的程序来承担责任的问题。历史反复证明，仅靠政府工作人员的道德信念难以保证公共权力不被滥用，只有靠法律和制度才能有效地予以约束。我国的官员问责制一般认为始于 2003 年“SARS”期间，对当时抗击“SARS”不力、瞒报疫情的相关政府责任人给予撤职处分，随后在各个领域掀起了程度不等的问责风波。2004 年时任国务院总理的温家宝在政府工作报告中指出：“有权必有责，用权受监督，侵权要赔偿”，表明了政府推行问责的信心和决心。目前，社会问题层出不穷，社会矛盾碰头叠加，建立责任政府就是要进一步强化政府的责任意识，确立责任主体，明确责任范围，规范问责程序，落实问责标准，使政府自觉履责，勇敢担责，切实履行政府职责。

（5）责任环境。根据行政生态学的理论，责任政府所履行的具体责任及其履责方式归根结底是由其所处的环境决定的。一方面，行政生态环境决定着政府职责的内容和性质，决定着政府职责的实现方向；另一方

① 张成福：《责任政府论》，《中国人民大学学报》2000 年第 2 期。

② 陈国权：《论责任政府及其实现过程中的监督作用》，《浙江大学学报》2001 年第 2 期。

面，政府积极责任的履行又不断改善行政生态环境，促进责任环境的不断优化，从而更有利于责任政府目标的实现。但随着自然界"人化"程度的不断提高，政府作为影响自然的重要力量必然要对自然界负责，要增强生态观念，强化环保意识，及时调整人与自然的关系，以实现人类发展的可持续性。否则，政府自身亦将受到环境的惩罚。

三　责任政府的基本特征

当代责任政府具有与传统政府相区别的显著特征，除了保持政府所具有的一般规律外，更加具有与社会发展相适应的基本特性，始终处于不断发展和完善的过程当中。当前，创新社会治理背景下责任政府理应具备的基本特征主要包括六个方面：

1. 有限与无限相统一

根据"人民主权"理论，责任政府是"有限"政府，并非传统意义上的无限政府。这里的"有限"可从三个方面来理解：一是政府的权力有限，即政府权力来自人民的授予，人民授予多少就行使多少。二是政府行使权力的范围有限，即政府只能在法律的范围内进行活动。三是政府的能力有限，即政府不可能解决人民的全部事务。这里的"无限"，是指政府对人民的责任的无限，人民的生产生活水平是不断发展的，社会也是不断进步的。不论是在公共领域，还是在私人领域，只要是关系到公民利益的事，政府都要负起责任来，这种责任是无法用数量的多少来衡量的。[①]因此，政府为人民服务的责任是"无限"的。这种权力能力的"有限"性和责任的"无限"性正是责任政府的基本特征，二者统一于政府运用公共权力为人民服务的实践中。

2. 效率与公平相统一

当前效率与公平的失衡已成为比较严重的社会问题，如果不尽快解决，必将使政府失去其存在的合法性基础。所以，努力实现效率与公平的统一是现代责任政府必须坚持的重要价值理念。只有追求效率，才能节约地开展各项工作，避免资源浪费；只有追求效率，才能及时回应公众的诉求，维护公民的利益；只有追求效率，才能有效化解各类社会矛盾，维护社会稳定。责任政府在追求效率的同时不可失去公正。公正是人类社会长

---

① 李景鹏：《政府的责任和责任政府》，《国家行政学院学报》2003 年第 5 期。

期追求的目标，也是检验政府合法性的重要尺度。责任政府代表社会公共意愿，行使公共权力，执行公共政策，这就决定了政府必须公平、公正地开展工作，公平地对待每一个社会主体。这样才能彰显政府的公共性本质，增强政府的公信力，从而满足社会对政府的角色期待。

3. 公开与回应相统一

公开与回应不仅是责任政府的价值诉求，而且是有效解决社会矛盾和问题的重要路径。政府应勇敢揭开罩在自身头上的神秘面纱，公开行政，透明行政，塑造真正的“阳光政府”。公开可以让公民了解政府，增加对政府的信任度；公开可以有效预防权力腐败，拒绝“暗箱操作”，降低责任风险。回应是责任政府的显著特征，对公民与社会的需求能迅速且有效地回应，是社会公众对政府的新的强烈的期盼。政府公开已经倡导多年，关键是“公开什么”的问题，责任政府要主动公开与公众生活息息相关的问题（如住房、医疗、教育、人事等），而不是政府一厢情愿公布的一些边缘性的问题。因此，公开与回应在责任政府的建设过程中有机统一才能发挥应有的功效。

4. 履责与问责相统一

履行职责和担当责任是责任政府的又一显著特征，二者的有机结合构成了责任政府的运行体系。政府接受人民的委托，代表人民行使公共权力，必须尽职尽责，切实解决人民需要解决的现实问题，维护公共利益。履责是政府存在的意义，是政府职能决定的。政府一旦不履行职责或不能有效地履行职责，就构成失职，相关责任人就必须受到责任追究，对其实施问责。履行职责是问责的前提，行政问责是履行职责的保障，二者是辩证统一的。

5. 亲民与法治相统一

责任政府的最大责任客体是人民，因而亲民应成为责任政府的一个显著特征。亲民必须树立“人民至上”的理念，实施民主管理。在井冈山革命时期，毛泽东同志用最通俗的语言阐述了党的奋斗目标与人民的关系：群众好比我们的后台，后台不稳，我们的戏就不能唱了。1949 年开国大典之后，毛泽东对警卫员深情地说：“人民喊我万岁，我要喊人民万岁，这样，才对得起人民呀！”1960 年，毛泽东与来自亚、非、拉的朋友谈话时表示：“我把唯物史观的精髓概括成一句话，叫做‘人民，只有人民才是创造历史的动力’。过去打仗，靠的是人民；现在建设，靠的还是人民。一切成就都来自人民自己的努力。”现在社会上出现的干群关系紧张、人民对政府不信任等问题，关键在于一些干部没有群众观念，眼睛望上不望下，脱离群众，脱离人民。小康社会建设要求找回失落的人民情，重塑政府亲民形象。当前，全国上下都在党中央的统一部署下开展群众路线教育实践活动，对于转变干部作风、密切党群干群关系有着十分重要的意义，充分体现了党和政府“为人民服务”的根本宗旨不动摇。亲民政府的塑造不是单方面的，还要看人民愿意接受什么样的政府，实践证明，坚持法治的政府才是可持续发展的，才是可信赖的。十八大报告指出，领导干部要“更加注重发挥法治在国家治理和社会管理中的重要作用”，这一要求是对各级领导干部在新形势下“如何行政”的具体指针。民主与法治是人类文明的集中体现，政府只有以法治方式推进改革、化解矛盾、维护稳定，把依法治己、依法治事和亲民行动相结合，才能凝聚共识、排除干扰，形成和谐信任的政民关系。

6. 廉洁与民生相统一

古语说：“公生明，廉生威。”廉洁是政府公信力的基石，一个廉洁高效的政府才是人民所期盼和拥护的。责任政府一定是廉洁的政府，廉洁的政府又一定会关注民生，把民生任务放到首位。廉洁是对政府自身的要求，是政府树立形象、取信于民的重要前提。政府及其官员要经常自我反省，自觉抵制权钱交易和以权谋私的行为，正确处理公共利益与个人利益的关系。责任政府及其官员应心存善念，胸怀大爱，把民生工作作为其工作重心，主动为民谋利、为民请愿，切实解决人民的疾苦。这样的政府对自己要“吝啬”，对人民要“舍得”，若能做到就是对“责任”二字的最好阐释。

第二节 责任政府的理论基础

责任政府作为一种有效的政府模式，是在长期的社会实践中逐步建立和发展起来的，在不同时期有着不同的表现形式，担负着不尽相同的责任使命，发挥着不一样的社会作用。它的核心价值在于“责任”二字，正是这一价值的存在，使其在不同的历史时期和不同的社会形态下都体现出特殊价值而备受青睐，英明的执政党都将责任政府作为主要目标来建设。责任政府之所以能成为一种稳定的有效的政府模式，是因为它有着丰富的理论渊源和基础，突出表现在社会契约论、人民主权理论、治理与善治理论、马克思主义中国化的民本观等方面。这些理论不仅为责任政府的产生提供了充足的理论支撑，而且为责任政府的发展注入了新的活力。

一　社会契约论

契约在西方一开始被人们作为一个社会的最高制度伦理来看待，它是可以制约一切具体行为的规范。尽管社会契约论的政治形态常常被人们指责为一种虚构的形态，但是由于社会契约论更多地涉及人与人之间的关系，因此，人们普遍认为它为责任提供了一种即使不充分也是必要的条件。[①]

1. 主要观点

社会契约论最早可以追溯到古希腊哲学家伊壁鸠鲁，伊壁鸠鲁借用“原子”理论的张力，以形而上的方法宣布了人的自由的本质、国家起源的契约性质，即个体的人与政治生活协调和统一的基点是：国家由个体的契约产生，国家来源于社会契约。[②] 这一观点主要用于解释国家的起源问题，但没有追溯到国家权力的来源。伊壁鸠鲁关于通过订立契约的方式形成国家的思想奠定了社会契约论的基础。

美国法理学家 E. 博登海默（Edgar Bodenheimer）认为，社会契约论的发展可分为四个阶段：以格劳秀斯、霍布斯、斯宾诺莎、普芬道夫为代表的第一阶段；以洛克、孟德斯鸠为代表的第二阶段；而卢梭则代表了第三阶段；[③] 除此之外，先验唯心主义者康德阐述了“社会契约论”的道德含义和价值思想，推进了社会契约论的新发展，可谓第四阶段。

英国政治学家、哲学家霍布斯作为第一阶段的代表人物，他认为人自私自利的自然本性导致了“人对人是狼”的战争状态，为了结束这种威胁人的生命的战争状态，人们达成契约，放弃全部权利。在这里，同意转让自己生命权以外的其他一切权利的契约者是被统治者；接受契约的代理权利者是统治者即君主制国家。[④] 霍布斯构建的“社会契约论”的目标在

① ［美］艾伦·格沃斯等：《伦理学要义》，戴杨毅等译，中国社会科学出版社 1988 年版，第 90 页。

② 潘华云：《社会契约论的历史演变》，《南京师大学报》（社会科学版）2003 年第 1 期。

③ ［美］E. 博登海默：《法理学——法律哲学与法律方法》，邓正来译，中国政法大学出版社 1999 版，第 41 页。

④ 李绍元：《社会契约论视域中的传媒社会责任——兼论绿色传播》，《伦理学研究》2011 年第 4 期。

于努力建立一些理性的法规以保护公民的自由与安全。

洛克被誉为自由主义的鼻祖，他试图构建有效措施防止政府违反自然法则，反对政府独裁专制，以确保公众更加的自由与“安全”。为此，人类必须通过订立契约的方式，同其他人协议联合成为一个共同体，以谋求他们彼此间舒适、安全和和平的生活，以便安稳地享受他们的财产并且有更大的保障来防止共同体以外任何人的侵犯。[①] 洛克将国家的权力分为立法权、行政权、对外权三种，它们相互独立与制衡。孟德斯鸠在洛克思想的基础上提出了立法、行政、司法三权分立的思想，真正完善了三权制衡的要求，使国家权力构成理论得到了进一步完善。

卢梭作为第三阶段的代表，他认为即使是“黄金时代”的自然状态也是不会持久的，随着人类社会的发展，个人在社会中会越发不安全，于是人民要寻求自由与安全的新路径。经过实践，人们逐渐发现通过放弃自己的生命权利，以契约的方式让渡给一个集体（国家）是一条好的出路。通过这种方式建立的集合体表现了人民最高的共同意志，这个意志就是“公意”。“公意”永远是正确的，是神圣不可侵犯的。卢梭的契约论认为大多数公民都能参与国家的管理，成为国家的主人，为其后来的“人民主权论”奠定了良好基础。

康德作为社会契约论最高阶段的代表，他认为人具有两种天性：“合群性”和“己性”。[②] 人的“己性”是一种“恶”，在现实世界中，人会为“己性”而斗争，所以在现实中人是不自由的。人的“合群性”是人的理性之本，人的自由的实现依靠的是先验的理性。人的“合群性”引导人们按其需要订立社会契约，根据契约原则建立国家。因此，康德认为，契约是先验理性的产物，国家是“绝对命令”的结果。人的“合群性”与“己性”是一对矛盾，这对矛盾推动着人类社会的向前发展。康德受卢梭思想的影响，认为国家立法权只能属于人民的联合意志，否则就会导致暴政。因此，真正的自由必须建立世界的共和国联邦，发展出一种普遍的世界公民状态。[③] 除立法权外，康德还认为国家行政权属于统治者或摄政者，监督权即司法权应独立由法官来行使。国家的唯一职能便是制

① ［英］洛克：《政府论》（下篇），叶启芳、瞿菊农译，商务印书馆1964年版，第59页。

② ［德］康德：《法的形而上学》，沈叔平译，商务印书馆1991年版，第7页。

③ ［德］康德：《历史理性批判》，何兆武译，商务印书馆1991年版，第187页。

定和执行法律，国家不得也不必干涉公民的活动，不得也不必以家长式的方式关注他们的利益和个人幸福，国家应当使自己的活动限于保护公民权利的范围之内，国家要保护每个人的自由、权利、独立，保护每个人免受他人侵害。[①] 康德的“社会契约论”建立了国家“三权分立”与“人民主权”的统一，尤其是他把“社会契约”当作一种国家合理性的价值标准和道德标准来看待，不仅得到了罗尔斯的青睐与继承，同时也将社会契约论的发展推向了新的高峰。

综上所述，社会契约思想最初由古希腊的伊壁鸠鲁提出，随后经霍布斯、洛克等人的发展，最后由卢梭在《社会契约论》一书中推向了新的高度。无论是哪个阶段的社会契约思想，其共同点都是，社会契约意味着政府承诺在维护公众公共利益的基础上，它才拥有了公共权力，才有资格和条件拥有公共权力，即管理社会的权力、服务社会的义务、满足公共需求的责任。社会契约还意味着公民有服从公共权力管理的义务、监督和制约公共权力的权利。[②] 社会契约理论沿着“自然状态、自然权利、人民主权、政府治权”的推理路线，来洞悉政府（政府权力）的逻辑起源与解读政府责任的本质，成为行政问责的理论来源。[③]

2. 社会契约论与责任政府的关系

（1）社会契约理论阐述了“人民主权”和“政府权力”的逻辑关系。社会契约论阐述的“人民主权”思想是政府权力的逻辑起源，政府的权力来源于人民的委托与授予，人民主权代表的是“公意”，政府的权力也只有体现“公意”才能得到人民的认可。一旦政府权力偏向“非公意”的一面，人民就有权追究政府的责任，这是行政问责最直接的理论渊源。

（2）社会契约理论阐释了行使权力与承担责任的统一关系。权力与责任是一对孪生体，契约是两者生成的基础和联结点。契约论蕴含着政府获取权力的大小与政府承担的责任多少是对等的，也就是说，政府行使权力必须承担相应责任，为人民服务的责任。如果政府不承担责任或者履行责任不符合人民的授权要求，权力的授予者（人民）就有权质询、追究

---

① 何勤华：《西方法学史》，中国政法大学出版社 1996 年版，第 203 页。

② 何怀宏：《契约伦理与社会正义》，中国人民大学出版社 1993 年第 1 版，第 10 页。

③ 伍洪杏：《行政问责的理论依据新探》，《理论与改革》2012 年第 1 期。

政府的责任，甚至收回授权，使政府失去权力。因此，有权必有责，权责须一致，在社会契约论中得以体现。

（3）签订契约是为了达成公众的公共目的。契约签订的直接动力在于契约双方当事人要达成某种目的。在社会契约论中，政府权力的产生是公民与政府签订契约的结果，其直接动力和目的都是维护全体公民的公共利益，政府权力行为必须服从这个目的，为公民的公共利益负责。因此，维护公共利益是社会契约论对政府行政道德的内在约束。[①] 实现公共利益正是责任政府的价值诉求，实现好、维护好广大人民群众的公共利益既是责任政府行政的目标，也是政府最大的责任。因此，社会契约论在揭示政府权力产生的同时，也规定了政府应尽的责任。

二　人民主权论

人民主权理论是西方思想家基于社会契约论和主权论提出的民主理论，是近代西方政治发展史上的一个重要理论成果，认为人民拥有主权，国家的主权源于人民权利的让渡，因此，不仅人民对国家具有天然的监督权，而且国家或政府有天然的责任保护人民的权利。人民主权理论是人类在政治发展历史经验的基础上获得的并经检验为真理的认识，它是对野蛮政治和“家天下”思想的否定，符合对客观世界的认识规律，是对权力来源的较好阐释。[②] 系统提出人民主权论思想的是法国资产阶级启蒙思想家卢梭。

1. 主要观点

卢梭在其社会契约论的基础上，进一步论述了他的人民主权思想。他认为，主权是签订契约的人民公意的体现和运用，而公意是人民的共同意志，这里所讲的“公意”是指超越任何众意、任何党派意志和任何个别意志之上的公意，它排斥了任何凌驾于法律之上的个人和行为，它要求以法律面前人人平等为原则，以社会全体成员的最大幸福为依归。可见，主权既然是人民公意的体现和运用，而公意是人民的公意，主权自然也就必须是人民的。卢梭认为：“由于主权是不可转让的，同样的理由主权也是不可分割的。因为一直要么是公意，要么不是；它要么是人民共同体的意

① 夏书章：《行政管理学》，高等教育出版社2008年版，第362页。

② 同上书，第258页。

志，要么就只是一部分人的。在前一种情况下，这种意志一经宣示，就成了一种主权行为，并且构成法律；在第二种情形下，它便只是一种个别意志或者是一种行政行为，至多也不过是一道命令而已。”[①] 卢梭的人民主权思想主要包括以下原则：

第一，主权是不可转让的。卢梭认为，主权是公意的体现和运用，因此主权只能属于人民，任何违背公意的行为都不具有人民性。主权者不能由一个人或一个组织来担任，必须由全体人民来担任，否则就不会有主权者的存在了。同时，卢梭还认为，国家是由主权者构成的，只有主权者才有资格行使主权。“主权既然不外是公意的运用，所以就永远不能转让。”[②] 如果转让主权就等于出卖生命和自由。

第二，主权是不可分割的。卢梭认为，主权既然是公意的体现，而公意是全体人民的公意，那么它是一个整体，其中的任何一部分乃至个人都不能代表主权。主权在一个国家中表现为立法权，立法权高于行政权，立法权不能由部分人行使，必须由代表“公意”的全体人民掌握和行使。行政权由政府行使，政府是根据人民的意志行使行政权力的行政机关，它的职责仅仅是执行“公意”，它不是人民的主人，只是人民委托的执行人。[③]

第三，主权是不可代表的。卢梭明确地指出：“主权在本质上是公意所构成的，而意志又是绝不可以代表的；它只能是同一个意志，或者是另一个意志，而绝不能有什么中间的东西。因此人民的议员就不是、也不可能是人民的代表，他们只不过是人民的办事员罢了；他们并不能作出任何肯定的决定。”[④]

第四，主权是至高无上和神圣不可侵犯的。卢梭认为，主权既然是订立契约的人民的公意的体现和运用，那么按照公意原则建立起来的支配广大民众的权力就是绝对的至高无上和神圣不可侵犯的权力，不可能再有超越它的权力。因此，主权者行使主权，可制定或废除法律，要求民众服从主权者，对政府实行监督与制约，任命政府官员等。

---

① 卢梭：《社会契约论》，何兆武译，商务印书馆 1963 年版，第 37 页。

② 同上书，第 41 页。

③ 周亚平：《试论卢梭的人民主权论》，《吉林省教育学院学报》2010 年第 9 期。

④ 卢梭：《社会契约论》，何兆武译，商务印书馆 1963 年版，第 125 页。

总之，卢梭的“人民主权论”论述深刻，既不同于霍布斯的绝对君权，也不同于洛克的议会主权，而是将人民完全纳入国家政治生活中，明确主张人民主权甚至是人民亲自行使主权。卢梭一再强调，无论是在权力的归属上，还是在权力的行使上，人民都是主体，而且是不可或缺的、不可替代的主体。人民是国家的真正主人。①

2. 人民主权论与责任政府的关系

（1）政府应明确权力的来源。政府掌握的行政权来源于人民的委托、授予，是执行“公意”的力量。这就要求政府应该矫正一些关于权力来源的错误认识，比如权力来自上级政府、来自某位领导人的授予等。

（2）政府的职责就是执行好、维护好人民的利益，否则政府就没有存在的价值。这一观点较好地回答了政府“为什么存在”的问题，政府之所以存在，就是为了维护更多人的利益，保护人民的权利，而不是为了少数人、某些利益集团的利益而存在。

（3）政府必须顺从民意。“公意”是全体人民对全体人民作出规定，这种规定体现的是公共意志，政府不能违背，只能顺从公意。这一理论表明，责任政府的任何决策都应该代表广大人民群众的意志，通过广泛的公众参与来收集民意，体现民意，而不是总由政府“为民做主”，没有公众参与的决策是无效的。

（4）政府必须依法行政。主权属于人民，主权的最高体现是立法权，因此立法权应该也只能属于人民。卢梭谈到法律与成员的关系时强调：“根本就不存在没有法律的自由，也不存在任何人是高于法律的。”这表明政府行为只有在法律的范围内行使才能体现公意，回答了政府如何进行管理的问题。

三 治理与善治理论

1. 主要观点

治理与善治理论不仅为社会治理提供了新的理论指导，而且为责任政府建设提供了全新的理论关怀。“治理”最早源于古典拉丁文和古希腊语中的“掌舵”一词，原意是控制、引导和操纵的行动或方式，主要用于与国家公共事务相关的宪法或法律的执行问题。20 世纪 90 年代以来，西

① 孙永芳：《卢梭的人民主权论再探析》，《前沿》2008 年第 11 期。

方学者赋予治理理论以新的内容，主要是基于全球化背景下，传统的社会科学领域的原有范式越来越难以描述和解释现实世界的问题，治理理论便应运而生。治理理论所倡导的一些价值已成为一种世界潮流，得到了人们的普遍认同。至于“治理”的定义，许多治理及善治理论家们分别从不同的角度予以阐述，还无法得出一个让人人都满意的表述，目前最具代表性和权威性的定义要数全球治理委员会关于“治理”的界定：治理是各种公共的或私人的机构管理其共同事务的诸多方式的总和，是使相互冲突或不同的利益得以调和并且采取联合行动的持续的过程。这既包括有权迫使人们服从的正式制度和规则，也包括各种同意或认为符合其利益的非正式的制度安排。这一定义指出“治理”有四个特征，即治理是一个过程，治理过程的基础是协调，治理既涉及公共部门也包括私人部门，治理是持续的互动。

治理理论的产生缘于国家与市场存在的双重缺陷，但是治理同样也不是万能的。针对在理论与实践中发现的治理存在的缺陷，世界各国的研究者提出了各种对策，其中以善治（good governance）理论影响最为广泛和持久。善治就是使公共利益最大化的社会管理过程。善治的本质特征，就在于它是政府与公民对公共生活的合作管理，是政治国家与公民社会的一种新型关系，是两者的最佳状态。善治一般包含以下要素：一是合法性，政府的权威和社会秩序被公众自觉地认同与接受；二是责任性，政府要敢于承担责任，对自己的行为负责；三是透明性，政府要信息公开，自觉接受监督；四是法治，坚持依法办事，维护法律的权威；五是回应，政府应及时回应公众的诉求；六是参与，让公民有畅通的渠道参与公共事务和社会管理；七是公正，是公共行政的价值追求，让社会成员公平地享有社会发展的成果；八是廉洁，政府官员必须公正无私，不以权谋私，守得住清贫，耐得住寂寞，不与民争利，保持清正廉洁的良好形象；九是有效，政府应提高办事效率。①

2. 治理、善治理论与责任政府的关系

（1）治理与善治理论强化了责任、法治、服务、有限的政府观念。治理理论强调治理主体的多元化，但并不否定政府在公共事务治理中的主导地位和重要作用。正因为地方政府担当主导作用，所以政府的行为就具

---

① 俞可平：《政府创新的理论与实践》，浙江人民出版社2005年版，第4—6页。

有方向性和示范作用。因此，地方政府就应该进一步强化责任、有限、法治、服务的现代政府理念。随时坚持公共目标的责任使命，把人民群众的利益放在首位，以人民的满意度来衡量自身的工作成效。坚持依法行政，用法律规范政府和官员的行政行为，做遵法守法的表率。树立服务理念，政府的权力来源于人民的授予，政府官员应转变传统观念，回归“公仆”的本位，以服务员的身份来为群众办实事，自然会得到人民群众的信赖与支持。地方政府不仅权力是有限的，而且能力也是有限的，一些地方政府及其官员应该转变“权力万能”、“政府万能”的思维定式，树立有限政府的观念，才能在具体的社会管理过程中既审慎用权，又能尊重群众，让群众参与社会治理。党的十八届三中全会开启了新一轮的改革篇章，责任、法治、服务成为政府改革的关键词和风向标，这是对治理与善治理论发展的重要贡献。

（2）治理与善治理论为政府履责提供了新的范式。善治表示国家与社会或者说政府与公民、第三部门之间的良好合作。社会治理主体多元，新的政府治理结构应当是多中心的、自主的、分工合作互为补充的，私人经济部门和以民间组织为主体的第三部门或公民社会在新的治理结构中发挥着日益重要的作用。① 新的多中心治理范式有利于更好地整合资源，提高地方政府治理能力。一方面，有利于整合党组织、政府、人大、政协等公共组织的力量，对重大社会问题和民生事宜保持思想统一，行动一致，各司其职，增强办事效率；另一方面，有利于调动市场、企业、公民以及民间组织的积极性，给市场主体应有的地位和参与社会治理的机会，从而弥补政府能力的不足。除此之外，治理理论为建立政府与公民的合作关系提供了理论指导和实践的可能，政府与公民都是公共治理的主体，政府应当充分尊重公民意愿，扩大公民参与的范围，加大公民社会监督的力度。实践证明，凡是在公共事务中公民参与度高，地方政府履责的自觉性就强，反之，地方政府履责的自觉性就差。

（3）治理与善治理论有利于责任政府目标的实现。“善治”是使公共利益最大化的社会管理过程。它的本质特征在于政府与公民对公共生活的合作管理。它强调政府与公民的良好合作以及公民的积极参与，实现管理的民主化。在善治理论的指导下，地方政府应及时回应公众的需求，及时

---

① 何增科：《治理、善治与中国政治发展》，《中共福建省委党校学报》2002 年第 3 期。

践行政府对公众的承诺，恪尽职守，尽职尽责。责任政府的目的就是要维护人民的利益，让人们过上幸福、体面的生活，不断提高人民的生活质量，这无疑也是各级政府都义不容辞的神圣职责。

（4）治理与善治理论有利于培育和发展民间组织。强调多元的治理主体，需要大量的、广泛的非政府组织和人员参与到公共治理的过程中。这一需求使政府不得不改变以往对民间组织管得过紧的状况，应放宽准入门槛，授权给民间组织，给予正确引导，加强监管质量，用法律对其进行制约，使其提高自治与自律能力，建立政府与社会相互协作的互动关系。

四　马克思主义中国化的民本观

1. 主要观点

马克思主义认为，实现人的全面而自由的发展是社会发展的目标诉求。正如马克思所说："每一个人都无可争辩地有权全面发展自己的才能。"① 因此，实现人的自由而全面的发展是马克思主义人本观的基石，成为马克思主义中国化的人本观建立的理论渊源。马克思主义中国化的民本观集中体现在毛泽东全心全意为人民服务的思想和中国特色社会主义"以人为本"的思想体系当中。

（1）毛泽东"为人民服务"的人本观。毛泽东的人本观是马克思主义中国化的宝贵理论成果。毛泽东指出："人民，只有人民，才是创造世界历史的动力。"② 这一"人民创造历史"的思想无疑成为毛泽东人本观的理论基石。1944 年毛泽东在《为人民服务》的文章中明确提出了"为人民服务"思想，指出"我们这个队伍完全是为着解放人民的，是彻底地为人民的利益工作的"③。系统分析毛泽东的人本思想不难发现，全心全意为人民服务是其核心内容，群众路线是实现人本观的基本途径，实事求是是实现人本观的基本要求。毛泽东的人本观突出表现为"以群众为本"的基本特征，即一切为了群众，一切依靠群众，从群众中来，到群众中去。在如何发挥人民群众的主体性问题上，毛泽东认为有效的手段是民主，他说："只有让人民来监督政府，政府才不敢松懈；只有人人起来

---

① 《马克思恩格斯全集》第 2 卷，人民出版社 1995 年版，第 61 页。

② 《毛泽东选集》第 3 卷，人民出版社 1991 年版，第 1031 页。

③ 同上书，第 1004 页。

负责，才不会人亡政息。”① 让人民当家作主是毛泽东的毕生追求。关于党的任务与责任问题，毛泽东认为：“人民要解放，就把权利委托给能够代表他们的、能够忠实为他们办事的人，这就是我们共产党人。”② 共产党人应该将人民的利益放在首位，不得将个人和小集团的利益置于人民利益之上。毛泽东强调：“我们的责任，是向人民负责。每句话，每个行动，每项政策，都要适合人民的利益，如果有了错误，定要改正，这就叫对人民负责。”③ 习近平在纪念毛泽东同志诞辰120周年座谈会上的讲话中指出，毛泽东思想活的灵魂是贯穿其中的立场、观点、方法，其中的群众路线是我们党的生命线和根本工作路线，是我党永葆青春活力和战斗力的重要传家宝，是马克思主义关于人民群众是历史的创造者这一基本原理的重要体现，是坚持全心全意为人民服务的具体要求，是让人民来评判我们工作的具体路径。可见，毛泽东以群众为本的民本观不仅阐述了人民群众是党的真正的依靠，而且还指出了实现人民当家作主的民主途径，这对当前在建设小康社会的过程中坚持人民的主体性地位，加强党的领导，强化政府责任，建设责任政府，无疑有着十分重要的现实意义。

（2）中国特色社会主义“以人为本”的思想体系。这一思想体系是对毛泽东人本观的继承和发展。邓小平指出，社会主义现代化宏伟目标的根本目的就是使中国富强、人民幸福。他认为：社会主义的本质“是解放生产力，发展生产力，消灭剥削，消除两极分化，最终达到共同富裕”④。邓小平的这一思想强调了党的全部任务和责任，就是要实现全心全意为人民服务的根本宗旨，坚持以人民的根本利益为最高准绳，带领人民群众为实现自己的根本利益而奋斗，这集中体现出了邓小平人本观的核心内容。“代表最广大人民群众的根本利益”作为“三个代表”重要思想的主要内容之一，是新时期人本思想的发展，再次强调了党和政府的性质及其工作重心。作为马克思主义中国化的最新理论成果——科学发展观的诞生，促进了中国特色“以人为本”的人本思想的完善与创新。胡锦涛同志在党的十八大报告中指出，科学发展观同马克思列宁主义、毛泽东思

① 荣开明：《毛泽东民本思想重大贡献》，《中国地质大学学报》（社会科学版）2007年第3期。

② 《毛泽东选集》第4卷，人民出版社1991年版，第1128页。

③ 同上书，第1128页。

④ 《邓小平文选》第3卷，人民出版社1993年版，第373页。

想、邓小平理论、“三个代表”重要思想一道，是党必须长期坚持的指导思想。科学发展观第一要义是发展，核心是以人为本，基本要求是全面协调可持续性，根本方法是统筹兼顾。与此同时，和谐社会目标中的核心价值就是人的和谐，实现人的全面协调可持续的发展是实现其他社会目标的前提和基础。这一新命题充分体现了人的发展在社会发展中的地位和作用，人的发展是社会发展的动力，是对毛泽东社会发展动力思想的呼应，是对马克思主义人本观在新的历史时期的新继承、新发展。党的十八大召开之后，以习近平为总书记的新一届中央领导集体与中外记者见面时强调，我们一定不负重托，不辱使命，实现党的重托和人民的期望就是我们的责任。这个责任就是对民族负责、对人民负责、对党负责。我们一定要始终与人民群众同甘共苦、与人民群众心心相印、与人民群众团结奋斗，勤勉工作，努力向历史、向人民、向党交出一份合格的答卷。习近平同志的三大责任的重要论述，不仅明确了党在新时期的历史使命，而且也指出了各级政府在新的历史时期的工作方向和责任重心，成为责任政府重要的理论源泉。党的十八届三中全会公报指出：“坚持以人为本，尊重人民主体地位，发挥群众首创精神，紧紧依靠人民推动改革，促进人的全面发展。”“实现发展成果更多更公平惠及全体人民，必须加快社会事业改革，解决好人民最关心最直接最现实的利益问题，更好满足人民需求。”① 公报内容不仅凸显了新时期党和政府对“以人为本”的执政理念的坚守，而且进一步丰富了马克思主义民本观的基本内容，把“满足人民的需求”作为各级政府根本的政治责任，成为建设责任政府最直接的理论依据。

2. 马克思主义中国化的民本观与责任政府的关系

马克思主义中国化的民本观是建立在马克思主义民本观基础上，充分吸收了中国历史上优秀的积极的人文精神，并紧密结合中国革命、建设和改革开放的实践形成的优秀理论成果，这一理论成果具有重要的时代价值，成为建设责任政府的理论基石。马克思主义中国化的民本观系统回答了政府的性质（人民政府）、政府的责任（实现人的全面发展）、政府采用的方式（实行民主）、政府的重心（以人为本）、政府的目标（共同富裕）等问题，是新时期责任政府建设必须

① 《中国共产党十八届三中全会公报发布》（全文），2013 年 11 月 12 日，新华网（http：//news. xinhuanet. com/house/suzhou/2013 - 11 - 12/c_ 118113773. htm）。

坚持的理论原则。

（1）政府的人民性决定了责任政府的性质。毛泽东认为人民创造世界、应全心全意为人民服务、我们的责任就是向人民负责，这决定了新中国政府人民性的本质特征。邓小平将人民答不答应、人民拥不拥护作为检验一切工作的标准；以代表最广大人民的根本利益为主要内容之一的“三个代表”思想和以人为本的科学发展观，同样揭示了政府人民性的本质特征；习近平强调人民政府前有“人民”两字，人民对美好生活的向往，就是我们的奋斗目标。向人民交一份合格的答卷，就是对人民最大的负责。历代领导集体都将人民性作为政府的本质，责任政府不仅不能背离这一本质，反而还要更加坚定这一属性才会勇往直前。

（2）民主行政决定了责任政府的施政方式。马克思主义中国化的民本观认为，实行民主决策、民主管理、民主监督是社会主义优越性的具体体现。1945 年在延安的窑洞里毛泽东回答黄炎培提出的如何解决历朝历代出现的“历史周期律”的问题时说，我们已经找到了解决这一问题的新路，这个新路就是民主。毛泽东思想和中国特色社会主义理论都将民主作为党和政府的核心内容之一加以建设，作为治国理政的根本方法。所有这些理论和实践成果，都成为责任政府直接的理论来源和基石。

（3）马克思主义中国化的民本观还系统回答了政府的责任内容、重点和目标等问题，既成为新时期责任政府现成的理论和指导原则，又成为责任政府创新与发展的坚实基础。从为人民服务到以人为本、从共同富裕到实现人的全面发展等理念的坚持与完善，不仅捍卫了人本思想的立场，保持着政府的本质，而且也体现了理论上的与时俱进品质。责任政府建设使马克思主义中国化的民本思想始终处于不断的更新与进步中。

（4）马克思主义中国化与时俱进的理论品质为责任政府的建设与改革提供了理论指导和智慧源泉。任何事物都应该随着历史的发展和社会环境的变化而不断更新，才会保持其旺盛的生命力，维持其健康发展的强劲动力。责任政府只要始终坚持全心全意为人民服务、以人为本和实现中华民族伟大复兴的中国梦的宗旨和信念，就一定能够把握正确的政治方向，实现好、维护好人民群众的根本利益，不断提高政府的管理能力和水平，从而创建人民满意的信任的政府。

第三节　责任政府的价值诉求

党的十八届三中全会公报指出，要创新社会治理，努力推进国家治理体系和治理能力现代化。这一重要论述不仅具有重要的理论意义，体现了执政理念从“管”到“治”的重大转变，而且也为转变政府职能、提高政府效能指明了改革方向。当前，社会转型时期许多矛盾和问题碰头叠加，传统的以政府为单一主体的管理方式难以从根本上解决这些问题，只有转变思维，从社会治理的视角构建多元治理主体共同分担社会压力、化解社会矛盾、解决社会问题。责任政府作为社会治理的有效政府模式，应遵循社会治理的规律和要求，主动适应社会需求，大胆改革和创新，重塑与社会治理相统一的价值理念，这是当前政府改革面临的一项重要任务。

一　从政府本位向责任本位转变

传统政府一切以权力为中心，通过掌控权力达到追求的目标。“政府本位”是指在政府与社会的力量对比中，表现出以政府为本位的价值取向，政府与社会处于一种不平等的关系中，社会和公众丧失了作为评判主体的地位，这样必然会削弱政府对社会的责任和义务。[①] 政府本位的现实体现就是“官本位”、“权力本位”，在“权责”关系中权力位于首位，责任次之，政府会最大限度地追逐和运用权力的空间，并以此获取政府所要达到的目标（利益）；相反，在对待责任问题上，政府会最大限度地承担最小的责任。政府本位的这种权责关系就是先有权力后有责任，权力是必需的，责任是附属的。现代责任政府的本质特征就是责任至上、责任为本。也就是说“责任本位”是现代责任政府区别于其他形态政府的显著特征，这一价值理念从根本上颠覆了传统政府“权力本位”的思维逻辑，从而实现了责任对权力行使目的的限制，防止公共权力的非公共运用，还为政府权力与机构的合理设置提供了依据，为勘定政府权力的合理边界指明了方向。[②] 责任政府在对待权责关系上，与权力本位的政府逻辑是相反的，即认为权力只是政府实现责任目标的重要工具和手段，而责任才是政

① 李晓玲：《论责任政府》，《江淮论坛》2010 年第 3 期。

② 陈国权、王勤：《责任政府：以公共责任为本位》，《行政论坛》2009 年第 6 期。

府存在的价值和运行的基石。因此，政府公共责任本位的确立是对权力本位的颠覆，是民主政治发展的新要求，体现了责任政府以民为本的价值新风。责任本位也是民众的价值诉求，国家民委民族问题研究课题“民族地区基层政府领导力与社会稳定问题研究（GM－2010－042）”的一项研究结果清楚地表明了责任的首要意义。调查问卷在问及“您认为县乡（镇）领导者应具备的素养有哪些（A. 责任心；B. 自信心；C. 感恩心；D. 同情心；E. 诚信；F. 媒介素养；G. 悟性；H. 危机感；E. 服务意识）”时，选择结果从高到低分别是责任心94.7%、诚信87.2%、服务意识81.2%、自信心61.7%、感恩心57.9%、同情心57.1%、危机感48.1%、媒介素养36.1%、悟性27.1%（见表1—1）。

表1—1　乡（镇）领导者应具备的基本素养选项内容与结果统计表

素养内容	责任心	诚信	服务意识	自信心	感恩心	同情心	危机感	媒介素养	悟性
不选	7	17	25	51	56	57	69	85	97
选	126	116	108	82	77	76	64	48	36
百分比（%）	94.7	87.2	81.2	61.7	57.9	57.1	48.1	36.1	27.1

资料来源：徐铜柱：《民族地区基层政府领导力与社会稳定问题研究结题报告》。

二　从集权管理向分权管理转变

政府进行有效管理的前提和基础是政府掌握的公共权力，权力的大小和多少往往成为衡量政府能力的一个重要尺度。长期以来，中国政治体制具有明显的官僚制特征，集权管理是最主要的运行模式。由于权力过分集中于政府手中，政府权力延伸到社会的各个方面，政府包揽了大大小小的事情，社会几乎没有自主权。从过去的计划经济到现在的改革开放时期，集权管理一直是其主要形式。不可否认，集权管理在特定时期有其积极意义，正如恩格斯所说：“集权是国家的本质、国家的生命基础，而集权之不无道理正在于此。”① 但是长期集权或过度集权就会导致公共权力对责任的背离，比如领导或者“一把手”大权在握，一旦出现决策失误，对公众和社会的损失就难以弥补，个人是无法承担由此带来的责任的。同时，集权容易造成权力崇拜、个人独断专行、官本位、监督缺失、财政困

① 《马克思恩格斯选集》，人民出版社1982年版，第396页。

难等问题，而这些正是影响社会建设与管理的障碍因素。相反，社会建设与管理要求政府从“无限政府”向“有限政府”转型，事实上政府不是也不可能是万能的，政府应通过制度设计，将权力分配给相关的社会主体，实行分权管理模式，以减轻政府的压力与负担。分权包括两个方面：一是横向分权，即政府还权于社会，尤其是将经济和社会的权力还给市场和社会，“表现为一部分政治权力向非政治权力的转化，弱化政权而加强民权”①。一些社会自己能解决的事情放权让社会解决，政府不得干预。二是纵向放权，即上级或领导向下级和公务员放权，相信下级，充分调动下级的积极性。分权管理，适应社会公共事务复杂性的需要，符合民主政治的基本要求，是社会治理的重要方式。

三　从政府管理向合作治理转变

当前地方治理之所以被置于重要的地位，主要是因为在全球化背景下，社会转型时期呈现出了一系列纷繁复杂的社会问题，比如环境污染加剧、犯罪率上升、贫富差距悬殊、地区差异扩大、社会失序等问题越来越明显。面对各类凸显的社会问题，传统的以政府为单一主体的治理模式显得越来越力不从心，有时甚至无能为力。正如托克维尔所说：“不管它（政府）如何精明强干，也不能明察秋毫，不能依靠自己去了解一个大国生活的一切细节。”② 诚然，地方政府的能力有限和社会问题的日益复杂，要求有更多的主体参与到问题解决的过程当中来，包括公民、非政府组织、企业、行业协会等，政府在其中再不是唯一的决策者，它只是治理主体中的一员，与其他主体在不断沟通、协商、谈判、交流的基础上，通过合作的方式来解决社会问题。在多中心合作治理格局中，多元主体虽然没有严格的等级从属关系，但也并非处于无政府的混乱状态，必须遵守相关法律和行业规章，建立合作治理机制。比如，武陵地区位于湘鄂渝黔四省市交会地带，这里山同脉、水同源、人同俗，自然条件和人文习俗相近，但被行政区域分割成了四个地区，因各省市的发展进度不一，导致同一地区呈现出不同的发展水平。为解决地区发展差异的问题，四省市建立了武陵山协调发展促进会，共同研究当地的经济、文化、旅游等问题，对当地

---

① 张康之：《公共行政中的哲学与伦理》，中国人民大学出版社 2004 年版，第 141 页。

② ［法］托克维尔：《论美国的民主》，董果良译，商务印书馆 1995 年版，第 100—101 页。

的共同发展起到了较好的促进作用。

四 从暗箱操作向透明行政转变

集权管理体制下政府的一个显著特征就是暗箱操作，政府垄断所有的资源和信息，容易造成腐败。随着信息技术的发展和使用，特别是人民民主意识的不断增强，传统的封闭式的政府模式已受到了严峻挑战，公开行政、透明行政、民主行政、政务公开成为当今的社会趋势与潮流。透明行政是责任政府的本质要求和特征，是政府公平施政的前提条件，是治理和善治理论所追求的目标。传统政府管理只是单向度地、自上而下地对公共事务进行管理，政府如何做公民无须知道，为暗箱操作提供了机会和可能。而基于治理、善治理论基础上的社会治理强调政府与公民之间互动与合作，政府应充分尊重公民的权利，及时公开相关政策、过程、结果，满足公民的知情权、参与权和监督权，实现公民最大限度的政治参与。政府如何做到透明行政？一是公开政府体系构成及工作流程，包括机构设置、人员分工、职能安排等；二是公开政府运行过程，即将政府履行公共职责的过程向公众公开，包括决策内容、决策依据、决策信息、决策过程、相关政策等，便于公众的参与和监督；三是公开政府结果，政府履行公共职责的结果是否达到公众的期望，通过公开相关信息由公众评判；四是公开对政府履责的评价结果。政府运行的效果如何应该交给公众来评价，不应由政府自己说了算，如果政府行为没有达到预期要求，应该通过相应的程序和途径予以纠正。①

五 从权力行政向法治行政转变

权力行政最容易导致权大于法，不依法办事。由于权力所具有的特殊魅力，致使许多人千方百计去追逐权力，掌权者总是将权力用到极致，其随意性、任意性会带来诸多消极后果，破坏社会秩序，侵害他人权利，降低政府威信。历史已经证明，任何社会要想永续发展，最终都要走向法治轨道，法治已成为当今世界各国普遍的、公认的价值追求，是现代民主政府、责任政府有效运行的基础。党的十八大报告指出，“提高领导干部运用法治思维和法治方法深化改革、推动发展、化解矛盾、维护稳定的能

---

① 俞可平：《政府创新的理论与实践》，浙江人民出版社2005年版，第252—253页。

力”。政府是否负责、是否廉洁透明，以及政府能否通过一定的行政行为连续而稳定地向社会公众提供优质、高效的公共产品和公共服务，其关键在于政府是否建立在法治的基础之上。法治始终是政府存在和采取各种行动对社会不同的利益需求进行回应的前提和框架。[①] 法治行政的首要目标是保障公民的权利，将政府权力限制在合理的范围内，即对行政权力进行约束，不能随意侵害公民的权利。同时，法治行政也意味着法律对行政权力的授予，因为政府权力来源于人民的授予与委托，政府运用人民委托的权力来管理社会、服务社会、服务公众。从这一意义上来看，法律既是对行政权力的约束，又是对行政权力的保护，只有将行政权力的行使与法治紧密结合，才能确保社会的有序发展。

六　从“为民做主”向“由民做主”转变

长期以来，政府把“为民做主”当成自己神圣而光荣的职责，是政府天经地义的本职工作，由此还有人主张“当官不为民做主，不如回家种红薯”。表面看来，此观念仿佛表明的是政府对人民负责的态度，理应受到赞扬，但细细想来，这种认识并不值得颂扬。原因在于，“为民做主”反映的是在传统的官僚科层制背景下，以“政府本位”、“权力本位”为依归，自然是政府决定一切，政府替百姓做主，政府一厢情愿地为百姓提供政府认为必要的公共产品和公共服务，无须征求百姓的意见。比如近年来一些地方热衷“送文化下乡”，相关部门认为自己是在行善积德，殊不知大批人来到乡下，不仅送的文化得不到乡亲们的肯定，反而巨大的招待费让基层苦不堪言，“送文化”变成了“送负担”。相反，以“社会契约论”、“人民主权论”、“治理与善治理论”等为理论依据建立起来的责任政府必须秉承“责任本位”的价值理念，把“为人民服务”当成自己的神圣职责，按照人民的意愿行政，把实现好、维护好人民群众的根本利益作为政府的管理目标，把“人民答不答应、人民满不满意、人民高不高兴”作为评判自身工作的标准。这就叫“由民做主”，政府只是代表人民的意志进行管理和行政的组织，政府官员只是为人民服务的公仆。

---

① 俞可平：《政府创新的理论与实践》，浙江人民出版社 2005 年版，第 64 页。

第四节 责任政府建设的现实意义

责任政府是伴随着现代民主政治的发展、社会民主进程的加快、社会文明程度的提高而得以重视并逐步形成的理想政府模式，建设责任政府既是一个理论问题，也是一个实践问题。之所以是一个理论问题，是因为当代责任政府不能成为传统政府的简单延续，而是在政府理念、政府价值、政府目标等方面不断地进行创新，使政府能持续地保持其旺盛的生命力。之所以是一个实践问题，是因为责任政府对于解决现实社会问题具有其他政府模式不可替代的作用。由于我国正处于社会变革的特殊时期，各项改革已触及利益的关键点，改革已步入“深水区”。正如习近平总书记所说：“改革已进入艰难期，好肉都吃了，该啃硬骨头了！”这表明不仅社会问题复杂，政府本身也面临着诸多挑战，存在一系列问题，如何有效解决严重的社会问题和克服自身局限，已是摆在党和政府面前而且又必须大有作为的现实课题。以“责任”为核心价值的责任政府无论是从理论上还是实践操作上都更加有利于现实问题的解决，因此，建设责任政府成为实践这一目标的有效方法，具有重要的现实意义。

一 有利于强化政府责任理念，重塑政府公共形象

从整体上来看，我国政府把“全心全意为人民服务”作为自己的价值理念，理应是负责任的政府。但由于我国有着几千年的官僚制历史，中央集权的统治思想不可能在短期内消除，传统政府实施的集权化的管理模式正是这种思想在现实中的体现。官僚体制注重维护上级和中央政府的权威，强调自下而上的服从，致使下级或地方政府把对上级或领导的责任置于首位，而将广大公众的责任置于次要位置，有时甚至无暇顾及，造成地方政府责任理念的缺失。尽管历史上不乏为民请愿的清官代表，但更多的是出自个人内心的良知而为，并非传统政府本身具有相应的责任理念和履责机制。传统政府的唯上不唯下的思想惯性影响至今，导致一些地方政府责任意识不足，严重影响了政府形象。在社会治理实践中，从解决公众的实际问题出发，通过建设责任政府，强化政府责任理念，增强政府对人民负责的意志，无疑能促进政府由“政府本位”向“公众本位”回归，实现公众心中政府负责、亲民、务实、回应、高效、公正的形象期盼，重塑

政府良好的公共形象，提升政府公信力。

二　有利于优化政府职能，提高政府社会治理能力

从政府的基本职能体系来看，一般包括政治、经济、文化和社会等方面。[①] 随着社会的发展和现实需要，生态职能也被纳入政府的职能体系。纵观历史，政府在不同的时期其职能重心并不相同，导致政府职能有所偏废，社会治理能力不强。改革开放以来，一些地方政府因长期坚持政绩评判标准以 GDP 等经济指标为主，造成地方政府职能重心严重失衡，一些地方在“以经济建设为中心”的思想指导下，只抓经济，几乎忽略了文化、社会、生态等职能建设，导致许多地方文化建设、社会建设和环境保护严重滞后，影响社会的整体发展水平。建设责任政府应从优化政府的职能结构、调整政府的职能重心出发，在确保经济平稳发展的基础上，更加注重政府的民生性责任和公共服务责任，努力提升政府的社会管理能力。当前特别要把政府的利益协调能力、公共服务能力、危机处理能力、环境保护能力等方面作为重点建设内容，才能实现责任政府对社会生活领域中的公共事务的有效管理。

三　有利于推进政府民主管理，提高政府公共决策水平

责任政府是现代民主政治不断发展的产物，这一产生过程就决定了民主在责任政府建设过程中的重要性。同时，作为责任政府重要的理论基础，“人民主权论”强调“政府必须顺应民意”，由此可见责任政府和民主行政是融为一体的，是不可分割的。当前各种社会矛盾碰头叠加，地方政府及其官员应牢固树立民主观念，树立权力是人民赋予的观念，创造更多的机会和渠道让人民表达意愿和诉求，并主动听取人民的意愿，自觉接受人民的监督。责任政府最大的价值是“责任”，地方政府直接面对广大民众，政府的一言一行都置于公众的监督之下，政府做什么、怎么做应该征求公众的意见，通过各种有效渠道了解民意，并将民意转换成政府的公共行为。地方政府只要从一厢情愿地“为民做主”转向公共利益“以民为主”，就不会作出脱离实际和违背公众意愿的公共政策，反而还会更好地规避风险，真正实现“人民当家作主”的愿望，提高公共政策的科学

---

① 夏书章：《行政管理学》，高等教育出版社 2008 年版，第 55 页。

化水平。民主实现了社会公众对政府的激励、监督与控制，保证了政府对人民承担责任。可见，推进民主行政，既是政府的职责，也是责任政府的重要特征。

四 有利于促进政府公平施政，维护社会和谐稳定

当前政府在社会管理过程中坚持公平公正地处理社会公共事务是责任政府的基本要求，也是广大公众的真实期盼。党的十八届三中全会明确提出要创新社会治理，实现社会公平正义，既为政府新时期改革发展确立了新的目标要求，同时也是政府必须坚持的工作原则。从理论上来讲，政府应该做到公平施政，这是政府公共性的要求。但实际上并非如此，由于政府同样具有“经济人”的特性，政府也有追求自身利益的动力，再加之政府改革中存在的一系列问题一时难以化解，导致一些政府难以实现公平公正地处理各项公共事务。近年来一些地方出现的大规模群体性事件表明，政府与民争利、政府行为不公、政府决策不合理等因素往往成为群体性事件的重要助推力量。当前，政府应创新管理理念，提升维护公平正义的能力，让人民公平享受改革开放的成果，享受社会发展的成果，消除传统的等级壁垒。政府将实现社会的公平正义作为行政目标，并一以贯之地加以落实，就会赢得人民的信任和拥护，社会矛盾就会大幅度减少，从而更好地维护社会的和谐与稳定。

五 有利于推动实现“中国梦”的宏伟目标

习近平同志提出实现中华民族伟大复兴的中国梦，中国梦是国家民族的梦，也是每个中国人的梦，归根到底是人民的梦。中国梦的实质就是要实现国家富强、民族振兴、人民幸福。这一宏伟目标展示出了每一个中国人的心声，获得了人民的广泛支持与赞誉。问题的关键是如何实现这一目标，除了人民群众的努力奋斗外，政府是重要的责任主体，责无旁贷。中央政府作出宏观决策，地方政府应高效执行，把实现中国梦当作执政目标。由于中国梦有着丰富的内涵，政府应深刻领会并将其与当前的实际工作相结合，以高度的责任感为老百姓办实事、办好事，让人民群众过上幸福安康的生活。地方政府在建设过程中要更新观念、转变作风、创新机制、提高服务效能，努力提高人民群众对生活的满意度。责任政府这种为人民服务的过程，就是推动实现中国梦的具体表现。

第二章　地方治理中的履责问题

引　言：本章运用规范分析与实证分析相结合的方法对政府在地方治理过程中责任的履行情况进行观察与分析，发现一些地方政府在民生性保障、生态环境保护和公共安全的监管等方面的应尽责任存在缺位与不足，社会治理责任与维稳职能重心失衡。特别是一些地方政府在履责过程中表现出政府“公权”与公众“私权”的矛盾，即政府提供新公共服务影响公众原有利益、政府的“供给本位”偏离公众需求等问题影响社会治理效果。同时，一些地方政府在基础性的民生性服务方面表现得不积极，存在主动履责动力不足的问题，成为责任政府建设必须解决的现实问题。

习近平总书记指出：“我们的工作还存在许多不足，前进道路上还有不少困难和问题，特别是我国经济社会发展正面临短期矛盾和长期矛盾叠加、结构性矛盾和周期性矛盾并存、各种潜在的矛盾和风险凸显等难题。”① 习近平总书记还说：“当前，社会管理面临思想舆论统一难、各方利益协调难、矛盾纠纷化解难、流动人口管理难、突发事件处置难、基层基础建设难等新情况新问题。”②

第一节　基础性责任的缺位与不足

政府的基础性责任主要是指与民生相关的保障社会运行的基本内容和

① 习近平总书记在十八届中央政治局常委会、中央政治局第一次会议上的讲话（2012 年 11 月 16 日）。

② 习近平总书记在省部级主要领导干部社会管理及其创新专题研讨班结业仪式上的讲话（2011 年 2 月 23 日）。

条件。地方治理的内容一般与公众的现实生活紧密相连，这些内容一般具有民生性、保障性、动态性等特征，做好相关工作自然也就成为地方政府应尽的治理责任，社会治理效果也就取决于这些内容的实现程度。当前，一些地方政府在公共服务性责任上依然存在缺位现象，社会治理责任与维稳责任时常重心失衡，公共安全监管依然存在一些漏洞，生态环境保护责任履行不足，如此等等。从理论上来讲，这些责任都是政府的分内之事，是政府的应尽责任，政府应该自觉履行并积极推进。但由于历史的原因，尤其是社会转型时期固有矛盾的存在，导致一些职责难以有效落实，这正是当前研究和建设责任政府的意义所在。

一 公共服务性责任的缺位与不足

1. 民生性保障责任不足

“改善民生没有终点站。”这是国家主席习近平总书记于 2013 年 5 月 15 日在天津考察民生问题时提出的重要观点。随着人们生活水平的提高，民生之本由生活生产资料的需求问题，上升为文化模式、生活福利、精神文化等物质与精神特征相结合的样态，旨在让人民过上体面又有尊严的生活。现代意义上的民生概念有着狭义和广义之分。狭义的民生是指民众的生活和生存状态，和当今具体的民生政策相吻合，反映民众的基本权益保护和发展机会的状况等问题。广义的民生是指只要和“民生”相关的直接与间接的事物，将“民生”的地位提升到治国安邦的高度，具有鲜明的综合性。正是由于“民生”包括的范围很广，因而在某个具体民生政策实施时，人们更关注该政策对实际生活的影响程度。在实际生活中，人们一般使用狭义的民生概念。保障责任是在全社会财富逐步增加和法制建设不断完善的前提下，人民的基本生活、医疗、教育、养老等社会保障应有的政策和法律保障等不断规范的过程。综上所述，将涉及民生的广义与狭义范畴予以规范与法制保障，即为民生性保障责任。当前，政府民生性保障责任不足的具体表现有：

（1）就业困难

就业是“天大的事”，就业是民生之基。强化地方政府的就业责任是责任政府的内在要求。地方政府实施积极的就业政策、提高就业工作的有效性是地方治理的重要内容，也是当前社会治理的薄弱环节。一方面，就业服务对象不断增多。从以往的企业下岗工人逐渐扩大到包括失业人员、高校毕业生、农民工、城乡“双零”家庭、军队退役人员、随军家属、残疾人等人群，服务对象数量不断增多；另一方面，地方政府促进就业的管理水平有限，需要进一步提升政府的就业服务能力，增强管理效果。以2013年大学生就业为例：国务院总理李克强2013年5月15日主持召开国务院常务会议，会议指出，2013年高校应届毕业生达699万人，就业压力明显增大。人力资源和社会保障部国际劳动保障研究所所长莫荣认为，国务院常务会议专门研究促进大学生就业，这种情况是不多见的，这首先反映了国家对这一问题的高度重视。对于699万名毕业生来说，2013年的就业堪称“史上最难就业季”。之所以如此，一方面大学毕业生迎来数量最多的一年，比2012年增加了19万人，刷新了纪录；另一方面，地方政府在促进大学生就业政策、机制、措施等方面存在责任缺位或不足问题，具体表现在：

一是地方政府在大学生培养过程中的教育规划责任不足或错位。地方政府的教育管理政策不能有效适应社会环境的变化，指令性强，高校基础课程、传统课程等在教学计划中占据了很大份额，很难培养学生的个性特征。对专业控制严格，特别是高校专业设置不能完全适应社会产业结构快速升级和经济结构调整的要求，致使专业趋同、盲目追求所谓热门专业的现象十分严重，导致一些领域的人才严重过剩，影响就业。与此同时，一些传统专业及课程改革迟缓，与市场需求脱节，教学内容不能与时俱进，影响学生的实际运用能力。

二是地方政府的就业服务职能存在不足。一方面，促进就业的相关法律还不完善，政府、学校的责任边界还不明确；另一方面，就业市场信息化建设滞后，特别是就业信息、就业咨询、就业培训、档案保管等服务的内容和要求都赶不上市场急剧变化的需求，大学生获取就业信息的主渠道是学校，获取渠道比较单一。导致供求信息不对称，毕业生不知道市场的需求信息，用人单位也不知道毕业生的个体信息。

三是地方政府实施的积极性就业政策不足，有些政策缺乏合理性。比如许多地方政府在人才招聘时规定只录用“211”、“985”等重点高校毕业生，这种身份限制本身就是一种歧视性政策，违背了市场经济规律和教育公平的价值理念。再比如，教育主管部门要求高校就业率在规定的时间内必须达到规定的指标才算合格，才能获取下一年度的招生指标，否则就会减少招生指标甚至停止招生。诚然，高校作为人才培养单位，促进学生就业也是其应尽职责，但政府的相关规定几乎将就业任务全部推给了学校，大有卸责之嫌。学校为了专业不停办，不得不采取多重方法达到政府的规定，有的甚至弄虚作假提高就业率。

除大学生外，因经济原因导致的企业裁员、企业提供的就业岗位减少、失地农民进城务工难等问题亦十分严重，为社会安定带来了新的不稳定因素。在这种现实条件下，要创新和加强社会管理水平，就必须强化地方政府在促进就业工作中的应有责任。

（2）看病难、看病贵

“看病难”可以分为两种。第一种是“绝对性”看病难，是指由于医疗资源人均水平较低，无法满足基本医疗卫生服务需求的“看病难”，导致资源配置不均衡，这往往发生在我国中西部经济落后的偏远农村地区。第二种是“相对性”看病难，是指由于优质医疗资源相对于居民需求的不足，造成患者去大医院挂专家号“难”，大医院的公益性越来越淡化。“看病贵”可以分为三种。一是个人主观感受的“贵”。患者认为医疗费用上涨速度超过了自身收入增长速度。二是家庭无力支付的“贵”，造成“因病致贫和因病返贫”，相应的医疗报销制度设置门槛较高，缺乏有效的社会医疗保障。三是社会无法承受的“贵”。媒体经常曝光医疗器械与药品的暴利，超出了老百姓的承受能力。之所以“看病难、看病贵”问题在我国长期得不到有效解决，这与政府的一些政策和行为相关。为公众提供优质的医疗服务本应是政府的应尽职责，但一些地方政府在这一民生性责任中履责不足，主要体现在：

一是地方政府投入低。医疗卫生事业被认为是公益性事业，既然是公益性事业，地方政府就应该在基本医疗、医务人员待遇、医疗建设投入等方面加大力度。但在许多地方政府以经济增长为工作重心，医疗卫生事业被认为是只有投入没有产出的。很容易出现公共卫生资金投入不足的情况，已有的资金投入也会出现被挤占的情况。这种情况的产生不完全是地方政府的原因，也与全国的大背景有关联，即国家对医疗卫生的总投入偏低。有数据显示政府对医疗总费用负担比例，中国只有17%，而美国是46%，印度、朝鲜等国是全包的。我国医疗卫生投入占GDP约为2.7%，巴西是7.9%。2003—2009年，我国医疗卫生投入从831亿元增长到1277亿元，而2009年人均医疗卫生支出为1213.76元，只有98.23元为国家财政负担。[①] 我国目前财政投入占医院支出比重为5%，导致有的医院不够水电费开支，医院运行费用只有靠创收。创收最直接的办法就是抬高医疗价格、提高服务门槛，导致普通百姓深感“看病难、看病贵”。

二是监督管理职能缺位。地方政府对医疗服务监督管理职责缺位，主要表现为：一方面，相关职能部门对医疗服务缺少强有力的监管手段，对医疗机构的规模、大型仪器的购置和新技术的采用都没有较为有效的监督办法；另一方面，卫生行政部门的工作思路和观念还主要停留在“办医院”的思维习惯中，不能转到“治理医院”的思路上来。这使得大量卫生资源长期向高端医疗投入，从而在一定程度上导致基本医疗的发展缓慢。[②]

三是政府相关政策缺乏合理性，重视大医院建设而忽视乡镇医院和村卫生室建设。政府作为基本医疗服务的供给者，建立多层次、全覆盖的医疗卫生服务体系是政府应尽之职责；而现实的情况是，一些地方政府只注重大医院的建设，对老百姓方便就医的乡镇医院、社区医院、村卫生室投入少，建设力度小。再加之乡镇医院人才严重不足，一方面难以引进，另一方面培养的优秀人才留不住，导致一些本可在乡镇（社区）医院就医的人都向城市大医院挤。医疗资源的过分集中和相对垄断，为“看病难、看病贵”提供了条件。

（3）上学难

上学难在我国各个教育层面几乎都存在。幼儿教育阶段“入园难”、“入园贵”问题突出；小学阶段城乡发展失衡加剧，农村原有的充足的教育资源闲置荒废，城市超大班普遍存在；中学阶段不仅城乡差距大，而且高中数量严重不足，教育资源聚集在重点中学，进城务工人员子女在输入地“上学难”；大学教育参差不齐，高校扩招后学校的生存与招生直接相关，教学设备不足，师资力量下降，教学质量滑坡；重点大学资金富余，地方院校举步维艰，等等。应该承认，改革开放以来，我国的教育事业取得了显著的发展，这是有目共睹的事实。在取得成绩的同时，又总有回避

① 宋曙光：《新医改下论“看病难、看病贵”——基于公共治理理论的视角》，《经济研究导刊》2009年第9期。

② 夏挺松、卢祖洵：《我国“看病难、看病贵”问题的成因及对策分析》，《中国社会医学杂志》2011年第3期。

不了的新问题，而且许多问题本身就是一些政府决策不科学和行为不当所致。有效解决当前的教育问题，推进教育事业的健康发展是政府应尽的职责，是政府进行社会建设和管理的主要内容。要解决问题就应该找准问题的病因，这样才能对症下药。当前社会上之所以出现“上学难”问题，尽管原因是多方面的，但政府的责任特别是地方政府的责任的缺位是重要因素。

一是教育投入不足导致入园难等问题。随着城镇化的加速推进，大量人口进入城市，学前教育成为社会问题。而城市中的幼儿园设施有限，数量不足，特别是各地条件较好的所谓公立幼儿园十分有限，而私立幼儿园的安全和质量得不到保证，导致家长为让孩子上公立幼儿园不得不找关系、走后门，费神费力，入园指标一票难求。此种上学难属于政府教育责任缺位所致。关于投入问题，政府多年来用在教育上的投入没有达到国际公认的标准，即公共教育经费（相当于我国的财政性教育经费）占 GDP 的比重应该达到4%，我国长期低于这个标准。可喜的是近年来政府的投入已接近这一标准。除总投入不足外，各级政府所承担的投入责任失衡，以农村义务教育投入为例：农村义务教育支出比例中，中央财政占 2%，地方财政负担 98%，其中乡镇负担 78%，县财政负担 9%，省财政负担 11%。[①] 乡政府作为实际的投资主体，但乡政府的财力本身就严重不足，发展教育的任务就会大打折扣。

二是教育资源分布不均导致获取优质教育资源难。每届政府出于政绩的考虑，都愿意在基础较好的重点学校上做文章，投入、政策都惠及重点学校，而乡村一些更需要帮助的学校反而被长期冷落在一边，这就是人们常说的“锦上添花的多，雪中送炭的少”。无论是义务教育的择校现象，还是高中阶段推行的“择校费”的产生，最终都是为了获取优质的教育资源，但需要付出更多的成本，所以显得难。

三是高等教育费用增加导致读大学难。高校扩招以后，政府将本应该投入教育的部分责任转嫁给学校，让学校通过扩招学生、提高学费来维持学校的正常运转，学校的公益性色彩开始褪色，取而代之的是一定程度的利益主体形象。扩招政策之后，国家对教育的投入在很长一段时间内不增反减。有专家分析表明，1998—2005 年，财政支出在教、科、文、卫等

① 汪敏：《农村社会保障中的政府责任》，博士学位论文，湖南大学，2007 年，第 58 页。

领域的社会性支出总额虽有所上升，但比例却不升反降。1998年全国财政支出中用于教育的支出为13.1%，科技支出为3.3%，卫生支出为3.8%，三项支出合计所占比重为20.2%。而到了2005年，这四项数据分别降为11.7%、2.9%、3.0%和17.6%，分别下降了1.4%、0.4%、0.8%和2.6%。①

四是政策的随意性增加农村学生上学的难度。以农村“撤点并校”为例，20世纪90年代，为促进基础教育的发展，在农村比较集中的每一个中心村都修建了规范的校舍和教师宿舍，极大地改善了农村的办学条件，时称“普九”义务教育工程。但随着农村人口的减少，前几年政府又决定将这些学生少的学校撤掉，合并到镇上的某一中心学校。虽然政府的决策有其合理性，但客观上给许多农村孩子上学带来路途遥远、安全、成本增加等问题。相关课题组专门就农村“撤点并校”前后教育状况做了调查统计，以某省2001—2010年义务教育阶段的统计数据为例进行说明（见表2—1、表2—2）：

表2—1　“撤点并校”前后的上学路程

2000年以前	2000年以后
山区 <0.7公里	>3.2公里
平原 <0.3公里	>2.5公里

表2—2　“撤点并校”前后学生的经费支出情况

	负担项目
合校前	小额零花钱 <20元/月
合校后	住宿费、伙食费、生活费、交通费等 >1000元/月

可见，政府公共政策显然缺乏充分的调研和论证，稍有不慎就会增加农村孩子们上学的困难和成本，产生新的安全问题。学校如此，乡镇撤并亦然：2000年前后，国家进行了大幅度的撤乡并镇，使乡镇从90年代初的5万个减少到2004年的3.8万多个，虽然这是一项地方政府的体制改

① 魏向赤、王小明：《“上学难、上学贵”的成因及其解决途径》，《教育与经济》2006年第3期。

革，但在增强乡镇综合经济实力、减少干部职数的同时，实际上财政负担并没减轻（合并时人员没减），相反工作效率降低（很多地方离乡镇距离增加），导致精简机构的目标不仅没有达到，反而由于辖区扩大增加了一些管理机构和人员，增加了行政成本。① 而这些问题恰恰是地方政府社会治理应该面对并着力解决的现实难题。

（4）社会保障滞后

社会保障制度作为国家的一项制度安排，其完善程度直接反映出一个国家的社会发展水平。政府作为社会保障制度的实施主体，推行有效的社会保障制度，构建完善的社会保障体系，让人们体面地生活并没有后顾之忧，是政府义不容辞的神圣职责。党的十八大报告指出，要统筹推进城乡社会保障体系建设。要坚持全覆盖、保基本、多层次、可持续方针，以增强公平性、适应流动性、保证可持续性为重点，全面建成覆盖城乡居民的社会保障体系。这一政治宣言并不是对当前社会保障体系的总结，而是为国家今后社会保障体系的建设指明了新的目标和发展方向。改革开放以来，社会保障经历了从缺失到回归再到不断发展的过程，虽然取得了很大的成绩，但也还存在着许多不容忽视的问题。这主要表现在：

一是参保对象偏少。据统计，截至 2011 年末，全国城乡低保对象总人数为 7582.5 万人，占全国人口的比重为 5.6%（发达国家这一比例为 10%）。另据统计，全国农民工人数已超过 2.5 亿，但参加基本养老保险的只有 4140 万，仅占 16.56%，参加医疗保险的只有 4641 万，仅占 18.56%。这就是说，有大量低保边缘群体被排斥在社会保障之外，不能享受相关待遇，难以过上无后顾之忧的生活。② 全国大背景如此，一些贫困地区情况就更加明显，以某自治州为例：2007 年，全州城镇就业人口应参保人数为 35.1 万人，而参加养老保险的仅 13.3 万人，62% 的就业人口没有纳入保障。以 2008 年 L 市排查登记的情况来看，该市应参加企业基本养老保险 215 个单位 10545 人，实参保 143 个单位 8833 人；应参加工伤保险 130 个单位 10466 人，实参保 49 个单位 5091 人；应参加生育保

① 赵树凯：《乡镇治理与政府制度化》，商务印书馆 2010 年版，第 90—91 页。

② 贾丽萍：《从十八大报告看中国社会保障新的发展目标》，《中国经济时报》2013 年 3 月 20 日第 11 版。

险130个单位10499人，实参保44个单位4174人。与此同时，断保现象也非常严重。2006年该自治州24586人次断保，其中企业养老保险断保20805人，机关事业养老保险断保647人，失业保险断保9315人。弱势群体大都游离于社会保障之外。[①]

二是补助标准低。比如武陵山区某自治州2006—2007年，城市低保对象每人每月补助240.30元，农村低保对象每人每月补助106.10元，这一标准比国际贫困线补助标准还低；“新农保”、“城居保”的参保门槛虽然不高，每年只有100元，但依旧有很多困难群体没有加入到保险队伍中来。《某自治州城乡贫困群众医疗救助实施方案》规定个人全年累计救助资金最高不得超过5000.00元，2006年人均实际仅有1694元，相对于重病患者高昂的医疗费用，这些补助也只是杯水车薪。[②]

三是体制机制不健全。首先，城乡分割的管理体制阻碍城乡统筹发展。城市社会保障项目和农村社会保障项目主要采取城乡分割的管理体制，不利于通盘考虑城乡社会保障问题，实现社会保障的城乡统筹。[③] 其次，制度设计不合理，在社会保障体系内部，存在着不平等的保障等次，比如愈富裕愈选择高缴费档次，进而享受国家高补贴；相反，愈穷愈选择低缴费的档次，只能享受国家的低补贴，这种“利富”制度与社会保障制度的本质属性——公平性相违背，因而是不合理的制度设计。最后，政府在社会保障中的监督机制不全，社保资金的使用不规范，监督职能严重缺位，致使许多社保资金被挪作他用。比如上海社保基金案，涉案金额达百亿元人民币，时任上海市劳动和社会保障局局长祝均一违规挪用和侵占。此案充分暴露出现行管理体制存在很大漏洞，特别是监督机制乏力，形同虚设。机制不顺还表现在：缺少公开透明的政策发布平台；缺少系统及时的民情分析制度；缺少动作规范的公共服务网络；缺少权责相当的目标管理体系。[④]

---

① 刘亚芳：《浅谈恩施州城镇弱势群体就业和社会保障问题》，《清江论坛》2008年第2期。

② 同上。

③ 李迎生：《论政府在农村社会保障制度建设中的角色》，《社会科学研究》2005年第4期。

④ 刘亚芳：《浅谈恩施州城镇弱势群体就业和社会保障问题》，《清江论坛》2008年第2期。

四是中央政府与地方政府的责任分配失衡。社会保障事业关乎全社会的民生问题，建设主体应为各级政府，但事实是地方政府承担主要任务，比如在农村社会保障体系建设中，各级地方政府承担着主要的财政、组织、制度保障以及监管等责任，中央政府责任不明确。中央政府与地方政府在社会保障任务中的责任失衡，特别是地方财力与保障需要的矛盾比较突出。比如国家要求地方政府对社保的投入要占本地财政支出的15%—20%，国家在就业、再就业、城乡社会保障、失地农民安置等方面安排惠民资金的同时，都要求地方财政予以配套经费。这些政策和要求对于大多数西部地区、民族地区、欠发达地区来讲几乎难以实现。长期以来，一些地方财政都属于"吃饭财政"，各县市都不同程度存在着地方财力不足、配套资金无法列支的问题。以武陵地区某贫困县为例，按上级要求，2006年该县共需配套政策性资金7000多万元，而该县全年地方一般预算收入仅为6000万元，这些钱还要保工资、保运转、促发展，一些地方政府既希望搞好社会保障事业，又心有余而力不足，上级的要求难以落实。①

2. 基础性公共服务设施供给不足

提供优质高效的公共服务设施是地方政府进行社会建设与管理的重要责任。随着社会的发展，广大的社会公众对生活质量、生活条件、生活环境等方面的要求将越来越高，仅仅停留在传统的"吃饱穿暖"的要求上远远不能满足公众的现实需求。这就要求地方政府能够适应社会发展和公众需求的变化，从以往的"生存型"要求转向更高层次的"发展型"要求，及时提供满足公众发展需要的公共服务和基础设施。然而，就目前的城乡建设情况来看，公共服务的供给还远远不能满足广大公众的发展需要。根据"我国农村公共服务体系建设研究"课题组的调查，全国仅有1/3的乡镇建有供水站，有83%的农村村民不能饮用自来水，饮水安全无法保障。同时，农村电网老化严重，电压不稳，影响用电效果，存在用电安全隐患。在交通方面，虽然通村公路有较大发展，但质量不高，道路狭窄，辅助设施滞后，特别是一些较偏远的地方依然难以到达。农村的通信设施更为落后，虽然有93%的村庄能够接收到电视信号，但普遍信号弱、电视节目有限、收视的效果差，特别是互联网设施更加落后，很多农村还

① 刘亚芳：《浅谈恩施州城镇弱势群体就业和社会保障问题》，《清江论坛》2008年第2期。

无法使用。可以说，在农村不少公共服务项目还属于空白。[①] 以上是全国的总体情况，再看看武陵山片区的情况：片区内主干道网络尚未形成，公路建设历史欠账较多，截至2014年，有47个乡镇不通沥青（水泥）路，占乡镇总数的3.41%；9271个行政村不通沥青（水泥）路，占行政村总数的40.25%；7790个村没有完成农网改造任务，占行政村总数的33.82%。从以上情况不难看出，地方政府在公共服务设施供给方面存在的突出问题表现在以下几点：

（1）公共服务供给的总量不足

以文化服务站为例，据统计，全国有三千多个乡镇还没有文化站，而且大部分省份已有的文化站都没能发挥应有的效果，处于瘫痪或半瘫痪状态。再以保障性住房建设为例，据2009年10月28日新华社报道，全国人大常委会关于部分政府重大公共投资项目实施情况的调研报告显示，在中央预算安排的重大公共投资项目中，保障性住房建设进度缓慢，截至2009年8月底，仅完成投资394.9亿元，完成率为23.6%，不足计划的1/4。之所以存在这样的问题，一些地方政府动力不足、责任缺位是主要原因，具体表现在配套资金不到位，征地、拆迁等前期工作准备不足。

（2）公共服务供给的质量偏低

这在广大农村体现得更加突出：比如一些乡村公路虽然修通了，但因水泥路面太窄只够一辆车通行，一旦对面驶来车辆便造成堵车。再比如，一些地方修建的供水设施还没用多久便陷入瘫痪，大量的人、财、物力浪费了；乡镇医院、卫生院在卫生保健、疾病防控等方面的职能十分有限；农村中小学校车质量、学习条件严重不足，如此等等。

（3）公共服务的供给与公众需求失衡

在农村，广大农民对公共服务的需求具有一定的层次性和地域性，不同发展水平的农民对公共服务的需求有所不同。由于一些地方政府和广大农民之间缺乏有效的沟通渠道，农民的真实愿望难以有效传递给地方政府。再加之有些地方政府时刻不忘本届政府的政绩考量，习惯于运用行政手段以“一刀切”的方式为老百姓提供公共产品，以显示形式上的规模效益。比如，武陵民族地区属于国家级贫困山区，很多项目离不开国家扶贫资金的支持，但有些县市并没有将有限的资金用到民生性项目上，而是

① 课题组：《农村公共服务体系建设的诸多问题》，《改革内参》（综合版）2013年第9期。

在形象工程、政绩工程上狠下功夫，在小县城建造所谓的大型广场、音乐喷泉、全省最大的文化浮雕墙、武陵山区最大的水上乐园、全国最大的内陆河音乐喷泉等工程项目。殊不知采用这种统一的方式供给的服务项目在地方政府看来有规模，但对老百姓的实际作用却大打折扣，形成供需结构的失衡，损害百姓利益。

（4）公共服务财政支撑能力不足

根据调查，一些地方政府特别是落后地区基层政府的基本公共服务投入主要依赖一般性转移支付，税收返还和专项转移支付对基本公共服务中的公共安全支出、教育经费支出、科技支出、农林水事支出的支持尤其薄弱。地方政府有限的自身财力和上级转移支付只能优先对农林水事、教育和公共安全加以扶持，而医疗卫生等基本公共服务能力则相当有限。以武陵地区 H 县为例：财政保障能力与财政自给能力反向发展，农村税费改革开始的 2002 年，H 县一般预算支出为 16827 万元，一般预算收入为 4981 万元，财政自给能力为 30%；2007 年，H 县一般预算支出为 42871 万元，较 2002 年增长 154.7%，一般预算收入为 5270 万元，较 2002 年增长 6%，财政自给能力为 12%。这表明，H 县在财政一般预算支出大幅提高的同时，财政自给能力却反向发展，降低了 18 个百分点。与国家财政自给能力形成的反差越来越大，县级财政已经沦为“要饭财政”。[①] 可见，许多地方政府自给能力严重不足，有限的公共服务投入主要依赖于上级政府的支持和财政转移支付，缺乏财力支撑的公共服务自然举步维艰。

二 公共安全监督管理责任的缺位与不足

公共安全分为狭义与广义，狭义公共安全是指涉及多数人的健康、财产与生命的安全，主要包括食品药品安全、交通安全、建筑安全、校园安全等。广义公共安全是指涉及社会的稳定因素，主要包括信息安全、社会政治舆论导向、社会治安等。这里主要研究狭义上的公共安全问题。以近年连续发生的几起安全事故为例：

事例一：据人民网报道，2014 年 8 月 2 日 7 时 37 分，江苏苏州昆山市开发区中荣金属制品有限公司汽车轮毂抛光车间发生爆炸，据统计，事

① 苏祖勤、王文友：《民族地区基层基本公共服务财政支撑能力的调查与思考——基于湖北恩施州 H 县个案分析》，《贵州师范大学学报》（社会科学版）2010 年第 6 期。

故造成68人死亡、150人受伤。据介绍，发生爆炸的工厂车间面积为7000—8000平方米。这是一起严重的企业安全生产事故，事故原因为空气中浓度过高的粉尘遭遇明火产生爆炸。

事例二：据新闻网报道，2013年5月31日，黑龙江大庆市中储粮林甸直属库发生火灾，造成78个露天储粮囤、储量4.7万吨的粮食表面过火，造成重大财产损失。调查得知，相关职能部门安全监管职能的缺失是重要原因。

事例三：据中国日报网的消息，2013年6月3日，吉林省长春市宝源丰禽业有限公司发生特别重大火灾事故，造成120人遇难、77人受伤。6月6日，国务院关于吉林大火事故的调查组调查发现，公司安全生产管理极其混乱，安全生产责任严重不落实，安全生产规章制度不健全，安全隐患排查治理不认真、不扎实、不彻底，且没有开展应急演练和安全宣传教育，事故初期紧急疏散不力，车间安全出口不畅等问题十分突出。事故也暴露出地方政府及各有关部门监管责任不落实，监督检查不到位、不得力。因此，调查结论认为吉林宝源丰禽业有限公司特别重大火灾事故是严重的责任事故，企业的安全生产主体责任不可逃脱，政府的管理和监督责任不可推卸。

事例四：据《××日报》消息，2010年4月21日凌晨，长江支流清江上一艘名为清江8号的滚装船满载16台重载矿石车在顾家坪码头发生侧翻，船上货车随船落入水中，至少有14人在此次事故中失踪。调查得知，进行运输的船只属私自改装，没有运营资格（属“黑船”），煤矿没有开采许可证，属乱挖乱采行为（属“黑煤窑”），长期在清江上从事非法运输活动，没有得到有效监管，最终酿成重大安全事故。

除此之外，目前食品安全、药品安全、校园安全等也已成为社会的公共性问题，成为高层政府高度关注、普通民众无不焦虑的现实问题。

综上所述，公共安全问题不断发生，一个重要原因是一些地方政府的安全监管责任缺失。这种责任的缺失主要表现在：

一是安全责任意识淡薄。长期以来，一些地方政府总把发展经济作为政府的核心职能，把“以经济建设为中心”理解为只抓经济，忽视地方政府应尽的维护公共安全的相关职能，致使一些基层干部对当地长期存在的安全隐患视而不见，熟视无睹，习以为常，为悲剧的发生埋下了隐患。

二是责任不落实，检查不到位，监督成形式。平时没有安全教育，安全制度要么不健全，要么不认真执行，安全检查往往以交钱或罚款替代等。这些问题反映出安全监督缺乏过程管理，更多地停留在口头上、会议上、文件上，各项安全指标缺乏具体的落实措施，一些所谓的安全监督常常是做做形式、摆摆样子，只要交钱就一了百了了。

三是追责机制低效。目前对地方政府的安全责任考核重结果轻过程，这就为一些政府官员的机会主义行为提供了空间，平时不认真履职，抱着侥幸心理应付，出了问题则归咎于运气不佳等。目前对官员的安全责任追究主要采用行政手段，如“社会治安一票否决”、“一把手”责任等，类似的考核标准主要针对所在单位；而个人的追责更具有随意性，追究地方政府及其官员的法律责任在一些地方还没有形成政府的自觉行为，一些责任难以落实。

三 生态环境保护责任的缺位与不足

改革开放以来，我国经济取得了举世瞩目的成就，成为世界第二大经济体，人均 GDP 突破了 4000 美元，迈入了典型的中等收入国家的行列。然而，经济的快速发展所带来的环境问题已经成为必须正视的现实问题，解决不好将直接影响到经济的可持续性和社会的协调发展。当前，生态资源破坏严重、环境污染加剧，高能耗、高污染、高排放、低效能的发展方式必须转型，否则将得不偿失。2015 年 1 月 11 日起实施的新《环境保护法》第 18 条规定：“省级以上人民政府应当组织有关部门或者委托专业机构，对环境状况进行调查、评价，建立环境资源承载能力监测预警机制。”可见，保护生态资源与环境是政府应尽的职责和任务，不仅是政治责任，而且是法律责任。然而，一些地方政府在社会建设与管理的实践中履行这一责任的实际状况并不理想，具体表现在：

1. 重经济轻环保的惯性思想依然严重

长期以来，地方政府把经济发展作为政府的首要职责，其他工作服从和服务于经济目标，导致一些地方政府及其官员生态理念缺失，环境意识淡薄，为了短期的经济效益而牺牲长远的生态利益。再加之一些地方政府从自身的政治利益和经济利益出发，特别是 GDP 的政绩标准促使地方政府在处理经济与环境的关系时，不惜以牺牲环境资源为代价来换取眼前的经济增长。这种重经济轻环保的思想，在一些地方政府中依然十分严重，成为环境保护的思想障碍。先看一组全国的统计数据：1978—2012 年，中国平均经济增长速度高达9.92%，GDP总量世界排名由1978年的第十位上升到2012年的第二位，占世界经济的比重由1980年的1.9%上升到2011年的10.5%。但在经济高速增长的同时，生态环境迅速恶化，环境承载力日趋脆弱，严重影响居民的身心健康。据统计，环境污染成本占GDP的比重高达3%左右，严重侵蚀经济发展的成果。环境污染成本从2004年的5118.2亿元提高到2010年的11032.8亿元，年均增长13.7%。同时，环境污染的虚拟治理成本从2004年的2874.4亿元提高到2010年的5589.3亿元。环境保护的投资总量虽然在逐年增加，但与欧美发达国家相比仍然偏低。2010年国家环境保护投资占GDP的比重达到1.66%，但欧盟27国环境保护的投资占GDP的比重在2009年就已达到了2.25%。应该明白，整个国家的污染是由各地局部的污染组成的。经济增长造成了高成本的环境代价，关键是在地方增长主义发展模式下，许多地方政府为了刺激经济增长、降低企业成本，忽略了对自然资源的节约与保护。[①] 不仅如此，地方各级政府为了加快企业发展，提高经济效益，往往对企业破坏环境的行为保持较高的容忍度，并且惩罚力度较轻。这种增长主义造成的生态环境保护问题自然得不到应有的重视。

2. 对破坏环境的行为监督处置不力

生态环境问题长期得不到有效解决，一个重要的原因是地方政府对损害环境的行为监督管理不力，致使许多人对破坏环境的后果没有顾忌之心。一方面，地方政府环境保护的监督职能乏力。按照相关规定，地方政府环境保护职能分布于多个部门，具体包括环保、发改、建设、水利、农林、工信、国土、海洋、交通、公安等部门。这些部门具有相对独立性，其环保职能的履行情况并不平衡，主要取决于本部门主要领导的重视程度。而专司环境保护的管理部门与相关职能部门平级，理论上具有统一监督管理的职责与权力，但在实际运行过程中环保部门的监督管理的作用比较有限，相关部门和单位往往以发展经济为由，坚持先经济后环保、先发展后治理的传统思维，对环保部门下达的整改通知不以为然，有的甚至束之高阁。另一方面，对破坏环境的单位和企业处置不力。对环境违法企业，有的地方政府不仅不进行有效处置，而且还具有袒护倾向，对环保部

① 陈彦斌、阎衍、段亚林：《迅速恶化的生态环境》，《改革内参》（综合版）2013年第13期。

门的环境执法进行干预。例如，根据《湖南日报》消息，2009—2010 年，群众多次向湖南省耒阳市、衡阳市、省环保厅举报耒阳市遥田镇存在多家严重污染环境的非法企业以及其违法行为后，湖南省环境监察总队会同环保部华南督查中心检查发现，耒阳市遥田镇的建新、晶瑞、建鑫等 5 家铁合金冶炼企业在未进行环境影响评价的情况下，都采用了国家明令淘汰的落后设备生产，且能耗高、污染重、产能低，环境违法行为突出，性质恶劣。省环保厅将其列为 2009 年全省环境安全隐患排查重点治理对象，并且于 2009 年 9 月和 2010 年 5 月几次致函衡阳市人民政府，建议对上述企业采取整治措施。衡阳市人民政府、衡阳市环保局、监察局等也先后 8 次发文，要求耒阳市对所属遥田镇多家非法企业实施淘汰关闭，结果是文件发了十多份，但均未得到有效执行。

除此之外，有的地方政府为了引进一些企业，提高引资效率，经常为企业获得环评批复而作出政府承诺，如环境基础设施配套、卫生防护距离内的搬迁等。但后期的履行却大打折扣。地方政府作为环境保护的监管主体，对企业的环境违法行为处置不力，有的甚至变相袒护，这不仅是政府应尽责任的缺位，而且还带来不良的负面效应，企业的违法成本低，导致它们违法的动力大于治污的动力。

3. 环保信息公开不足

环保信息不公开或公开不足是导致环境违法行为层出不穷的一个重要原因。受地方政府政绩观的影响，许多地方政府环境信息特别是污染信息公开往往不及时、不充分甚至不准确，导致对环境的监督与管理存在较大难度。信息公开不足主要表现在三个方面：一是对相关企业进入市场前的环评报告是否合理、是否符合相关法律要求、是否达到环保标准的要求等信息公开不足，这就为一些企业日后的违法行为埋下了隐患。二是对一些企业生产过程中产生的废弃污染物对环境的影响情况，相关部门所监管的信息公开不足，导致公众无法知晓具体情况，使公众和公共部门对相关市场主体的环境违法行为的监督难以有效进行。三是对一些市场主体的环境违法行为处置结果以及执行情况公开不够，这就可能导致几个方面的不良后果。一方面，企业表面应付，背后不认真整改，和环境监管部门玩“猫捉老鼠”的游戏，为企业的违法行为提供了可乘之机。另一方面，不公布执行和整改情况，相关环保部门就会出现履职敷衍现象，监督检查时发现问题，下达一个整改通知书就完事了，这就为相关职能部门的职能缺位或履责不足提供了较大空间。

4. 政府决策缺少公众的参与

在地方政府的决策中，公众的参与应该成为政治民主化的一个显著标志。然而，长期以来，地方政府主要领导都习惯于在封闭的运行程序中作出相关公共决策，尽管他们认同公众参与是民主政治的重要表现，在价值层面上认为决策过程中吸纳公众意见、回应公众质疑是其理所当然的职责，但到具体的决策事件（特别是与政绩相关的决策事项）中，对公众的参与就会找出条件不成熟、公众素质低等缘由予以排斥。即使有一些地方政府在有限的范围内允许公众参与决策，而参与的公众并不具有代表性，通过参与进行利益表达的公众往往是一小部分，表达的是特殊利益甚至是极端的个人私利而非普遍利益，形成“少数人绑架多数人”现象，阻碍了决策的优化。① 比如四川什邡政府引进“宏达集团钼铜多金属资源深加工项目”，当地政府自认为是一项德政工程，没想到事与愿违，在广大公众的反对声中立即叫停。原因是公众不了解项目的情况，只是听说有严重污染，当地政府提前又没作科学的解释，公众只好集体反对钼铜项目。从中不难看出，政府作此决策并没有公民代表参与，而是政府“为民做主”，政府单方面认为钼铜多金属资源深加工项目有巨大的经济效益，自然会得到公众的认可。公共决策没有公众参与机制，这与当代服务型政府建设目标相违背，是政府责任缺失的具体体现。正如当地公众说：“我们不反对项目，我们反对的是污染。”显然，钼铜项目是有污染的，会给当地的生态环境产生一定影响。老百姓都能轻而易举地判断出的问题，地方政府却没有事先引起重视，这反映出一些地方政府依旧重经济轻环保。没有公众参与的决策在一定程度上是不全面的或是不合理的，有些决策还是地方政府有意回避公众监督的结果，这一现象的本质就是政府责任的缺位和错位。

第二节　社会治理责任与维稳责任重心失衡

加强社会治理，促进社会稳定，创造良好社会秩序，既是政府社会建设与管理的主要内容，又是政府不可推卸的治理责任。一般而言，社会治

① 黄小勇：《公众参与和政府公共决策策略》，《长白学刊》2011 年第 3 期。

理具有较丰富的内涵，它包括社会稳定的相关要求，社会稳定作为社会治理中具有特殊性的内容，其意义和作用往往更被人们关注。正因为如此，在实践中一些地方政府不能正确认识和处理社会治理与维稳的关系，有的甚至将社会治理等同于维稳，并将大量的人、财、物力用于单纯的刚性维稳工作，忽视了具有根本性的社会治理责任的践行，导致了地方政府社会治理责任与维稳责任的严重失衡。一方面，从政府视角来看，政府维稳成本不断增加，公安、武警参与频度高，这种以国家强制力为主的刚性维稳方式目前已面临着“愈维稳愈不稳”的状态，其实际效果也日益受到挑战；从公民的视角来看，以维权为目标的泄愤、械斗和骚乱等极端形式的群体性事件却频频发生，这种以“争利”为目标，以非直接性矛盾冲突为表现形式的中国式“维权”行动经常处于非制度化和无序的状态，这在一定程度上反映了公民的利益诉求表达渠道不畅和失效的事实。[①] 社会治理要求加强和创新社会管理，协调社会关系、规范社会行为、化解社会矛盾、解决社会问题、促进社会公平公正、创造良好社会秩序、保障人民安居乐业。而这一目标的实现并不是仅仅依靠维稳一项职能的实现就可以获得的，而是需要更广泛更全面的政府责任的落实，以此提升地方政府治理的效果。一些地方政府宁可将其主要精力花在维持暂时的表面的刚性维稳工作上，而不愿去研究解决深层次的能解决矛盾的根本治理之道，导致地方政府社会治理低效，在一定程度上反映了地方政府社会治理责任的错位与缺失。

一 维稳工作的泛化导致社会治理责任的弱化

当前，维稳工作涉及面广，包括治安管理、社会矛盾化解、信访总量控制、外来人口管理、社会舆情引导、突发事件处置等一系列工作，许多一般性的利益纠纷、公众的维权等都纳入其中，导致地方政府维稳任务繁重。社会治理绩效取决于政府组织功能发挥的程度，政府管理绩效是社会治理绩效的基础和保障。在“稳定压倒一切”、“维稳是第一责任”的政治使命下，中国的维稳模式呈现出一种压力型维稳模式，地方政府迫于上级政府的维稳要求，对本辖区内的任何风吹草动、利益纠纷都高度紧张，

---

① 郭根、吴婧：《地方政府的维稳“悖论”与化解之道》，《云南行政学院学报》2013 年第 1 期。

生怕造成群体性事件，影响“维稳”任务，形成了一种社会不稳定的恐惧症。在这种压力型的维稳模式下，公众的一些常规矛盾纠纷会被放大成影响社会稳定的因素，公民的一些正常维权行动会被认定为破坏社会稳定的行为。调查得知，以某市对不稳定因素的重点问题进行排查时列举事项为例：

> 风向村村民因铁路建设征地补偿太低、搬迁小区建设滞后等问题多次群体上访；黄泥村凤凰商住小区因拆迁补偿、施工噪声污染、居民小区生活垃圾清运、人行通道建设以及采光等问题，多次引发附近村民集体上访和阻工；谭家村一百多户村民因高速公路人行通道设计不合理（种地要绕道，最远的达4公里以上），造成生活、生产不便，集体上访。①

可以说，上述问题是老百姓日常生活中常见的问题，只需要政府重视、解决方法有效就会迎刃而解，丝毫不涉及意识形态和政治图谋，无须纳入维稳的范畴。当然，地方政府如果对公众的基本生活诉求长期不管不问，多次反映的诉求无果，就会导致公众对政府失望，进而采取极端手段来表达对政府不作为的不满就是另外的性质了。一些地方领导把社会稳定理解为一种没有任何冲突和矛盾的绝对的静态稳定，为了实现这种静态的稳定，他们不能用“平常心”来看待社会冲突，为了所谓的维稳不惜一切代价，习惯运用公安、武警等力量强力维稳。正是在这种思想的影响下，一些地方政府努力践行“小事不出村，大事不出乡，矛盾不上交”的维稳目标，一旦发现有越级上访等现象，就会采取如截访、罚款、殴打、拘留、“劳动教养”、“被精神病”、判刑以至于公然在北京雇用私人保安公司开设“黑监狱”等手段压制上访群众，严重侵犯了公众的各种合法权益，甚至造成上访群众人身和精神的巨大伤害。② 这种带有很强政治色彩的压力型维稳模式导致地方政府忙于控制表面矛盾而忽视其正常的社会治理职责，社会管理和公共服务职能弱化，许多的社会民生问题、管

---

① 笔者根据调研材料《某市社会不稳定因素情况通报》整理。

② 唐皇凤：《“中国式”维稳：困境与超越》，《武汉大学学报》（哲学社会科学版）2012年第9期。

理问题、经济问题、法律问题得不到解决，造成地方政府社会治理责任的严重缺失，反而为新的更大的矛盾埋下了安全隐患。

二　维稳目标的强化导致公共利益目标的淡化

地方政府的维稳工作被上级政府列入“一票否决”的范畴，将维稳成效作为地方政府政绩考核的重要指标，这事实上为地方政府的社会治理目标重心提供了选择的依据。在中国的政治实践中，考核政府政绩、决定官员升迁的主体在理论上是人民，而实际是上级政府和官员，这就是许多地方政府及其官员“唯上不唯下”的真正原因。《人民论坛》杂志社专门就地方政府维稳现状进行了调查，结果显示，受调查者中高达70%的人认为“维稳目的异化，只保自己官帽，不管群众疾苦”①。这一结果说明了地方政府重政绩考核目标轻公共利益目标。从公共治理的理论来讲，维稳的根本目的应在于消除社会的不稳定因素，创造稳定有序的社会环境，从而更好地维护广大人民群众的公共利益，最大限度地实现民生幸福。但在稳定压倒一切的现实考量面前和“一票否决”的考评压力下，地方政府维稳的目标就会变为短期性或临时性，任何不稳定因素只要不在本届任期内爆发就是成功，就是政绩。由此带来的诸如“花钱买平安”、“搞定就是稳定、摆平就是水平、没事就是本事”等观念很受一些人的认可。与之相应的“捂盖子”、跟踪、截访、控访、收买、关押、限制等简单的压制行为时有发生。地方政府作为最大的公共组织，理应为公众服务，把公众的需求作为第一要务，努力做到权为民所用，处理好眼前与长远、局部与整体的关系。可是维稳目标的过度强化使得地方政府实现社会公共目标的动力不足，不愿去想办法解决没有具体衡量指标的民生问题，公共利益目标有被淡化的趋势。

三　维稳的高成本导致政府综合治理能力不足

社会转型时期的压力型维稳方式产生于特定时期的特殊背景下，虽然对维护社会稳定、创造良好社会秩序发挥了重要作用，但也存在着明显弊端，突出表现为高成本的权宜式维稳，治标不治本。维稳成本主要表现在

---

① 人民论坛问卷调查中心：《借“维稳”名义不作为乱作为“较严重”》，《人民论坛》2010年第9期。

公共安全的支出上，一般用于维稳机构和人员、防范处置群体性事件和“维稳基金”的各项开支等。近年来，地方维稳成本急剧攀升，增速超过了其他公益性事业的增长速度。例如，2000—2006 年，地方财政支出中武警部队支出的平均年增长率达 26%，高于同一时期的中央政府与地方政府的财政支出的年增长率（分别为 17% 和 19%）。从 2007 年开始，全国财政支出决算将“公共安全”单列出来。2009 年全国用于公共安全的财政支出达 4744.9 亿元，比上年增加 16.5%。2010 年“用于内部保安的预算达人民币 5140 亿元。公共安全财政支出增加 8.9%，实际金额亦与国防开支相差无几”①。到 2011 年则首次超过了国防开支。以上数据显示，大量的财政经费作为政府维稳的常规性支出，已经成为各级地方政府和社会的沉重负担。有些地方一个上访户几乎要拖垮一个乡政府，这足以表明维稳成本对地方政府的巨大压力。尽管如此，这种维稳还只是权宜之计，很多都不能从根本上解决问题，因为维稳责任与社会治理责任的重心发生了位移，以“善治”为核心内容的社会治理难以有效推进。维稳功能一枝独秀，地方政府的其他社会综合治理能力（如民生问题、利益协调、基础设施、社会保障、生态保护等）受其影响严重不足，导致整个社会治理水平低下。

四　维稳责任与权力、资源之间分配不平衡

在现行体制下，“维稳”压力往往被科层体制传递到其最末端——基层的政府（乡镇政府）和“准政府”（村委会、居委会）。相对于上级政府来讲，它们确实占有“信息优势”，熟悉维稳对象，能够较快了解具体情况，但从制度上来看，位于科层制最底端的它们又具有明显的“权力劣势”，即它们的决策权和可调动的资源十分有限，甚至已有“碎片化”的倾向。主要表现在两方面的“碎片化”：一是横向之间的碎裂，比如垂直管理部门分割了县、乡两级政权的部分社会治理权；二是纵向之间的碎裂，比如基层决策权的有限，一旦出了矛盾，乡镇政府一般只是控制局面，尽力防止事态扩大，至于如何处理、如何定性、如何赔偿等问题都得

① 张荆红：《“维权”与“维稳”的高成本困局——对中国维稳现状的审视与建议》，《理论与改革》2011 年第 3 期。

等上级政府的指示。① 正因为如此，有近四成的受调查官员发出“因体制、机制问题，地方官员常常两头受气”的感慨。② 可见，作为地方治理重要内容的维稳工作，地方政府有着不可推卸的责任，但在责任的分解与资源的配置上又存在严重的失衡与错位。地方政府作为维稳的责任主体，维稳责任无限大而掌握的资源和决策权又无限小，地方政府的维稳困境由此而来。

第三节 地方治理中公权与私权的矛盾

一 地方治理中的公权与私权

党的十八届三中全会明确提出，全面深化改革的总目标是完善和发展中国特色社会主义制度，推进国家治理体系和治理能力现代化。这一战略决策表明要“创新社会治理”，反映出中央进行顶层设计的思维从“管理”国家到“治理”国家的转变，是执政理念的重大转型。从古至今，在不同时代有着不同的社会治理模式，大体可分为古代统治型社会治理模式、近现代管理型社会治理模式以及当代正在建设中的服务型社会治理模式。③ 服务型社会治理模式以20世纪八九十年代提出的“治理”与“善治”理论为基础，倡导从“政府本位”向“公民本位”、“社会本位”转变，是以社会公共利益的最大化和实现人的全面发展为目标的一种社会治理模式。当前创新社会治理，是对服务型社会治理模式的发展，同传统的以“管理”为取向的治理模式相比，具有显著特征：第一，社会治理主体多元。政府、社会、市场、公民个人共同参与，彼此之间构成平等与合作的网络关系。D. 凯特指出：“治理是政府与社会力量通过面对面合作方式组成的网络管理系统。”④ 第二，社会治理手段多元。传统的管理方式主要是以政府权力为依托的行政手段为主，社会治理则综合运用行政、法律、市场、文化、习俗等手段来解决社会问题、促进社会进步。第三，社会治理的目标是实现综合效益，尤其是公共利益的最大化、促进社会公

---

① 张弘：《消解“怨气”要有新思维》，《新京报》2011年6月11日第1305版。

② 王慧：《官场中的维稳烦恼》，《领导文萃》2010年12月（下）。

③ 肖文涛：《社会治理创新：面临挑战与政策选择》，《中国行政管理》2007年第10期。

④ D. Kttle, *Sharing Power: Public Governance and Private Markets*, Washington, D. C.: Brookings Institution, 1993, p. 22.

平正义和改善人们福祉。第四，社会治理是一个持续的协调发展的过程，而不是一个阶段性的管理行为。由此可见，社会治理作为一种新的公共管理方式更适合于当前中国社会发展的现实需要，对目前地方政府的各项管理提出了新的要求。社会治理方略的提出不仅体现了党中央治国理论的成熟与进步，而且也体现出党中央深化改革的政治勇气和决心。当前，如何提高地方政府社会治理能力和水平，是当前地方政府改革面临的重要课题。然而，一些地方政府在进行社会发展规划、实施公共管理、提供公共服务、履行公共责任的过程中，常常与公众的切身利益产生矛盾，有些矛盾甚至很激烈，成为影响社会稳定的直接诱因。理性分析这些矛盾的缘由，不难发现，矛盾反映的是政府公权与公众私权的冲突。如何使地方政府在行使公权时，能很好地保护公众的私权，实现公权与私权的协调统一，是地方政府在社会治理过程中应该面对和解决的现实问题。

1. 公权与私权的含义

社会治理是一个过程，其主体呈现多元特征，既包括公共部门也包括私人部门。要创新社会治理，实现社会治理目标，仅有高层的决策还不够，地方政府的践行效果尤为关键，特别是地方政府如何合理行使公权以实现公共利益的最大化和有效保护公众的私权以实现公权和私权的和谐统一，将直接关系到地方社会治理目标的实现程度。所谓公权又称“公权力”，是指以维护公共利益为目的的国家机关及其责任人在实施行政行为的过程中所具有的强制力量，也可以理解为国家权力或公共权力。地方社会治理中的公权力集中表现为地方政府在维护公共秩序、提供公共产品和公共服务、促进社会协调发展的过程中所依托的强制力。因此，公权的特征一般表现为强制性、法定性和公共性等。所谓私权又称“私权利”，是指以满足个人需要为目的的个人权利。[①] 这种个人权利在当前主要表现为公众的政治参与、经济收入、财产安全、人身安全、环境质量以及基本生活资料的获取与保障等方面的权利。私权的主体一般包括个人、企业和社会组织等。

2. 公权与私权的关系

基于社会治理下的健全社会，公共利益与个人利益、公共生活与私人生活是相互影响、相互促进、相辅相成的。正因如此，公权与私权的关系

① 李传良：《现阶段我国公权与私权的冲突及调适》，《山东社会科学》2009 年第 8 期。

也应该是和谐统一的，具体表现为两个方面，即对立统一与平等合作的关系。第一，公权与私权是对立统一的关系。一方面，公权从其来源和性质上来讲，它应是保障和促进私权的，是私权得以实现的工具，而私权又是公权的具体体现形式，是公权得以存在的基础，二者统一于社会治理的实践中。另一方面，公权与私权所代表的公共利益和私人利益在具体的形式和内容上并不完全一致，有时会发生冲突，这就要求在促进和维护公共利益并给予充分、及时与合理补偿的前提下由私人利益作出适当牺牲。[①] 从这个意义上来讲，公权与私权在一些具体的利益形式上存在对立的一面。第二，公权与私权是平等合作的关系。由于地方社会治理是一个复杂的系统工程，单靠政府的力量也十分有限，地方政府善于放权，充分尊重政府以外的其他主体参与社会治理，此时的公权与私权的关系不再是“管”与“被管”的关系，而是引导与参与、发展的关系，公权充分发挥引领示范作用，鼓励私权自主有序健康发展，通过公权与私权的合作来实现社会治理的目标。实践证明，有效的社会治理既离不开公权的有效发挥，又必须尊重广大公众的私权，要想将二者有机统一起来，正确认识和处理二者的关系是基本前提。

二　公权与私权的矛盾

公权与私权的关系从理论上来讲应该是和谐统一的，是社会治理实践中都不可偏废的两个方面。然而，在实践中不和谐的状态时常发生，造成公权与私权的对立与冲突，成为当前地方社会治理面临的较为严重的现实问题。比如强制拆迁、强行征地、非法征地等事件都是公权力与私权相冲突的情形，不仅使一些公众的利益受到损害，而且严重影响了一些地方政府的形象，降低了地方政府的公信力。当前，公权与私权的冲突主要表现在以下几个方面：

1. 公权使用不当直接侵害公众的私权

社会治理伴随着社会问题的日益严重而逐步得到了党和国家的高度重视，由于社会问题的复杂性和多样性，解决社会问题就会面临诸多的挑战和风险。当前，我国的社会治理主要还属于政府主导型模式，依靠政府的公权予以推进。特别是在一些地方领域和部门，少数管理者政府本位思想

---

① 王莉君、孙国华：《论权力与权利的一般关系》，《法学家》2003 年第 5 期。

还比较严重，崇尚权力的意识比较浓厚，致使在社会建设与管理的实践中政府公权被滥用，直接侵犯公众私权，具体表现在三个方面：

一是公权对私权的忽略。受传统政府本位、权力本位思想的影响，地方政府在作决策的时候一般都是以政府为中心，按照领导的意志进行决策，较少顾及甚至忽略公众的意愿，习惯于“为民做主”的管理方式。一些公共决策因缺少科学论证和民主参与过程，致使公众的意志得不到应有的尊重和采纳，形成对公众表达权利的漠视。比如近年来某市某主要领导用公共权力搞大项目并强势推进，常常在没有任何规划的情况下现场办公拍板，事后再按他的要求补手续，办公会议纪要就是法典，心中全然没有人民群众和法律权威。

二是公权对私权的占有。地方政府中一些部门负责人缺乏群众观念，长官意识浓厚，主观判断，随意侵占公众的权利。比如拆迁补偿协议还没谈妥，就对老百姓承包的土地、拥有的房屋进行强征强拆，毁掉地里的农作物、推倒群众的房屋，以“只要不死人，不死在现场，什么手段都能用”为底线。例如近年来一些地方出现的“满城挖”、“满城拆”、“满城赶”等暴力拆迁就是典型代表。这种凭借公权力直接侵害老百姓的私权利的行为，凸显了少数地方政府“一统天下”的权力中心思想，严重违背了公权保障私权的基本规律。

三是公权腐败，公权对私权的变相侵害。实践证明，公权具有支配性和易腐蚀性的特征，一旦缺乏有效的制度约束和监督机制，公权的行使者就很容易蜕化变质，产生腐败行为。关于腐败的定义，美国学者多贝尔把腐败定义为“背叛公众的信任”①。亨廷顿则认为，腐败是指“国家官员为了牟取个人私利而违反公认准则的行为”②。公权腐败实质上就是政府公职人员在进行公务活动时不依法规范自己的行为，运用公权力为自己或小集团成员牟取非法利益的行为过程，它是公权异化的一种。公权腐败一般具有普遍性与差异性、隐蔽性与复杂性、周期性与连续性的特点。③ 近

---

① Dobel, J. Patrick, “The Corruption of a State”, *American Political Science Review*, 1978, 72: 958 – 973.

② ［美］塞缪尔·亨廷顿：《变化社会中的政治秩序》，王冠华等译，上海三联书店 1998 年版，第 54 页。

③ 宋为：《公权腐败的网络治理研究》，博士学位论文，华中科技大学，2011 年，第 22 页。

年来，腐败领域不断增加、腐败程度不断加深、腐败手段方式多样，已经成了社会治理面临的一个严峻问题。自古以来，腐败问题一直都是人民群众深恶痛绝的现象，因为无论是哪种形式的腐败，其实质都是以公权做交易，非法占有公共资源和公众利益，意味着公权力任意扩张，形成官员与民争利的现象，直接损害公民的权利。

2. 新公共产品的供给影响公众原有利益

政府的重要职能是为公众提供充足优质的公共产品，这是由政府人民性的本质特征所决定的。责任政府把为公众和社会提供公共产品作为分内之事，是应尽的责任和义务。以往把政府是否履行责任当作评价政府的重要标志，但随着社会的进步和公众维权意识的不断觉醒，公众对政府提供的公共产品的质量和内容有了新的更高的要求，公众评价政府不仅仅只看其是否作为，还要看政府如何作为、行政作为的效果如何等。正因为如此，地方治理中常常出现一种情形：一边是政府以为公众谋福利进行的大型工程在轰轰烈烈地进行着，一边是打着维权旗号的普通公众在集体阻工、越级上访。更有甚者是公众对政府修建的公共产品进行破坏。

事例一：以殡葬服务中心损害事件为例。“国家民委民族问题研究项目”课题组在某地调研时从相关部门和当地村民处得知，某县为推行本县的殡葬改革，规范殡葬服务事项，县政府经过多年努力，最终修建了比较规范的殡葬服务中心，结果运营还不到一个月，就被当地村民砸坏了主要设施而无法继续运营。地方政府推行殡葬改革、提供规范的服务设施是政府社会治理的重要内容，符合社会建设与发展的方向，从一定意义上来讲是社会进步的重要标志，理应得到村民的认可与支持，是什么原因导致村民并不领情，反而采取极端手段破坏掉公共设施呢？调查得知，当地政府修建的殡葬服务中心损害了当地村民原有的切身利益：一是与当地村民争水源，殡葬中心与村民共用一处水源后村民用水严重不足；二是火化的烟雾造成空气污染；三是放鞭炮带来噪声污染，影响学生的休息和学习；四是殡葬中心建成后当地的农作物卖不出去（被指有晦气），村民收入减少等。当地政府修殡葬服务中心主要是运用公权进行的，尽管符合社会发展的要求，但没能较好地保障当地村民原有的切身利益，形成了公权对私权的侵犯，在村民有组织的理性维权失效后，最后选择极端方式来维护自身利益，造成了公权与私权的冲突。

事例二：以修电站影响村民交通安全事件为例。“民族地区基层政府领导力与社会稳定问题研究”课题组调研时获悉，某地为解决当地电力不足问题决定在当地河流上修建一座水电站，从电站动工到完工，当地百姓多次到市政府上访，最后上访群众冲进市政府办公室，并将未成年的小孩留置在政府秘书科，并表示不解决问题绝不领回小孩。调查了解到，原来因修电站导致当地村民粮食减产，同时因电站蓄水导致河道变宽村民出行不便，且多次发生险情，当地村民要求政府补偿减产损失并为他们在河上修建一座桥以便通行，他们的诉求长期得不到解决，不得已采取留置孩子要挟地方政府的办法。

为什么地方政府主动提供公共产品不仅没有带来预期目标，反而新增加了政府与村民间的矛盾，给社会带来了新的不稳定因素。究其原因，关键是地方政府提供新的公共产品的同时损害了村民原有的切身利益。地方政府修殡葬服务中心、修水库都是运用的公共权力，即公权，但当地村民原本就有的权利没能得到保障，反而被损伤了，这种现象同样包含着公权对私权的侵犯，形成了公权与私权的冲突。正是这一现象反映出传统的政府管理理念、方式已经不适应新的社会治理的要求，地方政府需要转变社会管理理念，从“权力本位”转向“公众本位”，把政府责任与公众利益相统一，真正做到公权保障私权的价值要求。

3. 政府公共服务的“供给本位”与公众需求之间的矛盾

健全地方政府公共服务供给体系是社会治理的要求，但政府公共服务的“供给本位”常常与公众需求产生矛盾，一些地方政府习惯于按照自身的意志和条件提供公共服务，而不是以公众的“需求本位”为导向，导致政府主动为公众提供服务却得不到公众的认可，或者说政府提供的服务并不是公众想要的。这种情况是政府履行责任、主动为公众提供服务并不对公众的利益产生直接损害，但又不能引起公众的共鸣与满足，公众也只是有选择性地接受，背离了社会治理中多元主体平等合作的基本要求。“供给本位”常常导致政府花费了大量的人、财、物力等公共资源，却没能带来满意的效果，造成政府“吃力不讨好”的结局。

事例一：以村民“被上楼”现象为例。一些地方政府追求政绩心切，对城镇化作片面理解，一味追求城镇化的物态形式，集中兴建连片住房，强制村庄的农户搬进去，造成村民“被上楼”。这其实并不全是村民们想要的生活方式，他们原本自由随意的田园生活被打破，代之的是一种受限制的单调的生活模式。由于人们的心理、文化没能适时转变，社会保障政策滞后，新建小区的服务设施严重不足，征地补偿标准偏低，从而制造出一系列新矛盾。

事例二：以文化下乡为例。前些年许多地方热衷“送文化下乡”，认为广大农村特别是民族地区的贫困山区文化资源匮乏，需要给他们提供精神食粮，上级政府将其作为一项重要任务纳入工作议程，每年要组织多次文化下乡活动，产生了诸如“城市为农村送文化”、“上级政府为乡村送文化”、“大专院校为地方送文化”等形式的送文化活动。经过多年的“送文化”实践之后，人们发现该项活动并没有给公众带来想象的效果。突出问题表现在：一是文化内容以城市为背景，过于“阳春白雪”，不符合普通公众的“口味”，特别是老百姓想要的致富信息、技术、卫生保健、法律等知识太少；二是一些演职人员到基层演出的接待费用高，原本财力困难的基层政府（包括一些村级组织）苦不堪言；三是形式重于内容，场地布置隆重，领导讲话众多，公众没得到想要的东西，活动结束后公众的感觉就像在看热闹。

事例三：以打造“××基地”为例。某市位于武陵山民族地区，自然环境良好，生态资源丰富，当地政府为打造全国最大的银杏基地，将农民地里种的庄稼全部拔掉，统一栽上银杏树苗。理由是调整产业结构，提高公众收入，美化生活环境。因当地政府的大力推行，起初树苗的引进、分配、种植都轰轰烈烈，形势喜人。但随着时间的推移，银杏树生长问题、产品加工与销售问题均不能顺畅解决，老百姓的收入不增反降，许多地方的农民将银杏树挖掉后又种上了庄稼和其他经济作物，现如今只能在老百姓的田边地角偶尔能见几棵银杏树，地方政府投巨资推行的“××基地”不仅没给百姓带来效益，反而影响了其正常发展。这种现象应该引起政府的深刻反思，政府为公众提供优质的服务是职责所在，但提供的产品与服务得不到公众的认同和接受，不仅严重浪费了公共资源，而且还大大降低了政府的自身形象。

之所以会出现政府提供服务远离公众需求的矛盾，一个根本的原因就在于地方政府的“供给本位”。“供给本位”的实质就是“为民做主”，“为民做主”是传统政治文化的延续，是“官本位”的具体体现，它在传统的君主制、官僚制、家长制等集权制下有积极的作用，但它最大的弊端在于忽视民意。随着社会的进步，特别是现代民主政治的发展，“为民做主”只是政府的一相情愿，公众是否满意成为另一个层面，有时甚至互不相干，结果导致本应该代表“公意”的政府代表的不是“公意”，而是政府本身。因此，社会治理主张从“供给本位”转向“公众本位”和“需求本位”，从“为民做主”转向“由民做主”，使政府职能发挥到理想效果，把政府意志和公众需求相结合，实现公权与私权的和谐一致。

4. 政府不作为导致公众利益受损

在公权与私权的矛盾中，人们常常将关注的重点集中在公权对私权的直接侵犯问题上，较少把政府不作为的情形视为对公众权利的损伤。事实上，无论是从政府产生的根源，还是从政府权力的来源来看，都不难发现政府只有主动为公众服务、实现公共利益才能实现政府的价值，体现政府人民性的本质特征。现代政府的服务性、责任性特征也正是来源于此。尽管如此，地方政府不作为的情形依然时有发生，比如不落实上级政策、不依法办事、不主动为群众排忧解难、工作因循守旧原地踏步等。一些地方官员一方面占据公共职位、掌握公共权力和公共资源，另一方面却又不主动为社会和公众服务，造成了公共资源的浪费，使地方或部门失去发展的机会，使公众失去应得的利益。可见，一些地方官员应为而不为，客观上损害了党和政府的形象，破坏了政民关系，损失了群众的利益，既亵渎了公权又侵害了私权，是当前地方治理过程中应高度重视并将着力解决的重要问题。

三　公权与私权产生矛盾的原因

公权与私权关系的冲突与不协调，并非出现在某一时、某一事或某一物，而是有着长久的历史和复杂的背景。从一定意义上来说，自从阶级社会产生以来，公权与私权的矛盾就长期存在，只是不同时期公权与私权冲突的程度不同而已。当前，社会转型所固有的矛盾凸显，导致一些地方公权与私权的冲突较为严重，成为社会治理较严重的现实问题。伴随社会的发展，特别是民主政治建设的推进，一方面公民民主意识和维权意识得到增强，另一方面一些地方政府管理者的“权力本位”思想没能真正改变，公权傲慢时常忽略公众的私权，从而导致公权与私权矛盾的加剧。究其原因，既有观念的影响，又有制度设计方面的问题，还有监督问责乏力等诸多因素。

1. 重公权轻私权的传统思想的惯性作用

重视公权轻视私权思想的惯性作用影响人们的价值判断和行为选择。在浩瀚的中华民族的思想史中，“重公轻私”、“大公无私”、“崇公抑私”、“立公去私”等政治标准和道德诉求随处可见：《尚书》中说“以公灭私，民其允怀；”《礼记·礼运篇》有“大道之行也天下为公……力恶其不出于身也，不必为己”的记录，儒家这种兼济天下的抱负可谓大公；法家认为公私不可两立，提出“强公室、杜私门”的政治措施；老子主张“少私寡欲”。[①] 近代以来的进步人士也强调公共利益，梁启超说“团体之公益与个人之私利，时时枘凿而不可得兼也，则不可不牺牲个人之私利，以保持团体之公益”；革命先行者孙中山主张“天下为公”。由此可见，我国传统伦理道德思想的主流都主张“立公去私”、“大公无私”，对“公”充分肯定，对“私”予以轻视。[②] 这种重“公”轻“私”的政治道德理念反映到实践中就是重公权轻私权，导致社会公众之“私”即个人以及个人利益被忽略、被否定。应该说我国传统的重公权轻私权的思想理念具有很多的积极因素，包含着民族伦理道德的许多精华。正因为如此，其影响一直延续至今，人们习惯于将国家利益、公共利益放在首位，忽略了对公众个人利益的尊重与维护，并且认为为了公共利益而牺牲个人利益是应该的，是合情合理的。比如对公众的教育主要以无私奉献、大公无私、勇于牺牲等价值理念为主导，对公众私权提及甚少。虽然这种教育有其积极意义，但也不能因为重视公权就完全忽略公众的私权，特别是在社会发展到一定水平时，“以人为本”成为政府的执政理念，政府就更应该主动倡导维护公众权利、保护公众利益、尊重公众意志的价值理念，从“政府本位”向“以人为本”转变，构建官民平等的政治生态。遗憾的是，强公权弱私权观念根深蒂固，这种思维惯性影响至今，使得一

① 陈启智：《大公无私及其历史启示》，《伦理学与精神文明》1984 年第 5 期。

② 杨义芹：《中国传统公私观及其缺陷》，《上海师范大学学报》（哲学社会科学版）2010 年第 3 期。

些地方政府在行使公权时有一种“我行我素”的态势，甚至不顾公众的私权，公权侵蚀私权自然也就成为一种常态。

其实，强公权弱私权观念本身并无对错之分，若国家处于特殊时期（如战争、灾害、重大工程建设等）需要集中力量解决突出问题时，强公权弱私权有利于国家统一意志，统一行动，这就叫“集中力量办大事”，此时公众也会理解并认可。一旦国家的特殊时期结束了，公权与私权的关系就应该回归到平衡状态，更加关注公众的私权利问题，因为尊重和保护公众私权利本身就是政府公权行使的内容和基础，是政府职责和价值的具体体现。

2. 公权优先的制度设计导致私权难以实现

虽然目前保护私权的法律在不断完善，公民的权利意识正逐渐增强，但国家推行的公权优先的制度设计并没有及时更新，特别是强调义务本位的中国传统法律文化的惯性作用，政府在关于公权与私权关系的法律、制度设计上总是自然而然地偏向政府一方，也就是偏向公权。特别是一般的制度设计都是由政府发起，公众参与度低，参与渠道有限，公众的意愿难以在政府的制度设计中得以体现。比如地方政府将 GDP 作为政绩考核的核心标准时，政府所有的决策几乎都是围绕着如何提高 GDP 总量来设计的，公众的利益无论如何都不可能被置于首位，即使私权有完备的法律来保护，地方政府只要采取回避或者不予理睬的态度和行为也会使法律失去应有的功效。因此，私权保护与公权优先在制度更新上的不同步为私权与公权的冲突留下了隐患。①

3. 对公权的约束制度严重不力

社会契约论和人民主权论认为，公权来源于公众权力的转让与委托，是处理社会公共事务不可缺少的强制力量。但公权的必要并不意味着对公权行为的放纵，公权不是无限的，而是有边界的，这就是公权的限度问题。对于那些非法侵犯私人财产权的公权行为，当然必须批判和制止。②在市场经济逐步建立的同时，地方政府应尽可能地运用市场手段来配置社会资源，解决社会问题，政府的权力应该发挥在市场失灵的地方。然而，

---

① 吴燕怡、万高隆：《私权与公权之冲突及地方政府责任》，《云南行政学院学报》2009 年第 3 期。

② 刘士平、冯辉：《论“政府强制拆迁”中公权与私权的对立统一》，载郭道晖主编《岳麓法学评论》第 6 卷，湖南大学出版社 2005 年版，第 56 页。

由于政府权力具有自然的扩张性，如果没有严格的制度约束就会越界，就会根据自己的好恶选择行为方向，就会侵犯公众的私权，就会引起公权与私权的冲突。公权与私权的冲突，从根本上来讲，是一种争夺利益的社会冲突，就是政府与民争利。一些地方政府在社会管理过程中，重自身的利益而轻公众利益，漠视弱势群体的权益诉求，成为社会矛盾加剧的重要因素。比如许多地方政府被称为“土地政府”，地方财政也叫“土地财政”，就是一些地方政府靠出卖土地来取得政绩，政府介入商业性开发，常常打着“公共利益”的名义征地，以远远低于市场价的标准补偿拆迁户，以市场价甚至高于市场价卖给开发商，中间巨额差价被政府不劳而获，开发商最后将成本转嫁给公众，最终损害的是拆迁户和消费者的利益。许多集体上访事件都是因政府补偿标准太低而引发的，政府往往又以“维护社会稳定”的名义对上访者以强制力进行截访、压制，重视社会稳定形式上的管控，忽略公众集体维权背后的利益诉求。这些情形的产生归根结底就是政府权力的空间太大，没有权力边界意识，没有有效的约束制度，行政权力的任意性常常成为公权与私权冲突的导火索。解决的办法就是真正地“将权力关进制度的笼子”！

第四节 地方政府履责行为的选择性

地方政府在明确责任的基础上，重要的就是要切实履行责任，将责任内容落到实处。调查得知，一些地方政府在主动履责上存在动力不足的问题，或者说政府的履责动力存在选择性，即对一些责任有积极性，对另一些责任没有积极性。本章在进行深度调查和分析的基础上发现，地方政府在土地买卖、房产开发、经济开发、移民搬迁、城市发展等方面具有很强的主动性和开发动力；对于教育、医疗、饮水、就业、环保等民生性、基础性的责任缺乏应有的动力，或者说履责的主动性不足。这些民生性的需求恰恰关乎广大公众的切身利益，是公众最需要的公共产品和公共服务，地方政府的最大职责就是要积极主动地满足公众的这些需求，才不至于违背政府的本质属性，才能真正体现政府的人民主体性。但由于受到多重因素的影响，一些地方政府的履责动力发生了位移，在最需要有强劲动力的责任内容方面不断减弱，在与政府自身利益相关的领域不断增强，导致地方政府的责任重点发生相应位移，若不及时矫正，势必会影响政府的性质和执政基础。为更好地说明地方政府在相关方面履责动力不足的问题，本章选择几个履责动力不足的现象予以阐释。

事例一：保护资源环境的动力不足。《环境保护法》第 18 条明确规定，“地方各级人民政府，应当对本辖区的环境质量负责，采取措施改善环境质量”。可见，地方政府加强环境建设、创建良好生态、建设美丽中国不仅是政府自身应有的责任和义务，而且是政府义不容辞的法律责任。然而，法律的规定和政府应尽职责的要求并没有激发地方政府主动履责的强劲动力，政府不仅对诸多环境问题监管处置不力，而且一些决策、项目还带来了新的环境问题。比如四川什邡钼铜项目引发的群体性事件、宁波镇海 PX 项目引发村民集体上访、江苏东海倾倒有毒物质造成重大环境污染事故、陕西凤翔“血铅”案引发恶性群体事件、太湖蓝藻危机、广东北江镉污染事件、昆明 PX 炼油项目遭质疑等在全社会产生了重大影响。环境保护部的相关公报显示，2013 年第一季度的 13 起重点环境污染事件涉及河流、地下水、废气、粉尘及噪声、臭味、危险废物排放等污染问题。严重的环境污染事件几乎是接连不断的，众多污染事件演绎着相似的逻辑过程：地方政府引入某个新型项目—项目开工投产运行—众多废弃物的排放—环境污染—公众维权—群体性事件。这些具有相似过程的事件之所以不断发生，关键原因还是在于地方政府生态责任的严重缺失。改革开放三十多年来，经济中心思想已根深蒂固，GDP 标准仍旧是事实上的硬指标，一些地方政府为了自身的经济利益和眼前的政绩，认为只有经济效益来得快、看得见、政绩更显然，环境保护见效慢、政绩不显然。因而在经济增长与环境保护产生矛盾时，仍然还是不惜以牺牲环境资源来换取眼前的经济总量的增长，科学发展观只是体现在文件里、会议上，具体执行是下一任的事。“口头环保”、“文件环保”现象在落后的西部地区、民族地区、欠发达地区更为突出。

对于环境资源的保护问题，高层政府与地方政府有着不同的角色和价值诉求。这里的高层政府是指省级及以上政府，地方政府指的是省级以下政府。在资源环境保护中，高层政府从整个宏观区域进行考量，强调全面的经济、社会发展和生态环境的协调，高度重视资源和生态环境的保护，思想与行动相统一。而地方政府则有着更为复杂的利益考量，它们的利益诉求主要表现为短期内的地方经济发展，为了显示任期内的政绩，地方政府在资源环境保护中会主动权衡自身的利益得失，以自身利益的最大化作为行为标准和主要目标。当前，在政府主导经济发展的制度框架下，经济增长和城市化、工业化、城镇化引导的现代化进程始终是地方政府关注的核心内容，对显效慢的资源环境保护和治理问题缺乏应有的动力，常常以不作为予以体现。①

事例二：教育改革与发展的动力不足。谈起教育的重要性人人都会认为十分重要：教育关系到民族的未来、关系到国家的强盛，教育是国家兴旺发达的根基，如此等等。同样，一提到教育问题，几乎人人都认为当前的教育存在诸多问题：教育的公平问题、教育的投入问题、学校的布局问题、教育的内容问题以及教育的改革问题等。教育的重要性得到人们的普遍认同反映了一个民族的进步与成熟，但教育问题的产生主要不是公众的问题，而应该是政府的责任。有许多问题本身就是政府公共政策不合理带来的负效应。一些教育问题长期得不到解决，每届政府上任初期都有理想的宏伟蓝图，把包括教育在内的目标描绘得鼓舞人心，但到换届时教育问题依然存在，有的还是原地踏步。究其原因，地方政府对教育改革与发展的动力不足是关键因素。教育既是民生工程，也是政府不可回避的责任。特别是基础教育作为纯公共产品，是政府的应尽责任。比如在调查中常常看到一种景况：一边是高大气派的政府办公楼，一边是低矮简陋的学校校舍。现实图景与地方政府大肆宣扬的“再苦不能苦孩子，再穷不能穷教育”、“为官一任，兴教一方”等口号形成了鲜明对比。那么，地方政府为什么会在基础教育问题上动力不足？核心的问题还是教育作为民生工程具有长期性和见效的缓慢性，不适应地方政府政绩考核的特点，因而缺乏动力。另外，政府参与利益链条或受利益集团的影响，不愿主动改革现有的教育制度。比如备受质疑的英语四、六级考试，教育主管部门多年来不仅没有推出有效的改革举措，反而大有顺应利益集团的意志之嫌，使列入教学计划的英语课堂教学似乎也不如其重要。由于政府相关部门从中获利，维持现状就是一种收获，因而缺乏

① 董阳、常征：《区域经济发展与资源保护协调机制研究》，《中国行政管理》2013 年第 4 期。

改革的动力。

事例三：对恶意囤积土地治理动力不足。中国经济时报的资料显示，2012 年 6 月，国土资源部针对当前很多地方大量囤积建设用地作出新规，制定并实施《闲置土地处置办法》，下列两种情形被认定为闲置土地：一是国有建设用地使用权人超过国有建设用地使用权有偿使用合同或者划拨决定书约定、规定的动工开发日期满一年未动工开发的国有建设用地；二是已动工开发但开发建设用地面积占应动工开发建设用地总面积不足 1/3，或者已投资额占总投资额不足 25%，中止开发建设满一年的国有建设用地。该办法还对如何执行办法作了规定，闲置土地获批后一年内还没开发的，由市、县国土资源主管部门提出，然后报本级人民政府批准，按照土地出让或者划拨价款的 20% 征缴土地闲置费。

这一规定明确了地方政府处置闲置土地的权力和责任。然而，该办法在实施过程中的效果并不理想，效率低下，土地闲置现象依旧普遍，处置闲置土地困难重重，关键原因在于地方政府的作用没能有效发挥，突出表现在两个方面：一是政府土地信息不公开，或公开不全面、不及时。二是地方政府动力不足，不积极主动实施相关规定，致使一些规定不能落到实处。全面分析闲置土地处置难的问题，除政府的动力不足外，还因为地产商、开发商为追求利益的最大化总想等到市场行情好时再进行开发，等政策松动时再启动工程。开发商的选择表面上符合市场规律，但不符合社会发展的规律，不符合社会公平的要求，如果任其自由，就是地方政府的失职失责。调查得知，一些地方政府之所以处置闲置土地动力不足，不愿公开土地信息，监管责任缺失，一个重要的原因就在于许多地方政府就是靠土地获取利益的（被称为土地财政），一些地方政府与开发商之间存在着千丝万缕的利益关系，监督开发商就是监督自己，收回土地就会影响政府招商引资及其经济收益，使政府的所谓政绩受损。

总之，地方政府在社会治理中的责任内容涉及面广，地方政府履责的动力受多重因素的影响。当前应通过地方责任政府建设进一步激发地方政府的履责动力，增强地方政府的责任感和使命感，有效发挥地方政府社会治理的职能作用。

第三章　责任政府建设的制约因素

引　言：本章全面分析了责任政府建设过程中的制约因素，主要包括权力至上、为民做主的传统政治文化生态的惯性影响；现代公共精神、公共责任和法治意识严重缺失；政府的管理体制存在职能不清、机制不畅等弊端；政绩观的错位和相关制度的缺失凸显制度建设的滞后性；既得利益集团在改革中后期的行为选择客观上阻碍了地方政府改革与发展的进程。探讨原因的目的是在责任政府的建设过程中有的放矢地规避和解决相关问题，为责任政府建设创造良好条件。

第一节　传统政治文化生态的影响

我国有着几千年的封建历史，传统集权统治下的政府必然是“政府本位”、“为民做主”的公共组织，由此衍生出来的官僚统治思想在历史的长河中一边发展一边延续，成为人们为官治国的主要意识形态，并形成了独具特色的传统政治文化生态。这种政治文化生态不仅在历史上起着决定性作用，而且其强大的思想惯性还很难在短时期内消除，并对当前乃至今后一定时期人们的思想产生一定影响。

一　“政府本位”：官本位、权力至上思想的惯性作用

所谓政府本位，就是秉承“只有政府、只能政府才能管理”，“只有政府、只能政府才能管理好”的理念，在社会管理过程中一切以政府为中心，公民和其他非政府组织成为政府的附属物。正是在政府本位理念的支配下，人们逐渐形成了“官本位”、“权力至上”等官场文化生态，人们几乎没有“公共”意识，公共的影像总是会与政府天然地联系起来，

"官"就是"公"，"公"就是"官"。[①] 在"官本位"的政治生态下，政府的运行逻辑是先要获取权力、再来配置责任，目的是获得利益，获取权力是履行责任的前提，权力的大小是履行责任大小的标准，而政府及其官员都具有"经济人"的属性，追求利益的最大化往往成为他们的自觉行为。因此，政府本位演绎出的权责关系常常是政府尽量追求最大权力，尽量获取最大利益，尽量承担最小责任，"权责不一致"由此而产生。由于缺乏把政府掌握的权力与政府承担的责任有机统一起来的机制和标准，权力和责任的关系会逐步疏远，权力与利益的关系就会更为亲密，最终导致以权力为核心的"官本位"政府大行其道，责任政府的责任问题却少有人问津。这一历史文化惯性力一直影响至今，制约着当前社会治理中地方责任政府理念的塑造，钳制着地方责任政府建设整体目标的达成。

二　"为民做主"：传统政治生态中官民关系的延续

社会治理的一个重要特征是多中心治理模式，政府和公民分别是社会治理的主体之一，他们之间是平等关系。然而，传统政治中的官民关系的延续严重影响着当前社会治理中地方政府新型官民关系的建立。在传统政治中，很多地方官员都怀揣一种"当官要为民做主"、"为官一任，造福一方"、"为官一任，兴教一方"的执政观念，来管理社会公共事务和老百姓的具体事务。具有这些理念的官员，相信他们也一定能够为老百姓办一些实事甚至好事，而且在一定程度上也能为老百姓担负起一定责任。但这种观念和心态并没有把老百姓放在平等的主体位置上，老百姓只能被动地接受政府及其官员为他们安排的事情（所谓的"主"）。虽然表面上看政府是在为老百姓负责，但这种对老百姓的责任心至多是一种家长式的责任心。他们在最好的情况下也只能做到"爱民如子"，而自己则是老百姓的"父母官"。不仅很多官员是如此认识，很多老百姓也习惯如此。这样一种观念在中国社会中有着很深的基础，无论是官员还是老百姓都很难摆脱这种观念的影响。[②]

所以，在传统政治中地方政府对老百姓的负责只是家长式的负责，

---

① 陈庆云等：《公共管理理念的跨越：从政府本位到社会本位》，《中国行政管理》2005年第4期。

② 李景鹏：《政府的责任和责任政府》，《国家行政学院学报》2003年第4期。

有时甚至带有恩赐性的意味，很难培养出老百姓的自立精神和主体意识。有些地方政府及其官员为老百姓做了事，一旦得不到老百姓的认可与感激，他们就会失去持续做事的动力，负责任更是无从谈起。因此，要在“为民做主”的现实基础上建立起地方政府的责任心，需要实现观念的深刻转变，即使政府及其官员从传统政治中的官民观念转变为现代政治中的政府与公民的平等交换和平等制约的观念，以社会契约和人民主权理论的原则认识政府及其掌握的权力，按照现代民主政治理念和法治精神塑造地方政府的责任心，培养地方政府的责任意识。由于社会正处于转型时期，许多新的政民关系理念还没能深入人心，传统政治思想的烙印在许多地方官员心中还根深蒂固，成为影响责任政府建设的思想障碍。

第二节　现代责任政府理念尚未完全确立

现代责任政府的建立离不开相应的思想和观念作指导，特别是在社会转型时期加强和创新社会治理更需要公共精神、责任意识和法治意识等理念作支撑。然而，这些理念无论是在地方政府官员中还是在社会公民中都不同程度地呈现出弱化甚至缺失状态，严重制约了责任政府建设的步伐。

一　公共精神缺失

公共精神是责任政府建设必须具备的首要价值。什么是公共精神？许多学者从不同视角予以阐释：有人认为，“公共精神实质上是对公共事务的关注和投入”①。也有人认为，公共精神是社会成员在公共生活中对人们共同生活及其行为的准则、规范的主观认可并体现于客观行动上的遵守、执行。公共精神包括社会公德意识、自制自律的行为规范、善待生命及社会的慈悲胸怀等。② 无论从哪个角度理解，公共精神体现的都是一种公共责任而非个体责任，追求的是一种公共利益而非个体利益，实现的是一种公共目标而非个体目标。所以公共精神是责任政府不可或缺的价值追求，是责任政府的显著特征。然而，一些地方政府官员的素质、公共意

① 胡弘弘：《论公民意识的内涵》，《江汉大学学报》（人文科学版）2005年第1期。

② 肖飞飞、戴烽：《公共领域中的公共精神》，《求实》2012年第11期。

识、道德水平等还处于较低层次，一般民众的公共意识道德水平也有待提高。比如：对公共设施的破坏、对公共环境的污染、对公共安全的影响、对公共资源的占有等现象不时发生；一些官员腐败严重、生活腐化、唯利是图；普通民众不讲公德，随地吐痰，乱丢垃圾，不关心公共事务，政治冷漠等情形处处可见；商家假冒伪劣，利益至上，坑害消费者事件时有发生，如此等等。公民公共精神的缺失和淡漠势必对整个社会生活和政治生活产生消极影响，对责任政府建设形成障碍，不利于社会治理的有序开展，制约了整个社会的发展水平。究其原因，主要在于传统文化中的不合理因素的影响、道德法律制度建设滞后以及教育等相关育人的方法、机制错位。

因此，建设责任政府应首先培育政府及公民的公共精神，而公共精神的塑造需要培育公民社会的成长，让公民增强责任感和使命感，使公民把自己看成国家、社会的主体，对整个社会、对他人产生高度责任感，遵守社会公德，维护法律尊严，主动参与到社会治理中去。公共精神的培养有助于营造一种民主决策、平等互信、积极参与的公民文化，这正是社会治理的特征，也是责任政府的目标要求。

二　责任意识缺失

“责任”是责任政府的核心价值。责任意识是指人要知道并尽心尽力完成与自己扮演的角色所对应的任务和职责。一个民族、一个政党有无责任意识，责任意识强不强，将直接关系到这个民族、这个政党有无希望和希望的大小。[①] 因此，责任意识不仅是个人生存发展的必备品质，也是社会发展与进步的强大动力。政府作为社会中最有影响力的公共组织，政府责任意识的强弱直接影响到公民社会责任意识能否形成。党的十八大刚刚闭幕之时，在新一届中央政治局常委与中外记者见面会上，习近平同志对“责任”作了新的阐释：我们“一定不负重托，不辱使命”，要“对民族负责，对人民负责，对党负责”。显然，这是新一届中央领导集体对全党和全国各族人民所作出的郑重承诺，为履行责任使命、建成责任政府提供了新的动力和要求，同时也为整个社会营造敢于担当的责任氛围、增强社会公众的责任意识提供了政治背景。

---

① 杨德东：《社会主体责任意识的缺失及重塑》，《中州学刊》2007 年第 2 期。

然而，一些地方政府目前还存在明显的责任意识不强等诸多问题，比如不主动承担责任，不愿意多尽义务，对权力要求甚高而对责任要求较低，决策失误多而追究责任少，重政绩而轻民生等。正是由于地方政府在责任意识的坚守、责任形象的塑造等方面存在不足，从而加剧了整个公民社会责任意识淡薄的趋势。地方政府责任意识的缺乏，会带来一系列消极影响，突出表现在：首先，责任意识的缺失导致政府服务理念淡薄。在社会治理中政府的核心职能是为公众提供优质的公共产品和公共服务，把实现好维护好人民群众的根本利益作为政府的首要目标，这应该是政府沉甸甸的责任。但事实并非如此，一些地方部门作风漂浮，遇事推诿，一拖再拖，导致老百姓对政府的信任不断流失。其次，责任意识的缺失导致政府忽视公众诉求。公众的每一份诉求都应化作政府的一份责任，但一些地方政府的公职人员对公众的利益诉求不予重视，不及时给予解决，导致原本很容易解决的事情不断放大，矛盾不断加深，甚至酿成群体性突发事件，归根结底，还是政府严重缺失责任意识。政府有责任对公民需求作出回应，并采取积极措施公正有效地实现公众的要求和福祉，履行其在整个社会管理中法律和社会要求的职能和义务。① 最后，责任意识的缺失导致政府办事效率低下。由于公务员没有高度的社会责任感，就不会清楚自己的职责，就不会主动做事，更多的是被动应付，缺乏开拓进取精神，这种状况必然导致效率低下，人民的满意度低。

三 法治意识缺失

树立法治意识，不仅是政府提高治理能力的现实要求，而且也是公民素质提升的具体体现。党的十八大明确指出，要努力提高领导干部运用法治思维和法治方式深化改革、推动发展、化解矛盾、维护稳定的能力，同时，还要摒弃一些陈旧过时的思想观念，领导干部不仅要有领导思维、管理思维，还要强化法治思维，这是对新时期提升领导干部能力提出的新要求。根据现代政府理念的新要求，责任政府应该也必须是推行法治的政府。传统政府的管理手段主要靠权力，这种方式已越来越不适应社会治理的需要，现代责任政府的治理手段应该实现从依靠权力向依靠法律的转变，法治已经成为当今世界各国为民施政的重要手段。正是这种价值追求

① 冯淑慧等：《树立责任理念，建立责任政府》，《兰州学刊》2004 年第 5 期。

使责任政府的一切行为都应纳入法律的框架，任何组织和个人都不得有超越宪法和法律的特权，绝不允许以权压法、以言代法、徇私枉法，这是合法性思维的起点。

但是，一些地方政府的公职人员法制意识还比较薄弱，主要表现在以下几个方面：一是不能正确认识权力的来源。部分领导干部不知道手中的权力来源于人民的授予，缺乏人民主体性意识，法治意识淡薄。他们习惯于运用行政手段处理事务，习惯于运用手中的权力管理他人，认为有权就高人一等。正是这种思想的作祟，使得一些地方官员缺乏对人民群众的尊重，政民关系紧张，导致政府行为的合法性基础不断流失。二是不能正确认识和处理权力与法律的关系。正是由于对权力来源的误读，少数官员不理解权力的有限性，不知道权力必须在法律的范围内行使，不懂得权力不得超越法律的边界，因而时常做出一些违法行为。其实，政府的运行和政府的行为都要受制于法律，换言之，权源于法，法高于权。由于行政权天生具有扩张性与渗透性，如果没有法律的牵制，必然走向专横。三是不学法、不懂法、不依法办事的情形依然存在。由于法治意识的缺失，少数人不愿意学习法律，更不懂得法律内容和精神，有的甚至类似于法盲，这就是一些官员违法了还不知道的重要原因。长期以来我国政府主要依靠政策和行政命令办事，行政法制不健全，加上传统观念的影响，少数机关养成了衙门作风，出现了违法行政行为，相对人又投诉无门，责任政府的建立能解决一些政府机关有其权而不负其责任的现象，使政府进入法制体系。①

四　服务意识缺失

责任政府履行责任的最有效方式就是服务，服务不仅体现了政府人民性的本质属性，而且也体现出政府亲民的良好形象。从理论上来讲，政府应该树立强烈的服务意识，服务为先，以人为本，努力为人民群众提供他们想要的公共产品和公共服务，切实履行自身作为“人民公仆”的政治职责。然而在实践中，“门难进、脸难看、话难听、事难办”的情形总是难以消除，少数公职人员缺乏服务意识，官本位意识浓厚，不能正确认识政府的基本职能，把自己为群众办事当作一种恩赐甚至施舍，为群众

---

① 冯淑慧等：《树立责任理念，建立责任政府》，《兰州学刊》2004年第5期。

做一点事情就企盼群众对自己感激。更有甚者，少数公职人员因长期放松理论学习和价值观的塑造，久而久之逐步走向了人民的对立面还浑然不知：比如说出“你是准备替党说话，还是准备替老百姓说话”、“你是记者，你是党的喉舌，你是为人民服务还是为党服务的”这样的话。这些思想不仅反映出少数干部理论修养的严重缺乏，服务宗旨淡薄，并且将党和人民的利益对立起来，严重损害了党和政府的形象，影响了党群干群关系。

党的十八届三中全会指出：“必须切实转变政府职能”，“建设法治政府和服务型政府”，这为新时期政府职能的转变指明了方向。要建设服务型政府，必须首先转变观念，树立服务意识，明确服务的意义和内涵。公共服务是以政府等公共部门为主提供的，满足社会公共需求、供全体公民共同消费与平等享用的公共产品和服务。一般来说，公共服务主要涵盖基础教育、基本医疗卫生、就业服务、基本社会保障、保障性住房、基础科技和公共文化、公共安全、环境保护、基础设施等方面。① 可以说，公共服务涵盖的内容，就是责任政府的职责所在，二者具有一致性。因此，应通过责任政府建设来强化政府及公职人员的服务意识，增强责任心和责任感，使政府及其公职人员通过优质的服务来实现政府的治理目标。

第三节　传统管理体制运行中的沉疴

传统的官僚制管理体制在我国有着悠久的历史，不可否认它在历史上发挥过十分重要的作用，并且很多方面在今天依然具有借鉴意义。然而，传统的管理体制因其历史的悠久和影响的深远，形成了思维程式和固定模式，难以适应时代的发展和社会的变迁。由于不能与时俱进，这些传统体制从过去的优势转变成了今天的劣势，成为政府改革发展的桎梏，比如管理理念滞后、政府职能界限模糊不清、缺乏有效的责任追究等，这些传统体制运行中的沉疴严重制约了新时期责任政府的建设步伐。

---

① 马宝成：《马克思的公共服务理论与我国服务型政府建设》，中国共产党新闻网（http：//theory. people. com. cn/GB/82288/207260/207270/15695854. html）。

一　治理理念滞后

思想是行动的先导，理念是治理的前提。在整个社会治理行为中，治理理念具有基础性的地位，决定着治理的行为和方向，影响着治理效果和社会发展的水平。构建什么样的社会治理体制取决于政府社会治理理念及其实现程度。改革开放三十多年来，体制不顺一直困扰着政府的管理效果，体制僵化，机制不灵，改革创新难以推进。比如受"经济增长等同于发展"、"唯 GDP 论"的传统观念的影响，导致政府缺乏对社会公平的重视，忽视生态环境保护和能源资源的节约，造成结构失衡、生态恶化、两极分化、腐败滋生、社会失序、失业增多、可持续发展缺乏后劲等。尽管每一年的政府工作报告都要将加大改革力度、创新体制机制之类的关键词写入其中，但实际运行困难，收效甚微。究其原因，关键还在于思想保守，思路不清，观念滞后，特别是基于社会治理视域下责任政府的回应性、有限性、公平性、公开性、法治性等理念还没能树立起来，许多地方政府及其公职人员依然秉承重防范管控、轻服务管理，重行政手段运用、轻综合施策手段，重事后处置、轻事前预防，以我为主、忽视社会等传统管理理念，大大制约了责任政府建设的步伐，影响了政府社会治理的水平。除此之外，政府社会治理理念的滞后性还表现在政府对社会和人民的回应性上（向谁负责），"政府本位"的观念依然根深蒂固；在政府应承担的职责和义务上（负什么责），"全能政府"的模式仍未根本改变；在政府的各项责任承担上（如何负积极责任），责任意识还没有牢固树立起来；在对责任承担的监督和控制上（如何负消极责任），法治理念还存在着误区。① 当前，要想理顺责任政府的社会治理体制，明确政府责任内容，必须首先将社会治理理念落实到责任政府建设的每一个环节，强化以人为本、服务优先的责任理念，把实现人的全面发展作为政府的应尽职责。对在社会治理中政府负责什么、如何负责等问题进行研究和探讨。

二　部门职能界限模糊不清

政府职能问题主要表现在政府自身职能界限不清和政府与社会关系不顺两个方面。首先，政府部门的职能界限不清主要是条块分割的管理体制

① 王行宇：《我国责任政府建设研究》，硕士学位论文，郑州大学，2004 年，第 18 页。

所致。一方面，从纵向上来看，政府权力大小的分配是从上至下的运行轨迹，政府实行层级管理模式，下级的权力受上级控制。因此，每一个下级职能部门及其人员都必须对上级负责，下级为了获得更多的权力或得到上级的认可不得不尽力满足上级的需求，有时甚至超越自己的权限去为之，从而导致权力滥用。另一方面，从横向上来看，政府事务实现部门分块负责管理，这种体制表面上来看比较合理，可将政府负责的内容分块包干，但由于很多事务具有相似性，凡是有利可图的事务政府部门都争着去管，无利而麻烦的事务政府部门就会相互推诿，究其原因，关键在于政府职能部门之间没有一个明确的责任界限，权责不统一和责任界限模糊成为政府失职或越权的制度困境。以“香港限购奶粉案”为例：

> 据《京华时报》2013 年 3 月 3 日消息：香港特区政府新修订的《2013 年进出口规例》3 月 1 日起正式生效，年满 15 岁的离港人士每人可携带净重不超过 1.8 公斤（约两罐）的婴儿配方奶粉，违例者可被罚款 50 万港元及监禁两年。据特区政府海关助理关长俞官兴介绍，香港海关特别调动了大约 200 名人员加强前线巡查，抽查旅客行李，并在沙头角、文锦渡、落马洲、深圳、中港码头、落马洲支线等 9 个口岸设置了 14 台 X 光机，加快检查速度和准确度，减少对过关旅客的影响。到下午两点，各口岸共截获 10 宗违反规定的个案，拘捕八名香港人和两名内地人。这本是一件香港内部管理事件，但从中折射出内地政府与企业的责任心问题：为什么内地无数家奶粉企业生产众多的奶粉品牌却得不到消费者的信任？政府为什么不加大监管力度规范企业行为？如此等等。“香港奶粉禁令”对香港来说，是个海关监管问题；对内地来说，则是奶粉质量和信心问题，大多数群众对内地奶粉符合质量标准的信心不足。3 月 2 日，全国政协委员、国家工商总局局长周伯华接受媒体记者的采访时表示，造成老百姓对一些食品（奶粉）安全缺乏信心的原因，从广大畜牧工作者、乳业企业到国家政府部门，都有责任。食品安全问题并不是没有人管，从“田间”到“餐桌”、从养殖加工到市场流通的每一个环节都设有“重兵防守”，农业、工商、卫生、海关、质检、药监等七八个部门对食品安全负有主要监管职责，但现实的情况却如网友调侃：“七八个部门管不好一盒奶。”

此案例表明政府部门条块分割导致责任界限不清、多头管理导致无人管理的现象十分明显，食品安全关乎民生，政府在食品安全监管方面的责任为何难以有效落实，这是需要认真对待和思考的现实问题。

其次，政府与社会的关系不顺。党的十六届四中全会通过了《中共中央关于加强党的执政能力建设的决议》，明确提出建立“党委领导、政府主导、社会协调、公众参与”的社会管理新格局，为我国社会建设与管理指明了方向。然而在实践中，一些地方依旧呈现出政社不分、政府包办的局面，社会发展的空间十分狭小。一方面，政社不分。市场经济的建立，要求政府从社会的某些领域里撤出来，把社会能够自我管理、自我服务、自我协调的相关职能交给社会自主管理，由相应的社会组织予以承担。但政府受传统思维和管理方式的影响，习惯于大包大揽，不愿向社会分权，导致社会发育度低，社区建设滞后，社会能力发展受限。另一方面，政府过分管控社会组织。随着社会矛盾的多发和社会问题的叠加，许多地方政府对社会管理给予了高度重视，纷纷成立相应的社会组织，完全按照政府的要求和模式进行管理。表现在：大多数有影响的民间组织都是由政府自己创办的；几乎所有重要社团组织的主要负责人都由从现职领导职位退休或机构改革分流出来的原政府党政官员担任；一些重要的民间组织的经费由政府财政拨款。[①] 政府过分管控社会组织，表面上显示出政府对社会管理大有作为，但效果并不理想，不仅政府自身能力有限，而且政府独当一面使得社会组织自然就依赖政府，社会组织变得弱不禁风且具有行政化倾向。弱不禁风使社会组织无法独立承担政府剥离出来的社会管理职能，个人和社会力量缺乏对社会事业的投资热情。行政化倾向使社会自治组织具有“官民二重性”特性，从而对社会事务进行行政化的管理。比如村民委员会本应是自治组织，但它们的主要工作就是执行乡镇政府交办的事情。[②] 还有，由于体制僵化，社会管理只见官不见民，“社会协同、公众参与”的良好格局难以形成，虽然近年来一些部门开始重视社会组织和公民的作用，并给予了一定的运行空间，但总体来讲还是非常有限，

---

① 席恒：《公与私：公共事业运行机制研究》，商务印书馆2003年版，第153页。

② 麻宝成：《社会正义与政府治理：在理想与现实之间》，社会科学文献出版社2012年版，第209页。

政府独当一面的格局没有真正改变。

三　责任追究机制尚不完善

责任追究机制具体通过问责制的形式表现出来。政府的问责要有效地进行，必须有高效合理的机制与之配套，这个机制一般包括问责主体、问责客体、问责程序、问责结果四个方面。然而，很多地方政府的责任追究机制还不完善，主要表现在：

1. 问责主体不明或缺失

政府及其公职人员没能有效履行其应尽职责造成的失职行为由谁来追究？在理论上追究的主体很多（包括党委、人大、政府、政协、司法、舆论、社会团体、公民等），但在实践中主要是政府系统内部从上而下的追责方式占主导，有人称为"同体问责"。这种同体问责主体是能对本系统的领导机关及其工作人员问责的内部机构，它的效果在很大程度上依赖于组织最高层的意志、权威和价值取向等，而人大、司法、社会等作为民主政治条件下应然的问责主体却并未真正发挥其问责作用。[①] 从已有的问责情况来看，很多属于被动问责，主动问责不足。同时，社会、公众问责缺乏相应的条件，如公众不知情、不知道问责路径与问责程序等，这就使得问责主体难以真正发挥主体身份的作用。

2. 问责对象不明确

行政问责对象没能清晰界定。首先，职能交叉的领域出现问题谁都不愿主动负责，相互推诿，"踢皮球"现象由此产生。比如某县一辆各种手续齐全的新车，既没超载，又没违规，驾驶员身体及资质条件合格，在路上行驶时发生车祸，导致10人死亡的重大交通事故，上级部门和领导要求追责，问题涉及的部门包括公安交警、交通局、运管处、公路局等单位，相关部门均表示本部门没有责任，导致责任难以界定。其次，前任与后任者之间的责任难以划分。比如一些大型工程前任已建了大部分，后任接着将后续的小部分工程建完并投入使用，结果质量出了问题，此时该追谁的责任？上级部门和领导往往只追究现任领导的责任，前任领导则安然无恙，甚至暗自庆幸自己早些离开了。最后，问责事项存在局限性。据了解，对重大安全责任事故、重大经济责任事故等行政乱作为问责较多，对

---

① 田侠：《行政问责机制研究》，博士学位论文，中共中央党校，2009年，第74页。

故意拖延、推诿扯皮等行政不作为、慢作为问责较少；对行政执行不力或行政执行失误问责较多，对作出质量不高或错误决策的行为问责较少、较轻或基本不问责等。

3. 问责程序不规范

目前对政府的问责还没有明确的程序制度，由谁启动、如何推进没有明确的规定，一旦发生责任事故，取决于主要领导的态度和意志，领导的批示、指示就是启动问责的动力和方向，很难体现出政府应向权力机关（人大）和人民负责的精神。人大虽然有问责职能及相关规定，但地方权力机关很少真正行使听取报告、质询、调查、罢免、撤职、撤销等问责职能，在法律上仍然缺乏可操作的程序。这些问题主要源于我国政府问责制度起步较晚，具有现代意义的问责制度从2003年5月12日颁布的《公共卫生突发条例》开始，明确规定了处理突发公共卫生事件的组织领导、遵循的原则和各项制度和措施，明确了各级政府及有关部门、社会有关组织和公民在应对突发公共卫生事件中应承担的责任和义务及违法行为的法律责任。2003年8月27日通过的《行政许可法》规定了政府的行政许可行为，也明确规定了违反本法应承担的法律责任。应该说这些规定对建构问责制具有重要的推动作用，但相关规定还比较笼统，在操作性上还有待进一步完善。

4. 问责结果没有说服力，官员复出机制欠缺

被问责的官员的处理方式具有临时性，往往只在风口浪尖上时将现任职务免去，过不了多久又会在另一个岗位安排职务，几乎不低于问责前的层级和待遇。从国内有影响的多个官员的问责与复出情况看，官员被问责后复出时间都较快，短则4个月，最长的才15个月，这么快就复出了，与他们给社会造成的负面影响相比，问责实在是轻了些，在老百姓中缺乏说服力。高层官员的问责复出尚且如此，地方官员的问责与复出就更具有临时性。实践证明，地方政府体系内的问责比较乏力，同级监督难以达到预想效果，同体问责中上级政府和领导的问责意志一般也比较平和，“下不为例”的情形比较普遍。要使问责具有说服力，有效的办法就是扩大问责主体、加大问责力度，让公众真正看到一批问题官员被依法依规处理，以显示政府决心，让公众增添信心。比如对问责官员的复出问题要慎之又慎，建立和完善官员复出机制，确保官员复出更加制度化、规范化、透明化，已成为责任政府建设不可或缺的重要

内容。

可喜的是，在党的十八大之后，中央加大了反腐倡廉的力度，查处了一大批问题官员，并对其进行了严格的责任追究，可以说已形成了一股强大的反腐问责风暴。随着问责的不断深入，必将推动问责机制的不断发展和完善。

第四节　现有制度的缺陷与不足

既然责任政府不仅是一种价值理念，而且还是一种制度安排，那么，制度建设就应该成为责任政府建设的核心内容，应该建立完善的制度和法律以确保责任政府有效运行。我国开始重视责任政府建设一般认为在2003年“SARS”疫情发生之后，由于时间短，起步晚，经验不足，属于典型的“摸着石头过河”，因而到目前为止还处于低水平阶段，现有的关于责任政府的制度建设要么缺失，要么存在自身缺陷。

一　政绩标准错位导致制度缺失

官员政绩观和发展观的错位，导致他们在公共事务管理中以传统的经济发展观为主旨，一味地追求经济的高增长而忽视了政府其他责任的履行，步入单纯依靠“GDP”而官运亨通的误区，致使责任政府制度建设滞后。改革开放以来，“以经济建设为中心”一度成为政府工作的指导思想，由此也催生出了一系列诸如“唯GDP论”、数字工程、形象工程等政绩观。GDP代表国内生产总值，是反映经济发展趋势最重要的指标，虽然通过GDP能核算出给国家的经济发展作出的贡献，但GDP标准存在着重大的缺陷，即侧重反映的是经济增量，而不能反映经济质量的好坏等。正是在这一政绩观的驱使下，地方政府将目标集中于经济总量的增长，如何考核政府、政府绩效等制度建设都围绕着经济总量来设计，导致对政府其他职能的考核评价缺失，特别是对政府的民生性责任、促进公平正义责任、维护公共秩序责任等方面没有相应的制度设计与要求，地方政府只要完成了上级下达的GDP经济目标，就等于完成了应有的责任，取得了应有的“政绩”。以问责制为例，在现有的法律体系中，没有一个真正是从问责角度立法的、完整的政府官员问责的法律法规，只是散见于比如《公务员法》、《行政处罚法》、《行政监察法》等法律中。正因为如此，许多地方如成都、重庆、南京、长沙等出台了一些地方性的官员问责规定，尽管很有意义，但因为立法层次过低，其效用大打折扣，很难充分发挥其作用和达到应有的目的。总体来说，责任政府的制度建设是一个体系，目前除经济责任以外的其他责任界定、责任履行、责任考核、责任预警、责任公开等制度还很不完善。

二 制度本身的缺陷

责任政府建设离不开制度的规范，但制度本身的缺陷又制约着责任政府建设的步伐。一些制度制定的初衷很好，但执行起来就会出现问题，究其原因，一方面是制定制度的参与者有限，没有最大限度地听取民意，导致一些规定出现了漏洞。比如不少法规规定公职人员“不准做……”，但对于违反相关条款又如何处理却往往没有明确规定。另一方面，是由于“钱穆制度陷阱”的困扰。“钱穆制度陷阱”是中国著名历史学家钱穆在分析中国历史时得出的规律，中国的政治制度有一个演绎传统，即一个制度出了毛病，再定一个制度来防止它，相沿日久，一天天地繁密化，于是有些却变成了病上加病、越来越繁密的制度积累，往往造成前后矛盾。这样，制度越繁密越容易生歧义，越容易出漏洞，而执行新制度的人往往在分歧争执中敌不过固守旧制度的人，因而越来越失去效率。“钱穆制度陷阱”理论揭示了这样一个道理，即有效的监督制度不可能是一个单项的制度，而应是一个制度体系。但这个制度体系不是以制度的多少为标准的，不是越多越好，关键在于管不管用。因此，制定制度要切中问题要害，建立真正管用的制度框架。

事例一：有的城市在制定交通法规时，先规定机动车撞人后，根据违章情节各负其责，后又改为“行人违章撞了白撞”，再后又改为“机动车负全责”，最后又改回“各负其责”……让人无所适从。

事例二：为减轻财政负担，提高教育质量，N省J县6年前展开了教育界的人事改革：年满50岁的，提前退休；不满50岁但满10年教龄的，可以申请病退。退休后，工资发到60岁，但病退工资比提前退休要少。改革后，252位“编外离岗”人员不干活白领钱。结果财政支出增加，教育质量也受到影响。起初为“精兵简政”，缩编人员，采用“退休差异补贴”的办法，不料非但没有起到作用，反而滋生了新的矛盾——病退者不满补贴，“编外离岗”者担心工资停发，弄虚作假层出不穷，无人从中绝对受益。制度越多效果越差，形成了典型的制度陷阱。

事例三：为了解决体制不顺、执法不力的问题，国土资源部决定向地方新派驻9个国家土地督察局以加大执法力度，受国土资源部直接领导，实施国家土地督察制度。无独有偶，原国家环保总局又步国土资源部后尘，向中央编委申请新组建11个地方环保派出执法监督机构并获批准，这些机构直接对国家环保总局负责。其实，土地和环保执法监察的“无力”，关键原因是政府考核管理过分看重GDP以及由此导致的粗放式、非理性的经济发展模式。

事例四：长期以来，政法委作为公、检、法、司、安等部门的领导部门，政法委书记不兼任相关职能部门的负责人（“一把手”），以便公平公正地行使领导监督权力。随着社会矛盾的增加，维护稳定的任务加剧，于是政法委书记同时兼任公安局长，不仅权力扩张，而且几乎所有的政法委书记都将主要精力放在公安局，忙于与公安相关的具体事务，无暇顾及作为书记总揽全局的职责和其他工作，政法委书记工作重心的失衡影响地方法治建设的进程。随后，鉴于政法委书记兼公安局长权力太大，又规定不得兼任公安局长，只担任专职书记。如此反反复复，终点又回到了起点，时间浪费了，文件增多了，效率降低了。

纵观以上现象不难发现，为解决一个问题政府不断地制定办法、不断地增设机构，不仅目标没有达到，反而是“病上加病”，问题越来越严重。不断变化的交规、提前退休规定、国土部门和环保部门“破解执法体制诸多不顺难题”的美好愿景、政法委书记任职变更等制度规定无意中都走入了“钱穆制度陷阱”。当前要想解决问题，首先需要彻底改变的是不合理的政绩观，坚持“以人为本”，把科学发展观落到实处，切中要害，增强实效，避免落入制度陷阱。

第五节　既得利益集团的选择障碍

所谓既得利益集团，是指在特定时期、特定社会发展阶段和制度背景下形成的以经济利益为核心、以财富及社会资源占有的多寡为标志的社会获利群体。从20世纪80年代起，我国开始从比较成熟的计划经济体制向市场经济转型，由于没有现成的经验可循，不得已采取“摸着石头过河”的方式进行，这一表述比较形象地描述了当时的改革特征。为了调动改革的积极性，与“摸着石头过河”相配套的制度之一就是“允许一部分地方和一部分人先富起来，然后带动其他地方和其他人共同富裕”。改革开放三十多年以来，先富起来的目标实现了，但共同富裕的目标在很大程度上还没有实现。因为先富起来的人并没有受到相应的制度约束，尤其是分配制度不合理，先富起来的人获得了充足的利益和社会资源，形成了所谓的既得利益集团。当前中国实际上已形成了三大既得利益集团，即以垄断行业为代表的垄断利益集团、以贪腐官员为代表的权贵利益集团、以房地产和资源行业为代表的地产和资源利益集团。[①] 既得利益集团形成了一个特殊的社会阶层，凭借其掌控的资源逐渐被固化，他们的意志和行为选择对政府制定公共政策常常产生重要的影响。

一 政府早期改革的支持者

改革开放初期，由于没有成熟的道路可供选择，各方面都处于探索时期，原有的体制被打破，新的体制机制还没构建起来，不仅相关配套制度缺乏，而且在实践中会出现权力漏洞和管理真空，为既得利益集团提供了快速发展的机会。他们从权力漏洞和管理真空中获得利益，他们支持改革，没有改革就没有“发展”的机会，一部分既得利益者甚至抱着“浑水摸鱼”的心态支持政府的改革。而此时政府本身的责任重点在于吹响改革的号角、激发改革的热情、展现改革的勇气、确立改革的目标。按照行政改革的原理，改革应尽快取得效果以增强改革的动力，而在这一阶段催生出来的既得利益集团正好适应这一目标诉求，因此，政府一方面以利益集团的崛起证明改革的正确性；另一方面又要为更大的更深入的改革奠定基础。此时的既得利益集团深得政府的认可，他们的意志和行为选择成为政府决策的重要依据。

---

① 汪玉凯：《破解既得利益格局是改革的最大难题》，《改革内参》（综合版）2013年第2期。

二　政府中后期改革的阻碍者

伴随着改革的不断深入，社会不断分化，强势群体更加强势，弱势群体更加弱化，贫富差距、行业差距、城乡差距、地区差距不断扩大，社会问题凸显，社会矛盾激化，政府不得不着手完善改革方略，不得不考虑公共政策的公平正义等问题。比如调整收入分配制度以增强合理性、改革国有企业的垄断地位、给各类企业提供公平竞争的制度环境、加大执法监管力度、废除官商通吃机制等，这对依靠权力漏洞和管理真空获利的既得利益集团来说并非都是福音，制度越完善他们“浑水摸鱼”的机会就越少，即使要获得利益也要比改革初期（摸着石头过河阶段）付出更多成本。这时候既得利益集团的心态是“不想过河了”，只想维持既得利益，生怕因制度的完善而改变现状。他们从支持改革到消极应对再到抵制改革，由于其占有资源的广泛性，他们的意见和行为对政府改革进程产生重要影响，改革越彻底，对他们的限制就越多，他们的抵制力度就越大。正如汪玉凯教授所说，利益格局问题在任何国家都不是一个简单的经济问题，而是一种以经济问题表现出来的政治问题，因为经济问题和政治问题往往交织在一起。可见，在社会转型时期，既得利益集团的影响在责任政府建设的不同阶段起着不同的作用。如何有效发挥利益集团的正效应同样成为政府建设的主要责任。

以上是从政府之外的利益集团对待改革的态度进行分析的，就政府本身而言，依然存在改革的障碍。历次改革实践表明，一旦涉及政府转型和简政放权的时候，最大的阻力往往来自政府自身。北京大学国家发展研究院院长姚洋认为，政府转型最大的障碍来自三大利益集团：第一大集团是各部委，第二大利益集团是国有企业，第三大利益集团就是地方政府。① 它们各自有各自的权力及利益范围，都害怕动了自己的利益。中央政府推行的改革到了部委有时就开始弱化，其原因在于政府一些不合理的方面都是政府自身长期积淀的结果，很多改革说到底就是要革“利益集团”的命。因为一改革，部门合并，审批减少，很多部门的权力就没有那么大了，甚至不再需要这个部门了，这个部门的相关人员自然不会支持。可见，改革的阻力并不都来自政府之外的利益集团，政府内部的利益集团也值得高度关注。

---

① 姚洋：《三大利益集团正在阻碍简政放权》，《改革内参》（综合版）2014 年第 11 期。

第四章　地方治理中的政府责任

引　言：本章认为，基于地方治理的现实需要，只有从不同的视角来审视责任政府应该履行的责任重点，才能明确责任政府建设的方向。具体表现在：从构建良好社会秩序的角度，应强化政府维护社会稳定的责任；从促进社会良性运行的角度，应强化政府的民生性保障责任；从生态环境的保护角度，应强化政府的生态责任；从公共安全监管的角度，应强化政府的安全监管责任；从巩固社会基础的角度，应强化政府的经济发展责任等。构建的内容应从社会治理的实际需要着手，避免以往政府先入为主、一厢情愿地“为民做主”的供给方式，以确保责任政府建设的针对性和实效性。

一般认为，政府责任的内容从性质上可分为政治责任、法律责任、行政责任和道德责任等方面。本章主要从地方社会治理的视角对政府改革与建设重点进行定位，因而具有现实性和具体性。政府要想更好地实现其社会治理的职能，其前提是科学合理地界定相关职能的范围、明确责任重点。在我国，政府社会治理水平还处于初级阶段，各地面临的情况不同，手段各异，政府应根据社会实际的需要选择职能重点。当前政府要加强和创新社会管理，提升社会治理能力，就应该根据和谐社会、小康社会目标的基本要求，从地方治理的不同视角分别厘清政府责任的重点，本章拟从社会秩序的构建、社会良性运行、社会环境优化以及公共安全保障等方面来界定地方政府维护公共秩序、提供公共服务、强化民生保障、保护生态资源和加强安全监督等方面的责任。从地方治理的主要内容入手，政府应根据内容需要确定自己的职责，避免以往政府先入为主、一厢情愿地“为民做主”的供给方式，可增强政府工作的实效性，有利于政府责任和地方治理的有机结合。

第一节 社会秩序与维稳责任

习近平总书记指出："没有稳定的社会政治环境，一切改革发展都无从谈起，再好的规划方案都难以实现，已取得的成果也会失去。"构建良好的社会秩序在地方治理中具有基础性地位，没有好的秩序其他工作就难以有效进行。因此，政府应把形成良好社会秩序作为地方治理的首要目标，进一步强化自身的公共秩序的维护责任。当前，面对纷繁复杂的社会问题、社会矛盾和社会冲突，如何将冲突和矛盾造成的危害降到最低限度，确保社会有序运行，政府应该强化责任意识、增强责任感，把维护公共秩序作为政府的神圣职责。具体要求地方政府准确掌控社会风险、及时化解社会矛盾、有效维护社会稳定。

一 掌控社会风险

习近平总书记指出："凡事预则立，不预则废。可针对遇见的重大突发事件交由有关领导及部门做实预案，严加防范。"社会风险是一种影响社会稳定、破坏社会秩序以及形成社会冲突的可能性，这种可能性一旦变成现实，就会导致社会危机。近年来发生的一些大规模群体性事件就是其中的一种结果。地方政府处于社会基层，常常直接面对社会问题，掌控社会风险是维护社会秩序的重要环节和基本要求。社会风险一般分为自然性风险和社会性风险，自然性风险主要指自然灾害给人类社会带来的危险因素；社会性风险原因甚多，比如在社会转型过程中不断涌现和加剧的失业问题、诚信危机、安全事故、贫富差距等都可能成为矛盾爆发的导火索。地方政府应建立有效的风险监控体系，不仅要掌握具体的风险点，还应坚持预防为主的思想，加强隐患治理，把各种社会风险隐患化解在基层和萌芽状态，为构建良好社会秩序奠定基础。这一现象可从某省发生的一起连环爆炸案中得到启示：

2011年5月26日上午9时，在某地检察院、区政府大楼和区药监局大楼发生了连环爆炸，爆炸造成3人死亡，5人受伤，犯罪嫌疑人钱某在爆炸中当场死亡。原因是因房屋被拆迁，钱某开始上访并被列为重点稳控对象，因多年上访没能达到其上访目的，钱某最终走上了报复社会的极端道路。事实上，钱某在实施爆炸行为之前的半年时间里，曾多次致电当地区长等官员，声称“拖不起了”、“别搞得大家都不好过”，暗示其将有极端行为。在出事前半个月里，钱某又多次在微博上发言，提醒人们“关注近日特大新闻”。当地政府早已将钱某作为重点维稳对象，却对他发出的危险信号视而不见，政府部门系统性的麻痹一直持续到危险的降临。“5・26”爆炸案暴露出当地政府掌控社会风险的能力不足，在处置一些群众矛盾时不及时，使风险可能性变成现实，最终导致社会公共秩序遭到破坏。

二　化解社会矛盾

有效化解社会矛盾是地方政府维护社会秩序的重要内容。当前，社会矛盾复杂多样，地方政府只有直面矛盾，及时化解，才能确保社会秩序和谐有序。随着民主政治建设的推进，公民的民主意识和权利意识的增强，一些传统的方法已难以满足现实的需要，因此政府在处理社会矛盾时应综合运用各类方法。以政府处置群体性事件为例：一方面，政府应始终坚持依法行政、依法处置，把握好处理矛盾的方式方法；坚持快速反应，及时处理；坚持慎用警力、慎用强制措施，防止警力和强制措施使用不当而激化矛盾。另一方面，应果断执法，控制矛盾激化。慎用警力并不等于不用警力，一个地方一旦出现社会秩序被严重破坏，并有爆恐行为发生时，如果不及时果断处置，就会失去最佳时机，导致事态蔓延升级。以某地汽车撞人事件为例：

> 2005 年 6 月 26 日下午，某地 4 名乘车者与行人刘某某相撞并发生争执，将刘某某殴打致伤。这本来是一件普通的汽车撞人纠纷，由于现场执法人员不果断，一味等待上级指示，事件升级后又缺乏有力措施和足够力量处置混乱局面，致使事件到当天晚上升级成为一起打、砸、抢、烧的群体性事件，造成多名武警和民警受伤，4 辆车被毁，一超市被抢。

事实说明，在紧急情况下，必须采取果断措施，否则就会因为处置不及时，使事件危害程度加剧。地方政府作为解决社会矛盾的前沿阵地，在处理社会矛盾的问题上要做到未雨绸缪，及早建立社会利益协调机制和社会风险评估机制，做到早发现、早报告、早控制、早解决，将矛盾控制在基层，化解在萌芽状态。

三 维护社会稳定

维护社会稳定是地方政府构建良好公共秩序的目标与方向。地方政府是维护社会稳定的核心力量，这是由地方政府的双重身份所决定的。一方面，地方政府人民性的本质特性决定其具有维护广大人民群众根本利益的职责，因而必须充当群众利益“维护者”的角色。另一方面，政府的层级性决定了地方政府必须受上级政府的领导，执行上级决策和维护上级的权威是其应尽职责，因而必须充当上级政府的“执行者”角色。这一双重身份从理论上来讲应该是一致的，但在实践中却常常不一致。如果地方政府“维护者”和“执行者”的角色发生冲突时，地方政府若能及时有效地化解冲突，社会底层的矛盾就不会继续扩张，社会的秩序就能得到有效维护，社会稳定就有了保障。当前，地方政府要实现维护社会稳定的目标：第一，应理性分析当前的社会矛盾，区分社会稳定问题与政治稳定问题，区分一般的社会矛盾问题和真正的社会稳定问题之不同。谨防目前出现的一种维稳扩大化的倾向：打着“稳定压倒一切”的旗号，将稳定与改革、稳定与发展、稳定与纠纷、稳定与诉讼等问题对立起来。很显然，滥用稳定压倒一切的弊远远大于利，它会使许多十分紧迫的改革工作进展缓慢，使得一些本应该正常开展的工作和应当建立的机制、应当公开的信息、应该及时解决的问题变成敏感区域，使得难以持续的刚性的不合理的社会结构日益固化。[①] 第二，换位思考，通过维权实现维稳。一些基层政府及其工作人员害怕群众维护权利的举动，在处理突发事件和群体性事件时动不动就把公安、武警推到一线，甚至将维权与维稳对立起来，以强硬的维稳举措实现刚性维稳。事实上，政府应该转换角色思考问题，只要老百姓的诉求是合理的，就应主动为老百姓服务，通过健全诉求表达、权益保护、民主监督机制等措施帮助老百姓实现其正当权益，从而逐步消除不稳定的因素，否则只会陷入“越维越不稳”的维稳怪圈。第三，地方政府还应加强社会稳定预警体系建设，相关部门按照职责进行分工，明确权

---

① 郭祎：《基层社会治理中的误区》，《改革内参》（综合版）2013 年第 34 期。

责关系，加强对社情、民情、舆情特别是网络的监控，建立部门与地方、部门与部门之间的协调联动机制，通过创新社会管理手段达到维护社会稳定的目标。

第二节　社会运行与民生保障责任

2012 年 11 月 15 日，习近平总书记在十八届中央政治局常委同中外记者见面会时强调：我们的人民热爱生活，期盼有更好的教育、更稳定的工作、更满意的收入、更可靠的社会保障、更高水平的医疗卫生服务、更舒适的居住条件、更优美的环境，期盼着孩子们能成长得更好、工作得更好、生活得更好。人民对美好生活的向往，就是我们的奋斗目标。

社会学家郑杭生教授指出："社会主义社会不是能够自然而然地良性运行的，而是可以在一定条件和机制下，陷入恶性运行的……因此，社会运行问题，关系到国家和社会的安危兴衰，关系到每个社会成员的前途和根本利益。"[①] 郑教授还将社会的运行状况分为良性、中性、恶性三种，他认为新中国成立以来在不同的时期社会运行呈现出不同状况（见表 4—1）。在如何使社会良性运行的问题上，美国社会学家帕森斯就认为，现代社会的各种政策、制度、规范和价值等，是一个相互联系、相互制约的完整系统，要建立一个良性运行的社会，就必须全面考虑在各种社会运行机制之间形成一种和谐的安排。[②] 诚然，促使社会良性运行不仅是地方政府社会治理的价值诉求，而且也是地方政府义不容辞的神圣职责，特别是当下的中国正值社会转型时期，如何更好地发挥政府职能作用，增加社会良性因素，减少社会恶性因素，促进社会良性发展，需要地方政府以更大的政治智慧综合考虑各种政策、制度和价值，提供优质的公共产品和公共服务，更好地实现政府民生性责任。

---

① 郑杭生：《社会运行论及其在中国的表现——中国特色社会学理论探索的梳理和回顾之一》，《广西民族学院学报》（哲学社会科学版）2003 年第 4 期。

② 万斌、董石桃：《社会良性运行的政治调节机制及其优化》，《浙江社会科学》2010 年第 1 期。

表 4—1　　新中国成立以来社会运行状况

时期 运行状况	1949— 1956 年	1956— 1959 年	1959— 1962 年	1962— 1966 年	1966— 1976 年	1976— 1978 年	1978 年 至今
良性运行	初步良性						良性因素增加
中性运行		中性运行		中性运行		转向运行	中性运行
恶性运行			局部恶性		全面恶性	摆脱恶性	

资料来源：郑杭生：《社会运行论及其在中国的表现——中国特色社会学理论探索的梳理和回顾之一》，《广西民族学院学报》（哲学社会科学版）2003 年第 4 期。

党的十八大报告明确提出，要解决好人民最关心最直接最现实的利益问题，在学有所教、劳有所得、病有所医、老有所养、住有所居上持续取得新进展，努力让人民过上更好的生活。不难看出报告所指出的是老百姓的切身利益问题，解决这些问题就成为地方政府实现其民生责任的具体体现，即谋民生之利，解民生之忧。正是在十八大精神的指引下，各地方政府都将民生问题纳入新一年的工作目标。例如，课题组在调查中得知湖北恩施自治州 2014 年将实施“十大民生工程”：（1）新建保障性住房 2.4 万套，改造农村危房 1 万户、特色民居 8000 户；（2）解决 30 万农村人口的饮水安全问题，实施 4 万户清洁能源入户工程；（3）实施农村公路畅通工程 1200 公里，配套实施农村公路安保工程 1500 公里；（4）以县市城区为主新建 8 所义务教育阶段学校；（5）建设标准化村卫生室 300 个；（6）新增城镇就业 3.6 万人，建设 40 个乡镇人力资源和社会保障标准化公共服务平台；（7）建成城市社区居家养老服务中心 24 个、农村老年人互助照料活动中心 24 个；（8）实施 88 个重点贫困村和 39 个重点老区村整村推进，完成扶贫搬迁 4000 户、1.6 万人，减少贫困人口 15 万人；（9）新建“放心粮油”配送中心 7 家、“放心粮油”连锁店 60 家，新建、改建村级综合服务社 500 家；（10）为经济困难群众和农民提供法律援助，办理法律援助案件 2200 件、其他法律援助事项 22000 件。从这十大民生工程的内容来看，不仅反映了地方政府对民生问题的重视，而且还紧密围绕农村老百姓的实际生活和现实需要，有针对性地解决老百姓的实际问题，充分说明地方政府已主动将民生问题与政府责任结合起来，通过实现政府责任来达到社会治理的目标。当下，地方政府的民生责任还应着重抓好以下工作。

一　着力解决就业之困

就业是民生之本、安国之策。实施积极有效的就业政策是地方政府解决民生问题的重要战略。改革开放以来，就业压力逐步增大，先是企业改制导致的下岗工人就业问题，随后是大中专毕业生的就业问题，现在是大学生、农民工及农村劳动力转移就业等混合型的就业问题同时出现，成为社会关注的焦点。当前，政府促进就业工作的责任重点在于：一是把扩大就业放在经济和社会发展的优先地位，实施更加积极的就业政策，坚持劳动者自主择业、市场调节就业、政府促进就业的指导方针；二是加强公共就业服务，建立健全就业服务体系，制定并实施公平就业的政策法规，以提高公共就业服务的质量和水平；三是推动城乡劳动力市场统筹发展；四是扩大技能培训范围，加大培训力度，努力提高劳动者素质；五是积极拓展就业渠道，比如多开发公益性岗位，提高岗位补贴和社会保险补贴标准，着力解决失业人员、返乡农民工、大中专毕业生、“零就业家庭”等特殊群体的就业问题等。上述就业治理责任一些地方政府已经做了很好的实践，漯河市政府的做法就具有一定的代表性（见以下案例）。

近年来，漯河市把援助困难群体作为就业工作的重点，认真履行政府促进就业责任，完善政策，开发岗位，帮助困难群体更好更快地就业。具体做法如下：

一是完善公共就业服务平台。从2014年起实施公共就业服务平台建设“二二四”工程，每年建成两个县级示范性平台，20个乡（镇）示范性平台（含产业集聚区内就业服务平台），400个村级示范性平台，力争在3年内将全市公共就业服务平台建成标准所（站）。推进公共就业创业服务信息化，打造“15分钟就业服务圈”，为就业困难人员提供政策咨询、职业介绍、事务代理等便捷有效的公共就业创业服务。继续开展好“就业援助月”、“春风行动”、“民营企业招聘周”等活动，帮助就业困难人员实现就业。

二是健全目标责任体系。把援助困难人员就业纳入各级党委、政府工作的重要议事日程，列入目标考核事项。劳动和社会保障、残联、工会、共青团、妇联、民政、税务、工商等职能部门，按照各自的职责，加强对就业困难人员就业优惠政策落实情况的监督，健全内部约束机制。

三是落实相关优惠政策。各级公共就业服务平台对就业困难人员提供就业信息，对无固定工作单位的就业困难人员提供档案托管、工资调整、社会保险关系接续、退休手续办理等相关服务；对符合条件自主创业的就业困难人员提供小额贷款，工商、税务等部门落实相关优惠政策；企业（单位）招用就业困难人员，与之签订劳动合同并缴纳社会保险费的，政府给予补贴。

四是实施劳动能力提升计划。搞好就业困难人员的登记统计，依托各类职业院校、技工学校、公办和民办培训机构，大力开展家政服务等适合市场需要的定向、定岗培训，提高其就业能力。对于下岗失业人员、残疾人等符合条件的困难人员，政府提供免费培训。

五是积极开展就业援助。积极开发公益性岗位，主要用于安置登记失业1年以上的“4555”人员（女性满45周岁以上，男性满55周岁以上），登记失业1年以上的零就业家庭、低保家庭、退役士兵、烈士家属、征地农民中的“4050”人员（女性满40周岁以上，男性满50周岁以上）。①

上述案例较好地展示了地方政府履行就业责任的积极行为。漯河市政府将困难群体的就业问题作为市政府的重要任务纳入工作规划，并明确相关职能部门的具体责任，从整体规划、服务平台建设、政策支持、能力培养与提升和就业援助等方面对困难群体的就业问题进行了设计与安排，让困难群体感受到党和政府的关怀，逐步获得生存发展的基本能力，通过自己的劳动体面地生活。漯河市政府通过多渠道的服务手段来实现其促进就业的治理责任，较好地阐释了政府为人民服务的根本宗旨，是当今责任政府、服务型政府建设的具体实践。

二 着力化解就医之急

习近平总书记指出，人民身体健康是全面建成小康社会的重要内涵，

① 《漯河市政府认真履行促就业责任 服务困难群体》，中国日报网（http://hen.chinadaily.com.cn/n/2014-07-16/NEWS35388.html）。

是每一个人成长和实现幸福生活的重要基础。要把维护人民健康权益放在重要位置，按照保基本、强基层、建机制的要求，统筹安排、突出重点、循序渐进，进一步深化医疗保障、医疗服务、公共卫生、药品供应、监督体制综合改革，着力解决人民群众看病难、看病贵，基本医疗卫生资源均衡配置等问题，实现人人享有基本医疗卫生服务项目。

医疗卫生事业直接关系到群众的健康与幸福，把医疗卫生事业发展规划融入经济和社会发展规划，为群众提供安全、方便、有效、廉价的医疗卫生服务，是政府社会治理义不容辞的民生责任，是政府保障和改善民生、解决当前就医难特别是广大农村看病难的重要战略举措。目前，由于我国还处于社会发展的初级阶段，存在医疗卫生资源总量不足、配置失衡、医疗费用上涨过快等问题，致使广大人民群众"看病难、看病贵"的问题仍旧十分突出。特别是我国的基层医疗卫生服务体系发展尚较滞后，各种疾病的防治、诊断以及康复等工作都由各级医院承担，城镇居民无论大小病都往大医院跑，造成医疗资源的过分集中和相对垄断的矛盾，为"看病难、看病贵"提供了条件。① 值得庆幸的是，中央政府已经看到了问题的关键，高度重视基层医疗卫生事业的发展。2014 年 6 月 3 日，国家卫生计生委联合国家发展改革委、教育部、财政部、国家中医药管理局 5 部委联合印发了《村卫生室管理办法（试行）》，重点对村卫生室的功能任务、机构设置与审批、人员配备与管理等进行了规范，村卫生室房屋建设规模不低于 60 平方米，服务人口多的应适当调增建筑面积，保障农村居民卫生服务利用的安全性、公平性和可及性。因此，地方政府在解决农村医疗卫生保障的问题上，首要的职责是抓住国家改革的机遇，加快县级医院、中心乡镇卫生院、村卫生室建设，使各层级的医疗服务机构协调发展，突出抓好村卫生室建设，建立健全基层医疗卫生服务体系。在我国，村卫生室承担着向农村居民提供基本医疗和基本改革卫生服务的任务，特别是在农村防病治病中发挥着重要作用。据统计，2013 年全国有村卫生室 64. 86 万所，村卫生室诊疗人次为 20. 12 亿，占全国总诊疗人次的 27. 51%；在此基础上，村卫生室还承担着 40% 左右的基本公共卫生服务任务。由此可见，村卫生室的服务水平和能力直接关系

---

① 夏挺松等：《我国"看病难、看病贵"问题的成因及对策分析》，《中国社会医学杂志》2011 年第 3 期。

到农村基层居民的健康和生活质量问题。同时，应努力提高医疗质量，优化服务流程，强化便民措施，改善就医环境。还有，要建立严格有效的医药卫生监督机制，规范服务行为，为群众提供安全、有效、方便、廉价的医疗卫生服务。

三 着力解决上学之难

邓小平同志指出："我们最近十年的发展是很好的。我们最大的失误是在教育方面，思想政治工作薄弱了，教育发展不够。"[①] 习近平总书记指出，要努力办好让人民满意的教育。要坚持立德树人，培养造就中国特色社会主义事业建设者和接班人。

教育是民生之基，是社会和谐的重要基石。当前，解决上学难的问题是地方政府应尽的责任，地方政府要重点解决好群众反应强烈的"入园难"、"入园贵"、进城务工人员子女在输入地"上学难"、教育资源配置不合理、城乡义务教育发展不均衡等问题。目前应从以下几个方面努力：一是积极发展学前教育，努力提高农村学前教育普及程度。比如西部地区特别是民族地区基本实现每个乡镇有一所优质幼儿园，农村学前一年教育入学率达到85%以上。二是均衡发展义务教育。科学规划、合理调整城乡中小学布局，优化教育资源配置，着力解决城镇中小学"超级大班"和农村中小学"上学远"的问题，促进义务教育均衡发展。三是突破性发展高中阶段教育和职业教育。农村特别是西部民族地区各县市的高中数量和教学质量很不平衡，高中学校数量不足，县市职业技术学校发展缓慢。地方政府应结合地方实际合理布局中学数量，提升教学质量，消除因教学质量差、师资不足等问题导致的家长心理担忧，创造条件鼓励学生就近入学。加强职业教育基础能力建设，改善县级职教中心和示范性中等职业学校办学条件，提升职业学校技能型人才培养能力和水平，实现职业教育和普通高中教育协调发展。四是支持和促进高等教育的发展。一些高校建立在地市州及民族地区，地方政府应从战略的高度为地方高校的发展提供支持，帮助高校创造良好的外部环境，主动与高校联合办学，争取在人才培养、科学研究、技术开发等方面实现良性互动。

---

① 《邓小平文选》第3卷，人民出版社1993年版，第290页。

四　着力解决后顾之忧

习近平总书记指出，政府保障和改善民生，主要是发挥好保基本、兜底线的作用。也就是说，要在义务教育、医疗、养老等方面提供基本保障，满足人们基本的生存和发展需要；同时，要对特殊困难人群进行特殊扶持和救助，守住他们生活的底线。

加快社会保障体系建设是构建和谐社会的重要保障。社会保障作为一项基本制度安排，是社会的安全网。虽然国家已经建立了诸如养老保险、失业保险、医疗保险、最低生活保障等制度，但总体上来讲社会保障还存在覆盖面不广、保障水平不高、制度不健全等问题，要解决老百姓的后顾之忧任重道远。比如人口老年化形势严峻：据统计，到 2012 年年底，我国老年人口数量达到了 1.94 亿，占总人口的比重为 14.3%，2013 年超过了 2 亿人。不仅老年人口基数大，而且人口老年化的速度很快，年均增长 3%，远远高出总人口 1.68% 的年均增长速度。同国外比较，65 岁以上的老人从 7% 增长到 14% 所需的时间，法国为 115 年，瑞典为 85 年，美国为 66 年，英国为 45 年，日本为 25 年，我国预计只需 24 年。除此之外，需要特别照顾的群体结构也十分复杂，“失能、高龄、三无、空巢”四类人群绝对量和比重都很高。农村留守老人约有五千多万，完全失能老人占老年人的比例达 6.9%，远高于城市的比重。可见，应对人口老年化是一项复杂的系统工程，是一个需要家庭、政府、市场、社区以及个人共同努力方能得以解决的综合性问题。①

当前，地方政府要着力解决老百姓的后顾之忧，就必须担当应尽的民生性责任，从以下几个方面给予突破：一是根据创新社会管理的新要求，按照广覆盖、保基本、多层次、可持续的方针，进一步完善社会保障制度，认真贯彻落实《社会保险法》，实现城乡统筹和应保尽保。二是进一步完善社会救助制度体系，健全城乡低保制度。地方政府要深入研究新型城镇居民社会养老问题，及时出台城镇居民社会养老保险办法，搞好新农保试点工作，提升农村敬老院管理水平，解决城乡居民养老之忧。三是全力推进保障性安居工程，加快解决中低等收入家庭住房困难问题。不断完善经济适用房、廉租房、公共租赁住房等保障性住房建设的一系列政策措

---

①　辜胜阻：《应对老年化急需完善多层次养老体系》，《改革内参》（综合版）2013 年第 44 期。

施，解决人们的住房之忧。四是努力维护市场物价稳定。政府应保障主要农产品、基本生活必需品、重要生产资料的生产和供应，把“米袋子”、“菜篮子”工程做强做实做放心。加强产品的安全和价格监管，绝不能让物价上涨影响到低收入群体的正常生活，让人民群众共享改革发展的成果。

五　着力培育社区发展

习近平总书记指出，社会治理的重心必须落实到城乡社区，社区服务和管理能力越强，社会治理的基础就越实。要尽可能把资源、服务、管理放到基层，使基层有职有权有物，更好为群众提供精准有效的服务和管理。

要实现社会良性运行单靠政府的力量还远远不够，还应该加强和完善社区建设，充分发挥社区的自我教育、自我管理与自我服务的职能，最大限度地实现政府与社区的良性互动、职能互补，从而确保社会秩序的良性运行。社会主义市场经济的建立，社会成员逐步从“单位人”过渡到“社会人”，加之城市化进程的快速推进，大量农村人口进城务工，城市人口在短时期内数量骤增、结构改变，呈现出复杂多变的局面。“由于大量人口的迁移，人们对邻里的状况知之甚少或一无所知。过去人们的身份认同通常融于他们所生活的环境，基于彼此之间真正的认识，但现在人们消失在无名的社会大众之中，熟悉的面孔由大量陌生的面孔所取代。”①原有的组织管理结构被打破，需要有新的组织载体重新对“社会人”进行组织与管理，而这个新的载体就是社区。正值社会转型期的中国，改革政府已成为新一届领导集体铿锵的誓言。李克强总理在回答新加坡《联合早报》记者时表示：“这次改革的核心是转变政府职能，厘清和理顺政府与市场、与社会之间的关系，说白了，就是市场能办的，多放给市场；社会可以做好的，就交给社会；政府管住、管好它应该管的事。”建设有限政府，权力必须从众多领域中退出来，还权于社会、还权于企业、还权于公民。一旦政府从社会相关领域中退出以后，社区就越来越成为人们生活的主要空间和情感的皈依，成为对居民社会整合和社会管理的新载体，人们的多元化需求可以在社区得到满足。然而，大多数地方的社区建设滞

---

① ［英］理查德·威尔森金、凯特·皮尔特：《不平等的痛苦——收入分配如何导致社会问题》，安鹏译，新华出版社 2010 年版，第 44 页。

后，服务水平较低，社区职能不能有效发挥。因此，如何建设社区、促进社区健康运行与发展应成为地方政府社会建设与管理的重要责任。

当前，地方政府加强和培育社区发展的责任主要体现在四个方面：一是做好辖区内的社区建设规划。社区建设是一项系统工程，应着力促进社区经济、政治、文化、教育、医疗卫生、环境、社会治安等方面协调发展，将社区建设规划纳入当地经济社会发展的总体规划。二是培育社区组织。社区组织建设是社区正常运行的保障，重点加强社区党组织、社区自治组织和社区中介组织的培育和引导，充分发挥各组织的职能优势，更好地满足社区居民的需要。三是引导社区文化建设。以文化建设凝聚人心，增强社区认同感与归属感。四是完善社区公共服务。社区服务内容甚多，如就业、市场、救助、慈善、法律援助、体育等，政府既要给予一定的资金与技术支持，又要调动社区组织和居民自觉参与社区公共服务的积极性，促使人们之间形成互信、互助、共享、和谐的社会氛围。

第三节 社会平安与安全监管责任

习近平总书记指出："平安是老百姓解决温饱后的第一需要，是极重要的民生，也是最基本的发展环境。"自古以来，人民将"安居乐业"作为理想生活的状态去追求，把"平平安安"作为幸福生活的目标去期盼，而这一切都离不开公共安全作保障。特别是新时期构建和谐社会、建成小康社会目标的确立，更离不开社会公共安全的保障作用。可以说，和平年代社会公共安全就是最大的民生工程，决定和影响着其他民生工程的发展水平。正是从这个意义上来讲，公共安全问题意义重大。然而，我们改革开放取得伟大成就的同时，不能回避当前发展过程中一些领域中比较严峻的公共安全问题：以采煤采矿为代表的矿难事故时有发生、以假药添加剂为代表的食品药品安全事故层出不穷、道路交通事故不时发生，如此等等。原本宁静的社会由此变得让人不敢放心，诸多安全问题使人们对"安全"产生"焦虑"。"安全感"缺失降低了人们的生活质量，也在拷问地方政府执政的能力和水平。毋庸置疑，政府作为公共安全最大的责任主体，维护社会公共安全是政府不可推卸的责任和义务。因此，在加强和创新社会治理的过程中，强化政府安全监管的责任是确保社会公共安全和促进社会和谐发展的重要举措。根据当前影响社会公共安全的主要因素，地方政府应重点加强生产安全的监管、食品药品安全监管、道路交通安全监管和校园安全监管。

一 生产安全的监督与管理

2013 年 11 月 24 日，习近平总书记在青岛黄岛经济开发区考察输油管线泄漏引发爆燃事故抢险工作时强调："安全生产必须警钟长鸣、常抓不懈，丝毫放松不得，否则就会给国家和人民带来不可挽回的损失。必须建立健全安全生产责任体系，强化企业主体责任，深化安全生产大检查，认真吸取教训，注重举一反三，全面加强安全生产工作。"

生产安全主要包括市场主体在重大工程、大型项目、开矿采矿、大型企业等领域生产作业过程中工人、财产及社会环境的安全保障问题。社会平安是主要的民生问题，也是最根本的发展环境。要以人民群众"安居乐业"为着眼点，以人民群众的安全感、幸福感和满意度为标准，加强公共安全体系建设，夯实社会管理基础。十八大报告指出："强化公共安全体系和企业安全生产基础建设，遏制重特大安全事故发生"，为加强和创新社会管理提出了明确的要求。全国人大常委会委员长张德江在全国安全生产电视电话会上强调，坚持依法治理，夯实安全基础，遏制重特大事故，减少事故总量，为全面建成小康社会创造良好的安全生产环境。近年来，各地各部门在安全生产的防范与管理方面做了很多有益的探索，使安全生产形势持续稳定好转。但也有国家的一些政策、法规仍然没有在基层单位和企业得到全面落实，致使安全领域事故依然频发，事故次数和死亡人数仍处于高位，安全生产形势依然面临着严峻的挑战。究其原因，除了企业等市场主体的原因外，政府作为公共安全监管的最大主体，其管理水平低下和监管责任缺失依然是导致安全形势严峻的重要原因。

当前，要创造良好的社会安全生产环境，落实政府的相关责任尤为关键。具体要求包括：一是高度重视，重新审视当前各类安全生产工作出现的新规律、面临的新形势，跳出传统对待安全问题的思维模式和思维定式，探索新的管理方法。二是重新界定并落实安全生产责任，厘清政府监管责任、企业主体责任、属地管理责任等内容，对监管单位和人员的责、权、利及具体行为作出明确的规定，做到事责明确，权责统一。三是突出重点，加强监督。政府应对重点行业领域的安全防范问题进行隐患排查和治理，严格查处并严肃追究事故责任，及时、准确向社会公布事故信息和调查处理情况，主动接受群众和舆论监督。四是构建安全防范体系。政府及部门要建立具有约束力和实效性的监管机构，及时预测和掌控风险，强化避险防灾，强化隐患治理，把各种风险隐患排除在危险初期。五是要切实转变政府工作作风。地方政府应务实求进，避免空谈，大兴务实之风，深入基层、深入现场、深入群众，把各项工作措施落到实处。只有这样，地方政府的安全监管责任才会取得实效。

二　食品药品安全监督与管理

李克强总理在2013年“两会”闭幕后答中外记者问时表示：“至于食品安全，那可以说是天大的事，直接关系到人们的生活质量和身体健康。政府应该对假冒伪劣和黑心食品坚决进行查处，并且让不法分子付出昂贵的代价。”

由此可见，国家领导人对食品安全高度重视。然而，现实中食品安全问题还比较严重，特别是食品安全方面的犯罪行为依然呈现出上升态势：资料显示，2008年全国法院共审理结案生产、销售不符合卫生标准的食品案件和生产、销售有毒、有害食品案件84件，2009年共审结此类案件148件，2010年共审结此类案件119件，2011年审结此类案件333件，2012年审结此类案件1081件，比前一年增长了748件。食品安全犯罪从相对数量上看似乎不多，但每一起食品安全犯罪案件都会有众多的受害者。[①] 食品安全问题的严重性已经成为全国人民代表大会上的重要议题。

> 2013年3月6日上午，全国人大浙江代表团进行小组讨论时，全国人大代表、海宁市华丰村书记朱张金打开包，拿出了一袋花生。他数了10颗，扔进会场的玻璃杯里，用冷水一冲，短短几秒钟，整杯水都变成了黑色。朱张金说，这就是一些酒店宾馆里，售价高达160元一斤的所谓健康黑皮花生。满座哗然。这位人大代表在全国两会期间，带过来的有毒有害食品种类多达300件，浸泡出黑水的有毒花生不过是其中一种，可以让鸡天天生蛋且鸡蛋会“变黄”的鸡蛋精同样令人触目惊心。代表们来自基层，然而，一名普通的村民代表

---

① 陆来浩、郑洪广：《中国食品安全犯罪的现状及防控对策》，《改革内参》（综合版）2013年第44期。

能够如此轻易并极为详尽地了解到掌握到如此多的“有毒有害食品”线索，足以说明当前国内食品安全问题的严重程度。①

2013年两会前的一份调查数据显示，96%的网民对现在的食品安全不放心。近年来，假酒、假烟、毒大米、三聚氰胺奶粉、注水肉、地沟油、黑心棉、速成鸡、红心鸭蛋、塑化剂白酒、毒水浸泡豆芽、福尔马林泡毛肚等食品安全问题引起了人们的广泛焦虑。人们不禁要问：我们还能吃什么？谁来保护我们的食品安全与利益？市场经济存在失灵问题，难道政府也跟着失灵了？上述人大代表在两会期间“演示”有毒花生食品，让社会和公众看到的是一位普通公民代表发自内心的“焦灼”与责任，希望通过这种“演示”来触动和催促相关部门履行好食品安全监管责任。纵观政府监督责任的形式，地方政府在产品及食品药品安全方面的监管呈现出两种模式：一种是对某一突出问题进行集中性公共行动的运动化的监管模式；另一种是按照政府职能分工持续、规范进行的常态化的监管模式。运动化的监管模式短期内效果明显，但不可持久，容易造成职能错位；常态化的监管模式相对规范，具有持续性，但效果不稳定。可见，两种监管模式各有利弊（见表4—2）。

表4—2　运动化监管模式和常态化监管模式比较

内容 类别	运动化监管模式	常态化监管模式
特点	临时性、主观性、治标性	规范性、科学性、治本性
优势	效果立竿见影、能应对突发事件、能化解舆论压力，赢得公众支持	对市场的长效监管、拓展市场监管的覆盖面、维护公平竞争的市场秩序
弊端和问题	易导致市场监管职能的错位、缺位和越位，市场监管的效果欠佳、效果难以持久	观念上存在冲突、管理体制存在障碍、机制还需完善

资料来源：陈奇星、陈尤文：《公共管理案例分析》，上海人民出版社2009年版，第188页。

当前社会食品安全问题呈高发态势，政府安全监管责任的缺失是重要

① 毕晓哲：《人大代表演示有毒食品的“分量”》，《新文化报》2013年3月8日第7版。

原因。中国人民大学副教授王贵松指出，食品药品安全问题频发的原因，首先是市场行为的扭曲，企业在追求自身利益最大化的同时往往忽视社会责任；其次是政府监管乏力和腐败行为助推所致，而市场的扭曲部分也缘于政府对市场的过度干预，即政府职能要么“缺位”，要么“错位”。有些食品安全不知道是哪个部门监管，政策文件上仿佛哪个部门都能管，结果是哪个部门都不管。比如在“瘦肉精”事件中，一头猪从养殖到摆上百姓餐桌，应该经过动检、质检、卫生、工商等八大关口，但“瘦肉精”依然如故。因此，要扭转目前严峻的食品药品安全形势，改革政府，强化政府职能尤为关键。政府作为最大最核心的公共监管主体，必须切实履行作为公共组织的监管职责，将所缺之位补上，切实做到“权为民所用、情为民所系、利为民所谋”。当前作为监管主体的地方政府应该主动担当起三个方面的责任：一是把好市场主体准入关。政府应对各类企业进入市场进行资格审查，只有符合条件的企业才能够进入市场，对达不到要求和缺乏资质的企业坚决禁止进入市场。二是把好市场主体生产关。政府要严密监管进入市场中的企业的生产过程和行为，强化过程监督，但种种迹象表明政府在这方面的监督往往流于形式。三是把好产品市场流通关。产品进入市场覆盖面广，地方政府的监管几乎处于被动局面，主动监管的少，常常是出了重大问题或得到公众举报后才会有的放矢地去检查和处理问题，抑或每年的“3·15”国际消费者权益日前后揭露一些问题。因此，要发挥政府监管作用，落实政府责任，就必须将事前、事中、事后监督相结合，不能给相关企业留下造假的空间。只有这样，政府的监管责任才能有效发挥，政府“以人为本”的执政理念才能得到彰显，政府“有权必有责，用权受监督”的权责关系才能统一。

三　交通运输安全监督与管理

保障道路交通运输方面的安全是政府重要的公共责任。随着市场经济的快速发展，我国交通运输事业在取得大发展的同时，严重的交通运输安全问题也相伴而生。根据公安部交通管理局历年通报的数据，交通事故从2001年的75.5万起下降到了2012年的20.4万起，死亡人数也从2001年的10.6万人下降到了2011年的6.2万人，中国道路安全形势总体来看逐年好转，这可从2001—2011年10年中交通事故中的死亡人数反映出来（见图4—1）：

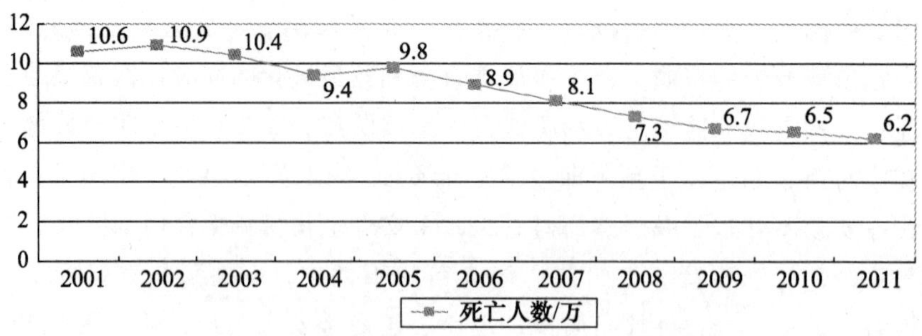

图 4—1 2001—2011 年交通事故死亡人数统计

近年来我国交通事故总数呈下降趋势，这是十分令人欣慰的。但是，我国仍面临着交通安全总体水平与发达国家差距明显，道路交通事故死亡人数总量仍然很大，交通流量高位增长，高速公路事故逐年增多，农村交通安全隐患突出等问题。道路交通安全问题威胁到广大人民的人身和财产安全，损害了广大人民的切身利益，加剧了构建和谐社会和全面建成小康社会的艰巨性。究其原因，既有驾驶员问题，又有安全教育问题；既有道路设施问题，又有监督与管理问题等，这其中监督与管理问题还渗透于其他问题当中，具有全局性和系统性。以我国道路交通安全的监督与管理为例：我国道路交通安全监督与管理职责分散于多个部门。其中，公安部门担负道路安全立法、维护交通秩序、处理交通事故及安全宣传教育等职责；交通部门担负道路发展规划、科研设计、建设养护、路政及制定相应标准法规等职责，负责标志、标线等安全设施的设置和监督管理；国家安全生产监督管理部门负责宏观安全监管工作；城建管理部门则参与城区道路发展规划、科研设计、建设养护城市公共交通及制定相应标准法规等工作。以上的监督与管理体系表面上看甚为完善，可就是难以遏制交通安全事故频发，主要原因在于各部门协调配合难以有效进行，看似都完成了本部门的相关责任却也只是各自为政，导致整体效果不佳。

因此，政府及其相关部门应重新审视当前交通安全事故频发的原因，结合社会发展的现实及趋势，合理划分并确定相关部门的责权关系，切实做到权责统一，增强政府维护交通安全的监管能力。具体措施如下：一是加强对人的监管。主要对象是驾驶员。有交通事故统计资料表明，50% 以上的事故同驾驶员行为有关。[①] 严把驾照考试关，增加考试科目与难度，杜绝考试环节中的腐败行为。同时，加强对驾驶员的教育培训，提高其职业道德和技术水平。二是加强对道路等基础设施的监管。检查规划是否合理、投入是否到位、道路是否合格、安全防护设施和安全标示是否齐备等。比如湖北巴东野三关投资302万元筑牢乡村公路屏障就是基层政府加强道路安全设施的具体实践。三是加强对车辆、船舶的监管。对厂商生产的车辆、船舶要坚持标准，严把质量关，防止技术不过关、性能不优的产品进入市场。严格执行车辆年检制度、维修制度和报废制度，定期检查车辆性能，对不合格的车辆强制维修，对达到年限的车辆及时报废。四是加强对职能部门的监管。检查相关职能部门是否严格执法、是否公平执法、是否协同监管，对违规违章行为要依法处理，特别是对政府、执法部门的违规车辆及人员不搞特殊化，职能部门实行联动，形成监管合力。例如，江苏南通私人摆渡无人管，存在严重安全隐患，显示了政府职能部门的管理责任缺位。

事例一：2014年1月，湖北巴东县野三关镇平坦村村民在镇交通办工作人员指导下，在乡村主公路两边设立安全标志牌。野三关镇以筑牢乡村公路安全屏障，保障群众出行安全为目标，多方筹集资金，加强对辖区内急弯路段、长陡下坡路段、悬岩、悬坎路段的安保设施建设力度，使全镇乡村公路安全系数得到进一步提升，安全保障进一步加强。据了解，自2013年以来，野三关镇共投资302万元，完成乡村公路保安设施135公里，修筑防撞墙1050米，警示墩2500个，建钢护栏5100米，设立安全标示牌120块。[②] 这些措施的实施，较好地改善了该镇的交通环境。

事例二：2013年3月，据中国之声《央广新闻》报道，长江江苏南通九圩港段，当地数十条没有合法证件、设施简陋的私人渡船（有人形象地称为“水上黑的”）在长江主航道上自由航行，通过“摆渡”私自从事客运业务，在整个摆渡过程中私人小渡船都颠簸得

---

① 胡晓娟、胡毅夫：《国内道路交通安全现状、原因及防治对策》，《工业安全与环保》2009年第10期。

② 《野三关投资302万元筑牢乡村公路屏障》，《恩施日报》2014年1月6日第3版。

非常厉害，上演着一幕幕“惊魂时刻”，危险性大。按照法律规定，一般的私人渡船不允许拉人载客从事运营活动。那么，私人摆渡现象为何长期没有政府监管？这才是问题的关键。

四 校园安全监督与管理

党的十八大报告明确指出，教育是重要的“民生问题”，要“努力办人民满意的教育”。校园安全作为公共安全的一部分，具有特殊性和重要性，无疑也是民生需要，是民生问题。曾几何时，校园是人们心中的安全之所。但随着社会发展的失衡和社会阶层的分化，社会矛盾开始显露，特别是一部分在社会转型过程中利益受损的人群，心理严重失衡，甚至产生了报复社会的心理。一些具有报复心的人找不到有效的发泄对象，竟然选择学校（尤其是中小学生）作为报复对象，一些校园惨案就是在这样的背景下产生的。除此之外，校园的食品安全、交通安全、设施安全等事件也屡屡发生，致使校园安全问题演化为当前一个备受关注的热点问题。表4—3是笔者根据相关新闻资料整理的关于校园安全事故的例子：

表4—3　　2008—2014年校园安全事故情况统计表

时　间	地　点	事故类型	死亡人数	受伤人数	中毒人数
2014年9月26日	昆明市明通小学	踩踏事故	6	26	
2014年9月1日	湖北郧西东方小学	持刀伤人	4	5	
2013年4月4日	四川资阳迎接镇小学	食物中毒			203
2012年12月14日	河南信阳光山	持刀砍伤		23	
2010年3月23日	福建南平小学	恶性伤害	8	5	
2009年11月14日	山西沁源二中学	交通事故	21	18	
2009年12月7日	湖南湘乡市育才中学	踩踏事故	8	26	
2008年11月14日	上海商学院	火灾	4		

可以说，目前校园安全问题十分严峻，涉及食物中毒、人身伤害、交通事故、校园暴力、踩踏、火灾等类型，涉及学校工作的方方面面，成了全社会共同关注的社会问题。校园安全问题是一个沉重的话题，因为校园内（特别是中小学）的学生都是未成年人，是祖国的花朵，是祖国的未来，他们的基本安全问题都不能保证，和谐社会、小康社会目标又怎能实

现呢？频频发生的校园安全事故不得不让人们反思与之相关的原因。具体包括：一是政府近年来对校园的安全保障措施不力，有的地方投入不足，人员和设施不到位。二是学校对安全工作重视不足，只管教学，安全及后勤保障跟不上。三是一些具有报复心态的人铤而走险祸害校园。四是学生及家长安全意识淡薄，比如一些交通事故的发生就是因学生乘坐“三无”车辆、超载、人货混装等造成的。

当前，首要的任务是如何将校园安全事故减少到最低限度。首先，强化地方政府责任。树立校园安全是政府责任的观念。政府应加大投入，确保学校特别是农村中小学安保人员及经费到位，消防设施齐全，教学设施完善，着力解决资源严重不足的现状。同时，政府应定期进行安全检查，及时排查安全隐患。将学校安全纳入地方政府政绩考核体系。其次，加大安全宣传教育力度，在全社会形成重视安全、预防安全、遵守安全规章、抵制违法行为的良好安全文化氛围。再次，强化学校安全责任，提高学校的管理能力。学校必须将校园安全作为学校工作的重要内容落到实处，做到措施到位、经费到位、人员到位、责任到位。最后，加强学生及家长的安全教育，提高学生及家长的安全意识。总之，学校安全是一个综合性的问题，单靠某一方面的力量难以完成如此重大的责任。鉴于当前的社会现实，应该加强沟通与协调，建立由政府、学校、家长、社会组成的“四位一体”的校园安全保障体系，即政府主导、学校负责、家长参与、社会协同的管理模式，全方位多渠道地维护校园的安全与稳定。

第四节　环境保护与生态责任

2013 年 5 月 24 日，习近平总书记在中共中央政治局大力推进生态文明建设第六次集体学习时强调：“决不以牺牲环境为代价去换取一时的经济增长。要以对人民群众、对子孙后代高度负责的态度和责任，真正下决心把环境污染治理好、把生态环境建设好，努力走向社会主义生态文明新时代，为人民创造良好生产生活环境。”

温家宝在最后一次《政府工作报告》中恳切陈词：“下决心解决好关系群众切身利益的大气、水、土壤等突出环境污染问题，改善环境质量，维护人民健康，用实际行动让人民看到希望。”这无疑是对政府环境保护的生态责任提出了新的更高的要求和目标。近年来，从北京开始的“雾霾”天气很快扩散到全国众多省份，许多地方愈演愈烈，大有挥之不去之势，致使新任国务院总理李克强坦言：“我和大家一样，心情都很沉重。”重重的“雾霾”，使人们深入思考经济发展与生态环境保护的关系问题。全国人大代表钟南山在2013年“两会”期间表示：“雾霾比SARS更可怕，雾霾污染会对人体呼吸系统、脑神经系统、心血管系统等产生威胁，特别是会导致肺癌。”政府作为保护生态环境的最大责任主体，“雾霾”问题凸显了政府生态责任的严重缺失。当下，重视政府生态责任并将其作为政府责任新增加的责任元素，已成为世界各国的共识。一方面，发达国家为了解决资源匮乏问题已将环境保护提上议事日程；另一方面，发展中国家在经历了经济优先发展之路后，面对随之而来的诸多生态灾难也不得不把生态责任纳入政府的考核范围。那么，究竟什么是政府的生态责任？学者们从不同的重点给予了解释：黄爱宝教授认为，政府生态责任是指在民主和服务价值理念的指导下，以追求和实现自然生态平衡和稳定或人与自然的自然性和谐作为价值目标，在特定的生态责任制度安排中，与特定机构和职位相联系的义务与职责。① 邓贤明教授认为，从广义上来说，政府生态责任的内涵包括政府对自然的生态责任、政府对市场的生态责任、政府对公众的生态责任、政府对自身的生态责任四个基本层面。②而从狭义上来说，政府生态责任主要集中体现在对自然的生态责任这一层面，其基本内涵包括政府的生态管理责任、生态服务责任、生态协调和生态治理四个方面。③ 无论学者们从什么角度来分析，他们的研究都对人们重视生态责任发挥了促进作用，特别是对政府明确提出生态责任，说明政府责任包含了更多的对自然、民众、对社会负责的内容，是人类社会的一大进步。当前，面对日趋严重的生态环境问题，要践行政府的生态责任，不仅需要科学的顶层设计，更需要明确的责任内容和制度要求。保护以生态环境为主的生态资源、规范以企业为主的生态行为、塑造人与自然和谐相处的生态理念应该成为地方政府生态责任的重点。

一 保护生态资源

保护山、水、林、空气、矿产、土地等自然资源已成为政府履行生态

---

① 黄爱宝：《责任政府构建与政府生态责任》，《理论探讨》2007年第6期。

② 谢菊：《论政府生态责任》，《北京行政学院学报》2007年第4期。

③ 邓贤明：《责任政府视域下政府生态责任探析》，《前沿》2011年第7期。

责任的首要任务。因为环境污染、生态破坏、资源耗竭已成为影响社会和谐稳定和可持续发展的重要因素。2008 年中国环境公报显示：全国地表水污染严重，长江、黄河、珠江、松花江、淮河、海河和辽河七大水系水质总体为中度污染。被监测的 477 个城市（县）中，出现酸雨的城市有 252 个，占 52.8%；519 个城市中有 30% 的城市空气质量为三级及以下标准；耕地面积减少了 24.89 万公顷，现有水土流失面积为 356.92 万平方千米，占国土总面积的 37.2%。[①] 严峻的现实告诉人们，再不能走以牺牲环境为代价来换取短期经济总量增长的所谓发展之路，必须走可持续的发展之路，保护生态环境和资源，为子孙后代留下生存的资源。从人性的角度来讲，保护生态环境和资源就是积德；从政府的职能来看，就是责任，对历史负责，对子孙后代负责。当然，环境问题的产生有着复杂的原因，也是发展过程中产生的问题，治理环境同样需要一个长期的过程。但是我们不能等风盼雨，还是要主动出击，全社会、政府、企业、社会成员，大家一起努力，持续不懈地奋斗，才能把生态资源保护好，把环境保护的责任落到实处，把良好生态环境作为优良的公共产品提供给公民和社会。

二　规范生态行为

李克强总理在 2014 年“两会”期间针对环境问题指出，对包括雾霾在内的污染宣战，就要铁腕治污加铁规治污，对那些违法偷排、伤天害人的行为，政府绝不手软，要坚决予以惩处。对那些熟视无睹、监管不到位的监管者要严肃追查责任。

在社会转型发展过程中，生态行为失范的情形时有发生，一个重要的原因是政府对市场的监管职能缺失，导致一些企业或市场主体只顾自身利益而忽略公共利益。以生态环境的保护为例，由于生态环境具有公共产品的属性，保护生态环境所带来的正效益企业不能有效受益，因而企业等市场主体不愿主动作为；相反，企业生产过程中导致的环境污染等问题难以准确界定和评估，致使相关市场主体逃避责任，从而助长了破坏生态环境行为的蔓延。另外，一些地方政府官员为了片面追求经济发展速度，忽视了生态环境的保护，有时甚至以牺牲环境为代价来换取眼前的“政绩”，这就使原本生态责任不明确的政府更加忽略对生态行为的监管。政府对生

---

① 《2008 年中国环境状况公报》。

态问题的处理属于消极被动的应付，哪里出了问题，就到哪里去处理，没有一个全局性的考虑。因此，要规范社会主体的生态行为应从市场和政府两个维度来进行，才能确保政府职能的有效发挥和政府与市场相关主体行为的协调推进。2014年7月11日，李克强在“生态文明贵阳国际论坛”大会上演讲时指出，中国把生态文明建设放在国家现代化建设更加突出的位置，坚持在发展中保护、在保护中发展，健全生态文明体制机制，下大力气防治空气雾霾和水、土壤污染，推进能源资源生产和消费方式变革，继续实施重大生态工程，把良好生态环境作为公共产品向全民提供，努力建设一个生态文明的现代化中国。可以说，中央政府的坚定决心和正确指引，成为地方政府肩负生态责任、规范生态行为的强劲动力，成为地方政府在社会治理当中应当遵循的重要原则。

三 塑造生态理念

2013年9月7日，习近平总书记在哈萨克斯坦纳扎尔巴耶夫大学演讲时指出：“我们既要绿水青山，也要金山银山。宁要绿水青山，不要金山银山，而且绿水青山就是金山银山。”习近平总书记还指出：“良好生态环境是最公平的公共产品，是最普惠的民生福祉。”

十八大报告把“建设美丽中国”作为党和政府的重要责任，这一执政方向无疑给人民带来了清新的感觉和美好的向往。“美丽中国”包含着丰富的内涵，但有一点可以肯定，自然环境和生态的美丽必定是第一位的，因为这是建设美丽中国的物质基础和展现载体。因此，生态文明时代塑造生态理念应成为政府生态责任的重要责任。正如李克强总理所说：“绿水青山贫穷落后不行，但殷实富裕环境恶化也不行。我们需要进一步创新发展理念，推动科学发展……我们不能以牺牲环境来换取人民并不满意的增长。①”鉴于地方政府目前在生态建设与管理方面存在的诸多问题，塑造生态理念的内容应包括重视生态环境、保护自然资源、发展生态文明、实现人与自然的和谐发展等方面，并将这些理念贯穿于政府的公共政策当中。与此相对应的，就是要树立转变经济增长模式和发展循环经济的观念，从“高投入”、“高消耗”、“高增长”的粗放型经济增长模式向

---

① 张广昭、陈振凯：《高房价正在吞噬中国中产阶层“中国梦”》，《人民日报》2013年3月21日第7版。

“低消耗”、“低排放”、“高效率”的循环型经济增长方式转变。循环经济是一种以资源“高效利用”和“循环利用”为标志，以“减量化”、“再利用”、“资源化”为原则，符合可持续发展理念的经济发展模式，是对“大量生产”、“大量消费”、“大量废弃”的传统经济发展模式的根本变革。国外经验表明，按照循环经济理念和生态工业模式，运用系统工程的方法，积极探索“资源产品—再生资源—再生产品”的循环经济发展模式，能最大限度地减少初次资源的开采，最大限度地降低资源消耗，最大可能地利用可再生资源实现经济的循环发展。① 可以说，按照循环经济的理念不仅解决了可持续发展的问题，而且有效地保护了自然资源和生态环境，为人与自然的和谐发展奠定了坚实的物质基础。

第五节　基础保障与经济发展责任

习近平总书记指出，要正确认识和处理经济发展和民生改善的关系，实现两者的良性循环。一方面，经济发展是前提，离开经济发展谈改善民生是无源之水、无本之木；另一方面，民生改善既能有效调动人们发展生产的积极性，又能释放居民消费潜力、拉动内需，催生新的经济增长点，对经济发展有着重要的促进作用。

长期以来，政府将经济职能作为政府的核心职责常抓不懈，因此形成了具有中国特色的政绩观——一切以 GDP 为中心，数字出政绩、数字产生干部在一段时期似乎成为一种定律。正是在这一政绩观的驱使下，地方政府把社会治理责任的重点放在招商引资、项目扩充等方面，很少关注除经济以外的其他职能的建设与发展问题，特别是与民生相关的社会保障、公共服务、医疗卫生、学校教育、基础设施等方面的职能严重履行不足，导致社会发展不平衡、不协调。由于受既得利益的诱惑，一些地方政府会自觉不自觉地把经济作为抓手，无须过多强调。正是因为这一点，本章把经济发展职能放到最后部分论述，并非否认其重要性，而是有意凸显长期被弱化的其他社会职能的作用和意义。尽管如此，政府的经济发展职能始终不可或缺，这是由其基础性地位决定的。

马克思主义认为，经济基础决定上层建筑，经济发展水平决定社会发

① 邓贤明：《责任政府视域下政府生态责任探析》，《前沿》2011 年第 7 期。

展程度。经济发展与社会治理呈现出相互促进、相互制约的辩证关系。一方面，良好的经济发展为社会发展提供物质基础，进而推动社会治理水平的提升；反之，则阻碍社会治理的进步。另一方面，社会治理的有效性为经济发展创造良好的外部环境，加速经济发展；反之，则破坏经济环境，钳制经济发展速度。正是基于上述关系，本章所探讨的经济发展职能与传统的经济职能有着本质的区别，基于社会治理的分析视角，社会发展应该是全面协调可持续的发展，而不是经济职能孤军深入、社会文化生态等职能严重滞后的生成状态。具体来讲，新时期政府的经济发展职能要着重解决好以下几个方面的问题。

一　确保适度的增长速度

保持合适的增长速度是各项事业可持续发展的物质保障。改革开放以来，我国的经济发展长期处于高速增长状态，促进了国家和社会的长足进步。近年来，经济高速增长的同时所带来的负面效应也逐步显现，若不能很好应对，已有的发展成果会被负面效应所吞噬。实践证明，一个成熟的社会当经济发展到一定水平时，绝不能再以经济发展的速度为衡量标准，而是把经济质量放在首位。这就要求将经济发展的速度控制在适度的范围内，更加关注经济发展所涉及的综合效益。比如企业发展除了缴税和获利外，给当地百姓创造了多少就业机会、对当地生态环境是否造成污染、对地方社会公益事业是否支持等。长期以来，地方政府往往过分看重经济的增幅，看重 GDP 的增长速度，致使一些企业只顾自身利益的最大化，全然不顾作为市场主体的基本社会责任，结果是高速增长的经济没能有效地服务社会的发展，甚至产生新的矛盾。社会治理视域下的经济发展职能正是对这种一味追求高速度经济的调整，既要速度，又要效益，更要质量，是速度、效益和质量的完美结合。

二　控制适当的经济规模

确保经济的发展规模是地方政府经济发展职能的重要内容。经济规模，又称经济总体规模，反映了国家或地区经济总量的基本情况，包含地域、时空和产品类别等方面。具体来讲，是指一个独立的经济实体所具有的资金、原材料、劳动力、技术、影响力、竞争力的总体大小。地方政府要进行社会治理，必须要有一定的物质基础作保障，离不开相应的经济实体，这为地方政府上项目、招商引资等行为提供了现实需求。而一些地方政府为了一时的显性政绩，缺乏对本地区进行的合理性的长远规划，一味地贪大求全，盲目地上项目和招商引资，对本地区究竟适合什么产业、发展什么类型的经济实体没有研究，导致新上的项目要么“水土不服”，要么患上严重的“后遗症”，浪费了大量的人、财、物力。近年来，在西部一些民族地区呈现出这样一种情形：原本良好的原生态自然环境，成片成片地被挖得“千疮百孔”，植被破坏，泥土裸露，挖掘机昼夜不停，渣土车来回穿梭，尘土飞扬，场面“壮观”而热闹！然而不难发现，这些工程项目大多数都是地产商在搞开发，以商住楼为主。民族地区原本具有民族特色的民居被不断地拆迁，取而代之的是同一模式的钢筋水泥房屋，很难说这种改变就是进步。开发商轻松得到土地搞开发，显然离不开地方政府的大力支持。地方政府为什么热衷搞开发、跑项目？无外乎两大原因：一是扩大经济规模而显示政绩；二是通过开发而获取相关利益。当前，地方政府要更好地发挥其经济发展职能，并确保经济规模和类型适合当地的环境和社会现实需要，应按照党的十八届三中全会的精神，从社会治理的思维角度，理性审视当地资源和环境状况，选择适合当地经济和社会发展要求的经济类型，控制经济的发展规模，确保资源的可持续，坚决防止过度开发和盲目攀比。云南阳宗海事件反映出的问题带有一定的普遍性，其教训应该是各级地方政府在社会治理中应该注意和避免的。

阳宗海湖是云南省九大高原湖泊之一，湖水主要来自周围汤泉河和雨水聚集，水色碧绿，透明度高，为淡水湖泊，沿湖2.6万人靠湖生活。2008年9月，云南阳宗海湖周边的村民被告知：阳宗海湖的水不能喝了，也不能到湖里游泳了。“我们喝这里的水都几十年了，现在怎么就不能碰了?”湖边村民疑惑不解。原来，当地为了发展经济，在沿湖边建了多家企业，许多是通过政策优惠换来的招商引资企业。由于企业违法排污，致使阳宗海湖的砷浓度严重超标，当地2.6万人的生活饮水受到威胁。众多企业依湖而建，而且长期违法排污得不到有效解决。一个主要的原因就是一些地方政府及其主要领导不能树立科学的发展观和政绩观，急功近利，片面追求经济总量的增长，相信规模出效益。特别是没有资源和区位优势的地方，地方政府在招商引资中频频打出“政策牌”，牺牲环境成为从招商恶性竞争中胜出的砝码。其结果是企业赚了钱，环境被破坏，百姓遭了殃。① 这是一起典型的只求经济总量不求经济质量的案例，在全国很多地方都有类似情形。

三 构建合理的经济结构

党的十八届三中全会公报明确指出，要使市场在资源配置中起决定性作用。这一表述改变了以往传统的“基础”作用的规定，从“基础”到“决定”，两个字的改变，其意义十分重大。可以说这是对市场作用认识的一次升华，是思想解放的具体体现，是对中国特色社会主义市场经济内涵“质”的提升。这一论断指出了当前经济问题的根本，特别是对处理政府与市场的关系具有明显的指导意义。社会主义市场经济虽然已经建立起来了，但在很多方面还不完善，核心问题是政府对资源的直接配置过多，不合理的干预太多，市场的自主性严重不足，被政府束缚了手脚。比如产能过剩、城市大跃进、耕地占用过多、地方政府债务风险、生态环境破坏等，很大程度上都与地方政府干预太多有关。产能过剩问题的产生，除了市场本身的盲目性以外，一个很重要的原因就是政府干预，是地方政府在眼前政绩观推动下的盲目投资。例如目前的钢铁、水泥、造船、太阳能等都是政府关照较多的行业，产能过剩比较严重。② 因此，地方政府的经济发展职能应该转变传统认识和做法，解放思想，认识和掌握市场经济的特征和规律，按照市场需求合理调整产业结构，发展有市场前景的相关产业。比如文化产业作为新型产业已越来越重要，地方政府过去把注意力放在经济上，忽略文化产业的作用，如今文化产业已成为一个朝阳产业，国家已制定了发展规划，并到 2020 年要将其发展成为社会的支柱产业。地方政府应抓住机遇，尽快把文化产业纳入地方经济社会发展的总体规划，通过顶层设计，推动文化产业的快速发展，合理构建产业结构，促进地方经济协调发展。地方政府应做好自己应有的职责，搞好宏观调控和市场监管，为形成合理的经济结构创造良好的发展环境。彭德怀故乡乌石镇 1.5 亿投资拒门外保护环境发展特色旅游就是一个典型例子。

---

① 全国干部培训教材编写组编：《生态文明建设与可持续发展》，人民出版社 2011 年版，第 117 页。

② 杨伟民：《详解十八届三中全会精神》，《改革内参》（综合版）2013 年第 44 期。

乌石镇，因开国元勋彭德怀而出名。凭借其独特的人文资源和地理优势，乌石镇被誉为全国红色旅游“金三角”之一。每年，慕名而来的游客络绎不绝，且呈逐年增长的趋势。但是，伴随着游客量的增长，有两个十分现实的问题摆在了面前。一个是彭德怀纪念馆是全国重点文物保护单位，副县级构架，而乌石镇政府是正科级构架，如何凝聚两个不同性质不同层级单位的合力，发展旅游产业？另外一个问题是开发和保护的问题。镇里要发展旅游产业，离不开招商引资，经济发展与环境保护之间的关系，又该如何平衡？

乌石镇党委政府开始仔细思量。近年来，在国、省、市、县多级领导和政府的关心支持下，彭德怀纪念馆发展迅速。毫无疑问，纪念馆便是乌石镇发展的“主角”，也是其最大优势。“围绕这个‘主角’，坚守环保底线，建设配套设施，开发配套产业，发展特色旅游，才是乌石镇发展的根本出路。”乌石镇党委政府负责人理出一条清晰的发展思路。

“甘当配角”是乌石镇党委政府对自身定位的鲜明态度。该镇负责人表示，无论是从资源重要性，还是从级别构架来看，彭德怀纪念馆都是乌石发展的“主角”，乌石镇党委政府“甘当配角”。围绕红色旅游这个主体，乌石镇依靠当地农业和生态资源，延伸产业链条，提出并实施了“七个一”的农业产业化工程，填补了乌石旅游产业链上缺失的“购”这一环节。“七个一”工程，即“一朵花（乌石黄花菜）、一瓶水（乌石峰山泉水）、一杯茶（乌石羊鹿茶）、一粒米（粒粒珍香米）、一棵葱（乌石香葱）、一枚蛋（乌鸡绿壳蛋）、一壶油（乌石茶油）”。目前，“七个一”工程已开始投产开发，只是还不具规模。2013 年，乌石镇政府准备为“七个一”项目注册统一的商标，迈出品牌战略的第一步。

“进入景区，两边的风景可不能差。”该镇负责人说，2013 年，镇上结合实施“三边”（山边、路边、水边）绿化工程，在通往纪念馆的各村沿线栽种了绿荫性树木，在云回干线乌石段公路两旁栽种了 1300 亩油菜，“待到油菜花开时节，乌石又多了一道亮丽的风景”。同时，该镇还计划依托双丰水库和飞鹰湖发展农村度假区，在旗头、寺冲等村打造农业耕种体验区，吸引城市居民下乡体验农家的生活。

“不管如何发展经济，始终有一条底线，不能破坏当地的环境！”

在开发和保护这个问题上，孰轻孰重，乌石镇负责人掂量得十分清楚。不久前，当一家计划投资1.5亿元开发铁矿的企业要求落户乌石镇时，该镇几乎没有考虑就拒绝了，理由是“乌石不发展工业，因为破坏环境，更何况是采矿”。而与此相反，有一个投资5000万元的生态疗养院项目，该镇却煞费心思引进。目前，该项目已进入了实地考察阶段。“发展生态型、观光型旅游产业”的理念，已经深植在乌石镇党委政府负责人的心里，难以动摇。①

此案例较好地反映了当地政府保护环境、构建合理经济结构的发展思路。乌石镇党委政府不为招商引资而招商引资，不片面追求经济总量，特别是不以破坏环境为代价换取暂时的所谓经济发展，而是综合考虑经济、环境、旅游、文化等因素的协调发展问题，并能抓住本地特色资源和发展要素，准确定位，合理开发，科学发展。乌石镇党委政府的思维和做法符合社会治理的基本要求，展现了地方治理的基本特色，较好地履行了政府责任，对其他地方政府具有一定的借鉴意义。

四 确保可持续的发展方式

地方政府必须摒弃传统的经济发展方式，选择能够可持续发展的经济模式，是地方政府不可推卸的应尽责任。传统的经济发展模式是一种高耗能、高排放、高污染、低效益的所谓发展模式，表面上看产生了很大效益，实际上是一种不计成本的发展方式、一种竭泽而渔的发展方式，不仅这种发展方式本身不可持续，而且随着资源的消耗整个社会也不可持续，如果任其发展下去，就会走向危险的边缘。

当前，地方政府的经济发展职能只有努力构建可持续的发展模式，才能实现从管理转向治理、从治理走向善治的政府职能目标。要实现这一目标，政府首先应该做的就是顶层设计，真正按照科学发展观的要求和对子孙后代负责的使命感来规划经济发展的相关问题。这就要求：第一，切实转变发展观念。再不能以牺牲环境为代价来换取一时的经济总量的增长，而是把经济发展与资源、环境的保护紧密结合，走资源节约型、环境友好

① 翁灵娜：《彭德怀故乡乌石镇1.5亿投资拒门外，保护环境发展特色旅游》，湘潭市委、市政府综合门户网站（www.xtol.cn）。

型的发展之路。第二，切实转型发展方式。尽快取缔传统的“三高”模式，代之以节能减排的发展方式。要做到这一点需要政府痛下决心，敢于放弃眼前利益，运用战略眼光来谋划未来。沈阳在这方面就是比较成功的例子：20 世纪 80 年代以前，沈阳烟囱林立，是“共和国的老工业基地”，是全国重工业的缩影。但重工业带来了重污染，被世界卫生组织列入全球十大重污染城市的“黑名单”。沈阳如何突围重塑形象成为地方政府刻不容缓的任务，当地政府把调结构、转方式作为突破口，2002 年先后拆除烟囱三千二百多根，锅炉房八百多座，供暖房减少 1/3，减少大气烟尘排放量 0.7 万吨，二氧化碳排放量 0.8 万吨。通过一系列综合措施，沈阳实现了“环境、经济、社会”和谐发展的新目标。第三，改变政绩评价标准。必须坚决摒弃唯 GDP 论，建立综合政绩标准，强调生态、民生性内容。第四，建立和强化责任监督体系。政府应增强责任意识，相关职能部门的责任明确化、具体化，凡是政府不作为或乱作为都应有相应的机制予以责任追究，并作为考核的主要依据。同时，加大对企业等生产主体的监管力度，对污染严重的企业一律禁止，不以罚款代替，对拒不执行环保标准的除了停止生产外，一律追究企业法定代表人的相关责任。

第五章　政府履责动力与方法

引　言：本章研究的目的是怎样实现政府责任的问题。政府明确自身的责任并不等于政府会自觉履行相关责任。本章重点从激发政府的履责动力、创新和完善政府履责的方式方法、加大政府履责实效的评估等方面进行探究，为有效促进政府建设提供保障。履责动力的激发分为常态化状态下和特殊时期两种情形：常态化状况下一般通过促进事业发展、解决社会问题、完成上级任务和加强自身建设等途径来激发地方政府的履责动力；特殊时期主要指的是推行新的改革给地方政府带来的影响力，主要表现为高层领导的改革意志、自上而下的监管力度以及自下而上的民众诉求（“倒逼”压力）等方面。

政府责任确定以后，落实责任就成为责任政府的首要任务。在当代，政府责任的落实并不是一件容易的事，随着经济的全球化和市场主体的增多，特别是公民社会的不断成长，政府承担的责任在结构、数量上都在不停地发生变化，尤其是完成责任的方式方法也要不断地更新才能适应公众的需求。因此，政府不仅要具备责任意识、明确责任内容，还要不断地改革自身，及时调整与市场、社会和公民的关系，有效实现应尽的责任，以维持政府存在的合法性和权威性。结合当前政府责任的实现程度，应着力从激发政府履责的动力、完善政府履责的方式方法两个方面来推动政府履行公共责任的实效性和有效性。

第一节　激发政府履行责任的动力

从理论上来讲，政府履行相应公共责任应是分内义务，无须外来压力，但从实践来看，政府在履行公共责任的过程中，会产生一种惰性现象，即随着时间的推移和环境的改变，政府在履行责任的内容、数量和质量等方面会逐步减少和降低要求，在履责的主动性上趋于疲软和被动。这种惰性现象直接降低了政府的社会治理效果，直接影响了公众对政府信任的程度。因此要使政府持续地、主动地履行公共责任，就必须激发政府的履责动力，使政府履行责任行为“不懈怠”。由于动力的来源受多种因素的影响，应从不同维度提升政府履责的信心、履责意志和履责冲动，使政府保持一种持续的履责状态。

一　常态化状况下政府的履责动力

社会状况一般分为常态化和非常态化两种状态。常态化状态是社会的主流形态，它会持续保持一段时期，社会结构比较稳定，无须做大规模的改革和调整，整个社会保持着一种平稳和谐的发展状态，政府的主要职能是在维护现有平稳状态的基础上促进社会向前发展。非常态化一般是指社会面临重大变革或是出现某一重大社会问题而打破了原有的社会平稳和谐状态，必须尽快作出调整的特殊时期。常态化状态下根据地方治理的基本要求和地方政府自身发展的需要，可从促进事业发展、解决社会问题、执行上级指示、加强政府建设等方面来激发政府的履责动力。

1. 以促进事业发展来激发政府的主动性动力

主动性动力是指政府根据社会公共事业发展的需要，运用自身掌握的公共权力，在法律和政策的范围内，自觉为社会提供公共产品和公共服务，充分发挥政府的职能作用，有效地实现公共目标的政府意志。公职人员个体要主动地承担责任，需要以职业伦理作为内在的激励。在现代政治中，政府公职人员最基本的职业理论就是按照公共精神来行使公共权力，正确理解政府的本质属性，正确认识权力的来源，正确认识权责统一的关系，公共责任高于一切。要使政府发展社会事业的主动性动力持久地保持，就应该始终坚持对政府及其公职人员进行理想信念教育、宗旨教育、党性教育、先进性教育，使组织培养、自我修炼、环境熏陶等方式相结合，不断提升其品质和修养，增强工作的主动性和热情，使其心中时刻装着人民群众，把“为人民服务”作为永不停息的工作方向，把为国家、为社会、为公众服务当作一份神圣责任，当作一种享受。

2. 以解决社会问题来激发政府的被动性动力

按照行政生态学的要求，行政生态环境决定政府行为的内容和性质，在一定的环境中政府履行的责任内容是比较稳定的，一旦环境发生变动，政府就应该及时调整责任重心以适应环境的要求，才能实现政府行为与环境的协调统一。而在当下的中国，社会转型带来的不确定性因素增加，社会问题层出不穷，政府面临着诸多不适应性问题。特别是针对当前一些关乎民生的问题（如食品安全、教育公平、医疗保障、就业、社会矛盾等），政府若按常规程序和思路就难以应付和解决相关问题。公众的诉求客观而现实，要求迅速而有效地应对，这就迫使政府应该积极主动去解决问题，否则就是“不作为”，就要受到公众的质疑甚至否定，最终危及公权的合法性基础。解决社会问题，回应公众诉求从一定意义上来讲不是政府“愿意”与“不愿意”的问题，而是政府“必须”回应的问题，是一种强制性的被动要求。社会问题总会存在的，没有哪一个社会形态不存在社会问题。社会问题的严峻和广大公众的需求“倒逼”政府不得不采取有效措施来解决社会问题以回应公众的愿望。政府在被动性压力下产生一种积极作为的意志与冲动，及时回应公众需求，有效解决实际问题，就会得到公众的支持与信赖，提高政府公信力，更好地履行政府责任，这样就可以密切党群干群关系。

3. 以完成上级任务来激发政府的强制性动力

强制性动力在官僚科层体制下极为普遍，即下级或地方政府执行上级的命令和指示，没有条件可讲，必须按要求完成。在实行层级制管理的组织和社会中，下级直接受制于上级，上级的指示下级必须执行，具有强制性。因此，地方政府与其在强制压力下被动执行，不如在科层制的强制压力下主动作为，以获得上级的认可与嘉奖，这就是强制性意志支配下的履责动力。上级对下级的指示和安排任务的不间断性就成了下级履行责任的不竭动力。强制性动力既是一种制度安排，又是一种内化为内心信念的自愿的心理意志。对公职人员来讲，自觉执行上级的任务、始终保持与上级的一致性不仅是工作纪律的基本要求，而且是公职人员的一种政治品质。在我国，地方政府的“上级”主要有三部分，即党委、人大和上级政府。自上而下对地方政府产生的强制力量主要有执政党的力量、人民代表大会的力量和上级政府的力量。根据这样的思路，便形成了党、政府和人民代表大会之间的一种新的权力关系：党处于最高的领导地位，下面一边是行政权力，一边是人民代表大会的权力。[①] 在这样的权力结构下，地方政府既要坚持党的领导，又要接受人大监督，还要执行上级政府的任务，政府行为处于多重监督与强制状态中，较好地保证了政府履责的动力。在地方治理实践中，强制性动力带来的效果取决于两个方面：一是上级安排的任务的质量；二是下级执行动力的强弱程度。上级所作决策科学合理，符合民意，便于下级执行，下级就会支持，并产生尽快落实的愿望，执行动力就强，效果就好。若上级所作决策缺乏一定的科学合理性，操作困难，下级就会为难，只能勉强为之，执行动力就弱，效果就差。所以，强制性动力支配下的履责实效要求相应的"善策"、"良策"作为先导，才能保证地方政府履行责任的强劲意志。

4. 以加强自身建设来激发政府创新性动力

创新性动力是指政府为了改进和加强自身建设，适时调整体制机制、转变政府职能，以增强政府提高社会治理能力和公共服务水平的意志与追求。政府机构一旦设立，政府职能一旦确定，在一定时期内就具有相对稳定性。而行政环境和公众的需求又时刻处于变化之中，政府机构设置和职能划分的稳定性在变化着的环境中呈现出滞后性的一面，影响政府责任的实现效果。这就需要政府根据社会环境的变化和公众的不同需求，适时更新观念，完善政府建设，才能更好地发挥政府职能。改革开放以来，党和政府多次对行政管理体制进行改革和调整，但总是在"精简、膨胀、再精简、再膨胀"中循环，改革的意义受到较大影响。党的十八大再次把"深化行政体制改革"提上重要议事日程，如果说改革是一场革命的话，行政体制改革就是政府"改"到自己头上，政府要"革"自己的命。这次改革以科学的顶层设计为前提，将政府改革放在经济、政治、文化、社会、生态文明建设五位一体总格局中来安排和设计，促进政府建设各方面相互协调。这一目标的实现，必须以解放思想为先导，用有说服力的理论和明显的成效来澄清模糊认识，才能形成改革的共识，增添攻坚克难的勇气，增强深化改革的动力。[②] 只要

---

① 李景鹏：《政府的责任和责任政府》，《国家行政学院学报》2003 年第 5 期。

② 高小平：《解放思想，深化行政体制改革》，《中国行政管理》2013 年第 3 期。

政府自身改革的动力不断持续，政府就会始终处于良性运行状态，释放出正能量，实现好政府责任。

二　特殊时期政府的履责动力

1. 高层领导的意志

在重要的历史转折时期，或者是改革的关键阶段，高层领导的意志成为改革是否彻底的关键因素，成为地方政府是否响应高层号召、增强履责积极性的直接影响力。新中国成立以来，不同时期的中央最高领导人的讲话往往成为地方政府积极履职的强劲动力。比如20世纪90年代初，关于计划与市场、“姓资姓社”的争论，邓小平讲话强调，这个问题不争论，并提出了“三个有利于”的标准。邓小平的重要讲话，打破了“姓资姓社”的禁区，把当时比较激烈的争论一下子平息下来，而且成为全面改革的重要理论支撑。党的十八大以后，习近平以坚定的意志表明，继续坚持改革开放的治国方略不动摇，开启了新一轮的改革开放的巨浪。中共十八届三中全会绘出了《中共中央关于全面深化改革若干重大问题的决定》这一改革蓝图，习近平以中共中央总书记的身份，亲自担任文件起草组组长，历时7个月，倾力构建出这一决定中国新一轮深化改革方向的纲领性文件。若没有总书记的亲自“操刀”，深化改革的战略规划将难以推进，进而直接影响到其他领域的改革进程。在新一轮改革大业中，习近平以最高领导人身份循例兼任中央财经领导小组组长，再加上其国安委主席、中央网信领导小组组长等职务，使其不仅执掌了宪法赋予的最高国家权力，更为重要的是，直接掌管了政治、国家安全、外事、社会管理等重要领域，便于统筹国际、国内两个大局，大幅提升了复杂利益博弈格局下的权力运行效率，为深化改革进行更加高效的顶层设计奠定了基础。实践证明，在关键时期，最高领导人的讲话很管用，不仅可以统一思想，凝聚共识，而且为地方政府的行为选择指明了方向，增强了地方政府主动履责的积极性。

2. 自上而下的监管力度

特殊时期的特定机构和运行机制对各级政府同样会产生影响力，常常表现为一种特殊的强制压力，并将压力转化为动力。比如党的十八大以后中央进一步健全了“巡视制度”①，重新配备了专门的机构和人员，加大了巡视工作的力度。巡视组代表中央对地方各级政府进行巡视，2013年5月18日，中共中央纪委书记王岐山说，反腐败斗争要找出“老虎”和“苍蝇”，着力发现领导干部是否存在权钱交易、以权谋私、贪污贿赂等违纪违法问题。具体巡视内容涉及地方政府所承担的公共责任、服务任务的执行情况，以及人才使用、干部廉洁、执法情况等与政府职能相关的全方位问题。例如，2013年10月29日—12月29日，中央第八巡视组对广东省进行了巡视，围绕党风廉政建设和反腐败工作这个中心，把发现问题、形成震慑作为主要任务。巡视组组长张文岳在汇报时指出，广东省除了取得的成绩外，还存在一些不容忽视的问题，主要是：党风廉政建设方面，一些领导干部与私营企业主勾肩搭背搞权钱交易，插手土地转让、矿产资源开发、工程建设项目招投标，利用职权和职务影响为配偶、子女、亲属及特定关系人牟取不正当利益；一些领导干部以收受红包形式受贿；一些地方“裸官”问题突出。执行中央八项规定精神和作风建设方面，一些地方会议、文件、电视新闻中的领导活动报道仍然偏多；一些基层单位和党员干部作风漂浮，公款吃喝、公费旅游现象仍时有发生。干部选拔任用方面，有的干部“带病提拔”、“带病上岗”；有的领导干部买官卖官。同时，巡视组还收到反映一些领导干部涉嫌违纪违法的问题线索。②可以说，自从新的巡视制度实施以来特别是近一年多来，已产生了明显的社会效果：一方面，地方政府主动履责的积极性大大增强，干部工作作风得到明显改进，服务质量得到明显提高，群众对政府的满意度在不断提升；另一方面，发现和惩处了一大批责任感缺乏、履责不力、违法违纪、贪污腐败的问题官员，在全社会产生了很大的威慑作用。这种为推进改革而实施的自上而下的监督机制的运行，成为政府自觉履责的不竭动力。

---

① 巡视制度是指中央和省、自治区、直辖市党委，通过建立专门巡视机构，按照有关规定对下级党组织领导班子及其成员进行监督的制度。巡视工作有四个重点：一是着力发现领导干部是否存在权钱交易、以权谋私、贪污贿赂、腐化堕落等违纪行为；二是着力发现是否存在形式主义、官僚主义、享乐主义和奢靡之风等问题；三是着力发现领导干部是否存在对党的理论和政策等政治问题公开发表反对、搞“上有政策、下有对策”等违反政治纪律问题；四是着力发现是否存在买官卖官、拉票贿选、违规提拔干部等用人上的不正之风和腐败问题。

② 《中央第八巡视组向广东反馈巡视情况》，中央纪委监察部网（http：//www. ccdi. gov. cn/gzdt/xsgz/201402/t2010227_ 42693. html）。

3. 自下而上的“倒逼”压力

政府的履责动力除了来自上级监管的压力外，底层民众的诉求压力也会在一定条件下转化为履责动力。历史经验表明，任何改革到一定程度或时期以后，就会出现“改革疲劳症”，来自上层的压力只是一个维度，而来自基层社会的民众诉求对政府产生的压力则成为治疗“改革疲劳症”的另一个维度，这个维度的压力就是所谓的民众自下而上“倒逼”政府主动履责，进而增强政府的社会治理责任，提升政府的社会治理能力。民众的一般问题自然可以在常态化状态下得到解决，但一些突发的矛盾往往难以在常态化下得到有效解决，比如近年来一些地方爆发的大规模群体性事件直接对地方政府产生了重要影响力。据了解，群体性事件爆发的一个重要原因是一些地方政府没能及时有效解决民众的诉求，基层民众以群体性事件的形式造成社会影响，给地方政府施压以达到解决相关诉求的目的。由于群体性事件与社会稳定问题紧密相连，而在“稳定压倒一切”、“社会治安一票否决”等考核标准的引导下，地方政府不得不顺应考核标准、采取相关措施达到考核要求。一旦发现有群体性事件苗头，就会主动采取措施，积极回应民众的诉求，努力解决民众的问题，以期化解矛盾，消除群体性事件的隐患。这种底层民众的强烈诉求给地方政府带来的履责动力，在全球化、信息化背景下往往及时而有效。

第二节　完善政府履责的方式方法

在界定了政府责任和保持政府履责动力的前提下，政府如何履行责任、采用什么方法履行责任又成为建设责任政府新的任务。方式方法的选择应坚持继承与创新相结合的原则，对传统的方法进行梳理，保留有效的公众已习惯的并且乐意接受的方式方法并予以完善，再根据社会发展的新情况新问题努力创新履责方法，确保政府责任有效落实。

一　传统手段的选择与完善

长期以来，政府落实公共责任的方式方法主要通过政策法规、经济、法律、行政等手段进行，这些方法到目前为止还具有很强的实用性，只是需要在运用中不断完善才会产生更好的效果。对待传统的方法要用辩证的观点来看待，既要肯定其积极性的一面，又要结合具体情况不断完善，现实情况下还不可能完全离开一些传统的方法，相反许多问题的解决只有运用传统的方法才更加有效，关键是如何运用的问题。

1. 政策方式

这是政府一直以来最擅长的管理手段。政府将自己应承担的公共责任以公共政策的形式表现出来，一方面是对自身责任的认定，表明政府行动的重点和方向，以便政府工作目标明确，责任清晰。另一方面，有利于社会公众对政府责任的内容及其履责情况进行监督。比如每年的政府工作报告就是政府对上一年工作的总结和对下一年工作的部署，这是从宏观上总结和展现政府责任的政策形式。政府各职能部门也会在相应时期公布工作计划，明确工作内容，并定期检查进展情况。在目前要求社会治理创新的时代背景下，政府的相关政策如何更加科学合理、如何更好地吸纳民意、如何更加有利于考核评价等都需要完善和加强。比如新型农村合作医疗政策的出台就是要解决贫富差距和老百姓“看病贵”的问题，但实行初期效果并不好，还需要进一步修正与完善。同时，公共政策要体现公意，防止被利益集团左右。

2. 法律方式

采用法律方式实现政府责任是政府依法行政的重要标志。政府依法履责既是对政府行为的要求，也是政府发展进步的表现。从地方治理的视角来看，地方政府依法履责应进一步提高质量和效果：一是增强法治意识。十八大报告提出“科学立法、严格执法、公正司法、全民守法”的新16字方针，这是对社会主义法治内容的丰富，表明我国社会主义法治建设进入了新阶段。报告特别强调任何组织或个人不得有超越宪法和法律的特权，绝不允许以言代法、不能以权压法、不能徇私枉法，反映了依法治国对党和政府的要求。一些地方政府过去习惯于人治思维，法治意识不足，健康的社会治理需要领导者树立依法行政的理念，只有实现从“人治”向“法治”的转变，政府的行为才会规范，过程才会透明，结果才会可信。二是加强法制建设。积极创造条件，把已实行的比较成熟的政策上升为地方性法规，强化责任保证。同时，针对地方的具体情况制定符合本地实际的发展规划和目标，充分体现民意，强化政策引领功能，因为优良的公共政策同样可以获得公众的认可与遵循，产生良法的效果。三是依法办事。尊重法律的权威，严格按照法律程序规范自身行为，拒绝随意性。四是依法监督责任的落实，保证政府履责效果。对地方政府的履责实效进行监督是地方责任政府建设不可或缺的重要环节，监督主体要多元，监督过程要透明，监督结果要公开，以提高监督的公信力。

3. 经济方式

经济政策和货币政策是政府进行宏观调控的主要手段。政府很多责任的落实都要以公共财力为基础，所以经济手段是政府履责的重要方式。运用经济手段的方式有很多，主要包括价格、税收、信贷、工资等。地方政府在解决具体问题时，经济手段常常表现为资助、奖励、补贴、罚款等形式。近年来，一些地方特别是农村在解决困难群众的生活问题时，仅仅是以“给钱”的办法解决，这种“喂食性”的方式难以从根本上解决问题，而且不可持续。政府应改进相应方式，通过分配经济资源调动群众的能动性，比如通过项目资助的方式来帮助困难群众，引导群众创业立业，这比单纯地“给钱”更具有长远意义。

4. 行政方式

行政方法具有简单、迅速、高效等特征，是政府惯用且善用的方法。行政指令、行政命令是政府落实责任的有效方式，它建立在下级对上级的绝对服从的基础之上。行政方法尽管在政府管理中发挥着重要作用，但因其随意性较强，效果取决于行政领导者的德行和能力，特别容易越过政策法规的界线，从而产生负效应。因为行政权天生就具有扩张性，如果没有法律的牵制，其必然走向专横。比如一些地方出现的“政绩工程”、“形象工程”、“暗箱操作”等多数是为了主要领导的短期利益进行的，并不能解决公众的现实问题，与政府本应履行的责任相违背。当前要完善政府的行政履责方式，就应该强化制度意识和法律意识，“将权力关进制度的笼子里”，让政府真正做到依法行政、透明行政，才能从根本上有利于政府责任的落实。

二 社会治理与履责手段的创新

党的十八届三中全会明确提出，必须着眼于维护最广大人民群众的根本利益，创新有效预防和化解社会矛盾的体制机制，努力提高社会治理水平。实践证明，政府要推进社会治理的有序进行，必须妥善处理公权与私权的关系。为此，政府应积极更新观念，创新方法，通过实现公权与私权的协调统一，达到公共利益与公众利益的协调一致。当前，应紧紧抓住新一轮改革开放的契机，根据民主政治理念和公民意识取向，通过民主协商、参与合作、公平补偿等方法调适社会治理中公权与私权的关系。

1. 民主协商：提高政府履责行为的信度

社会治理创新的实质是政府管理的创新。传统的政府管理方式是以政府为中心的模式，政府做什么、如何做、由谁去做都由政府说了算（即以公权为中心），公众处于“被安置”、“被组织”、“被解决”、“被就业”的状态。新时期的社会治理要求改变政府绝对中心地位，政府行使公权必须尊重公众的权利（即私权），并最大限度地实现公权与私权的协调统一，民主协商是实现这一统一的有效手段。目前政府应从两个方面给予改进：一是由公众决定公共服务的内容。政府应履行哪些责任、提供什么样的公共产品与公共服务，由政府与公众有效沟通，以民主的方式进行对话协商，最终按公众的意愿决定履责内容。二是由公众来评判政府的政绩与绩效。政府履行责任的实效如何、公众是否满意不是由政府自己说了算，而是由政府先与公众交流沟通，征求公众的意见和建议，进而及时改正存在的不足，最终由公众的满意度来评判政府的绩效或政绩。政府采用民主协商的方式与公众建立互信关系，明确责任重心，掌握履责效果，是现代社会文明发展的体现，是以人为本理念的具体实践，其效果远远好于以往单纯的政府行政指令式的方式方法，是现代民主政治发展的必然结果，是推进社会治理创新应该坚持的有效手段。

2. 参与合作：增强政府履责行为的效度

新公共管理理论和全球治理理论的产生与运用，由此带来的多中心治理格局理念得到了人们的广泛认同，并在政府地方治理的实践中不断推进，参与合作的方式便应运而生了。参与合作就是在平等的多元主体之间突破统治话语下自上而下地以政府权威和强制为主的单向度的政府命令，通过参与合作的方式，在以自愿为主的公民认同和共识的基础上，国家与公民社会、政府与非政府组织、公共机构与私人机构都参与其中，建立一个多元主体互动且有效合作的管理方式。[①] 这也是新时期社会治理的主要特征。责任政府作为有限政府，应充分运用参与合作的方式实现政府的责任，通过谈判协商、对话合作、伙伴关系等具体措施，让政府以外的其他

① 麻宝斌：《社会正义与政府治理：在理想与现实之间》，社会科学文献出版社 2012 年版，第 178 页。

社会主体参与到公共物品的生产与供给中来，分解政府一定的职能和任务，从而达到合作“共赢”的目的，提高地方政府履责的实效性，增强履责效度。在多中心的格局中，各主体之间虽然没有等级上的从属关系，但都得遵循相应的法律和规章，政府作为组织者的角色出现，负责组织与协调工作。政府运用参与合作方式履行责任，既可分解任务，又可理顺关系，还能调动社会力量的积极性，是全球化、信息化时代提升政府社会治理能力的有效手段。

山东泰安市的“平安协会”就是典型例子：山东省泰安市在推进基层社会治安综合治理和平安建设实践中，探索创造了“平安协会”这一新的群防群治组织形式。各级“平安协会”组织在整合社会资源、协助社会治安防范、化解社会矛盾纠纷、处理突发性群体事件、开展法制宣传教育等方面发挥了重要作用，成了维护基层社会稳定的一支重要力量。“平安协会”的建立与发展，形成了政府调控机制与社会协调机制相连、政府行政功能与群众自治功能互补、政治力量与社会力量互动的格局，走出了一条以人民群众为主体抓社会稳定、参与社会管理的新路子。①

3. 公平补偿：维护政府履责行为的威信度

补偿的公平性问题既是社会治理的基本要义，又是调适公权与私权关系的核心要素，是决定政府公权与公众私权能否协调一致的关键因素。在地方治理的实践中，有时不可避免地会造成公权对私权的侵害，这就要求有相应的补偿机制来维护公众的私权利。以往的经验表明，公权对私权造成损害后，对私权的补偿缺乏有效的方式往往是冲突加剧的重要原因。一般而言，因实现公共利益而对私人的财产进行征收和限制，理应对私人损失予以相应的补偿，这不仅体现出对私权的尊重，而且还是法治国家应该彰显的责任理念。相反，如果以减损私人利益却又不给予相应补偿的方式来增进公共利益，就违背了社会公平和正义，与治理理念不符，与法治社会相悖。基于以上认识，反观当前社会治理中出现的公权与私权的矛盾，不难发现政府并非没有补偿，关键在于补偿的公平性以及补偿方式的有限性等问题。关于公平性的问题，有专家指出，这种补偿应当是一种得失相当的公平补偿和合理补偿，而不能只是象征性的“适当补偿”或者弹性

① 《泰安市：充分发挥平安协会在社会管理中的生力军作用》，人民网（http：//expo. people. com. cn/GB/57923/242723/242763/index. html）。

很大的“相应补偿”。[①] 关于补偿的方式，应从单一方式向多元方式发展，建立经济补偿、实物补偿、就业、诉讼、申诉等多元救助途径，使公众有表达意愿的畅通渠道，有化解矛盾的路径。当然，主要的补偿方式还是应该完善经济补偿的标准、程序和方法，这才符合当前社会发展的水平和地方治理的现实要求。总之，通过以经济手段为核心的多元补偿方式的构建与完善，既可维护公众的权利以体现社会公平，又可实现公共组织的公共利益，从而实现公平与效益的统一。

4. 目标管理：确保政府履责行为的准确性

明确责任目标是责任政府建设的关键环节。实践证明，只有将责任明确到具体岗位、具体人员，使岗位之间的权责规范化、明确化，才能避免责任泛化，发挥责任对权力行使的规范和约束作用，做到有权必有责、权责相一致。在社会治理的实践中，一些职能部门及其公职人员虽然参与其中，但由于目标任务不甚明确而导致效率低下，资源浪费，无法追责。目标管理成为解决这一问题的有效方法，它将政府目标、部门职责和工作任务分解落实到内设机构、各个岗位和承办人员，做到部门职责明确、个人目标清楚，从而建立起主体明确、层级清晰、具体量化的岗位责任制。各部门及其人员的目标任务明确，不仅有利于强化部门和工作人员的责任意识，也有利于解决决策与执行脱节的问题，提高政府内部执行力。同时，根据目标管理的要求，目标的达成度成为检验部门和工作人员履行责任的重要标准，成为判断奖惩的关键指标，为行政问责提供了良好的前提和条件。

三　加强对政府履责实效的考核评估

加强对政府履责实效的评估，不仅可检验政府责任实现的程度，而且也是对政府履责行为的有效监督。对政府责任履行情况的考核评价体系一般包括政府自评、上级考评和公众考评三方组成的考评体系，但在实际运行中呈现出的情形是：政府自评是“实”，上级考评是“形”，公众考评是“虚”。所谓“实”，就是政府履责实效政府自己说了算；所谓“形”，就是上级的考评常以听汇报、看材料等方式抽样进行，形式完美而实效难

---

① 袁曙宏：《“公共利益”如何界定?》，人民网（http://www.people.com.cn/GB/guandian/183/6103/6104/2699276.html）。

测；所谓“虚”，就是公众不了解情况无法评价，即使选取了代表进行评价依然具有片面性，不具有普遍性。因此，眼下对政府履责实效的考评实际上就是政府自己评价自己，这一现状已到了非改不可的程度。政府利用人民赋予的权力究竟能为人民做多少有意义的事情，履行多少积极的责任义务，评判的主体应该是人民而不是政府自己。因此，建设责任政府就必须建立政府履责实效的评估机制，以强化政府的责任意识和履责能力。那么，如何加强对政府履责实效的评估？有人认为，政府及公务员责任履行情况的绩效考评体系要以政府行政公开为基础，要对政府履行责任的情况进行过程考评、绩效审计，使人民群众对政府及其公务人员的行为从过程到结果进行评估。① 本书认为，加强对政府履责实效的评估是促进政府积极主动履行其公共责任的有效手段，新形势下应从四个方面着手推进评估的实效性。

1. 改革评价标准

评价标准反映政府执政理念，决定政府行为的方向，是衡量政府绩效的尺度。改革开放以来，GDP 标准一度成为衡量政府绩效的核心甚至唯一的标准，结果是，很多地方经济总量上去了，而在社会建设、生态环境保护、贫富差距等方面产生了新的严重问题，导致社会畸形发展。当下的中国必须改变“唯 GDP”标准，将环境、教育、公平、安全等事项纳入政府考核内容，构建一个集多方元素的综合评价体系，引导政府尽职尽责，全面履责。

2. 实施政务公开

政务公开是责任政府的基本要求，是对政府绩效进行评估的前提条件。政务公开是一种自信，是对传统“暗箱行政”的否定，可树立政府公开透明的新形象，能有效消除公众对政府的怀疑。政务公开要求政府将公共服务内容、政策、过程、结果等告知公众，这是公众评价政府绩效的基本依据。当前少数地方政府还缺乏政务公开的勇气，导致政府责任不清，政民关系不畅，政府履责实效难以评估，制约了责任政府建设的步伐。

3. 健全评价机制

在传统行政模式下，无论是对组织还是对个人的考核，主要是上级部

---

① 张屹立：《论责任政府构建的动力机制及路径选择》，《咸宁学院学报》2007 年第 1 期。

门或领导对下级部门或个人的评价及意见反馈活动。但随着民主政治的发展和新公共管理理念及实践活动的大量涌现，自上而下的单向考核方式开始转向全方位的绩效考核方式，考核主体也呈现出多元化的趋势。除政府自评外，政党、上级、社会组织、公众都可成为政府履责的考评主体，因此，政府在接受考评时，应根据各种“顾客”的不同需求，提供不同的绩效信息，才能使考评结果趋于合理。当前，应建立和完善定性与定量考评相结合、多元主体考评相统一、以公众（群众）考评为核心的评价机制，既要使政府的绩效得到肯定，又要监督政府责任的有效落实。

4. 创新考评方法

传统的考评方法以定性为主难以反映实际绩效，而单纯的量化考核也不能反映政府的整体效益，因此，可借鉴一些发达国家运用较成熟的考评方法，比如关键绩效指标法（KPI）、平衡计分卡法（BSC）等。政府部门平衡计分卡要求把顾客（公众）的考评置于最上层，将满足顾客（公众）或利益相关者的要求作为主要目标，其他各方面的改善只是实现这个目标的手段，而不是目标本身。[①] 使用平衡计分卡能够将政府部门的行为过程和发展目标很好地结合起来，提高政府管理的有效性。总之，政府绩效的考核方法需要不断地创新和完善，才能跟得上社会发展的要求和广大公众的愿望。

---

① 夏书章：《行政管理学》，高等教育出版社 2008 年版，第 472 页。

第六章　行政问责及其意义

引　言：行政问责是责任政府区别于其他政府类型的显著标志。责任政府不仅要求政府明确职责内容，而且更要明确政府若不履行职责必须受到责任追究，这种责任追究是一种否定性的惩罚措施，即行政问责。行政问责是责任政府建设的重要内容，是一种最有效的制度安排。本章首先对行政问责制的起源、内涵、特征做了初步考察，并从历史与现实的实践中探讨政府及其官员失职后的责任承担形式，并就行政问责的基本要求进行了重点探讨。

行政问责又叫行政问责制，或官员问责制，是责任政府建设的重要内容，与责任政府紧密相连。行政问责制是责任政府区别于其他政府的显著标志，行政问责制的建立与完善是政府责任得以履行的制度保障。如前所述，地方政府在社会治理的实践中理应承担维护公共秩序、提供公共产品、实现民生保障、保护生态环境、强化安全监管等公共责任，这些公共责任都是从应然的角度得出的结论。实践证明，“应然”不等于“实然”，尽管有明确的责任内容规定，但履行责任的是政府中的个体人（官员或公职人员），人都具有自利性的一面，在履行责任的过程中免不了利益选择，即最大限度地满足个人和小集团的利益，有时甚至不作为或乱作为，这就造成了公职人员的失职、渎职甚至犯罪，致使公共责任缺失或变异。为确保公职人员最大限度地履行其公共责任，目前有效的办法就是建立健全行政问责制，用以警示、监督、追究政府官员及其公职人员的失职、渎职和犯罪行为，以确保政府行为在正确的轨道上运行，并保证政府公共责任的顺利实现。

第一节　行政问责的缘起与内涵

一　行政问责的缘起

现代意义上的问责制起源于西方国家，是伴随着现代政党制度和议会制度产生和发展起来的，主要包括议会问责制、政党问责制和行政问责制。行政问责作为问责制度的一个组成部分，被认为是制约行政权力的制度需要，也是建立责任政府、服务型政府、法治政府、效能政府的现实需要。行政问责的发展可以从制度层面和实践层面予以认知：

1. 行政问责的制度发展过程

行政问责的制度建设在我国的历史并不长，2001 年 4 月 21 日，国务院颁布实施《关于特大安全事故行政责任追究的规定》，标志着我国开始真正实施行政问责制。2003 年“SARS”事件有力地推进了我国行政问责制度的建设步伐，中央和地方出台了一系列规定和办法。就中央层面而言，中共中央颁布了《党政领导干部辞职暂行规定》；全国人大常委会通过了《公务员法》；国务院颁布实施了《突发公共卫生事件应急条例》《政府信息公开条例》和《行政机关公务员处分条例》。尤其是 2009 年 7 月 12 日中共中央办公厅、国务院办公厅印发的《关于实行党政领导干部问责的暂行规定》，对增强党政领导干部的责任意识、规范问责行为具有重要意义。就地方层面而言，各地相继制定了一系列关于行政问责的法规和条例，且更加具有针对性，大多数直接冠以“问责”之名。如《长沙市人民政府行政问责制暂行办法》（该办法被视为我国第一部有关行政问责的地方性规定）、《重庆市政府部门行政首长问责暂行办法》（该办法被视为国内首个省级行政首长问责办法）等。这些规定、办法的制定与实施，对完善我国行政问责制起到了重要的促进作用。①

2. 行政问责的实践操作过程

一般认为，2003 年中央免除因治理“SARS”不力的卫生部长张文康、北京市长孟学农的职务，是一个标志性的事件，中国从此开启了现代行政问责制的先河。随后在全国掀起了一场“问责风暴”，上千名各级地

① 高志宏：《我国行政问责制的现实困境、路径选择与制度重构》，《东北大学学报》（社会科学版）2010 年第 5 期。

方政府官员因隐瞒疫情或防治不力而被查处。2008 年中央开始选择国务院有关部门和部分省市开展试点，加快推行以行政首长为重点的行政问责和绩效管理制度，并从中央高层向地方次第展开。[①] 这一过程可分两个阶段：

第一阶段：党的十七大以后行政问责制取得了阶段性成效。各地区各部门深入贯彻落实科学发展观，逐步加大治本力度，各级地方政府把实施行政问责作为提高政府执行力和公信力的重要措施，推进一批行政问责的重大举措，行政问责的领导体制和工作机制逐步形成。问责范围逐步扩大，特别是对一些涉及重大安全事故的主要领导予以追责，行政问责逐步走向了规范化和常态化。

第二阶段：党的十八大以后行政问责成效显著。党十八大报告指出："要坚定不移反对腐败，永葆共产党人清正廉洁的政治本色。反对腐败、建设廉洁政治，是党一贯坚持的鲜明政治立场，是人民关注的重大政治问题。这个问题解决不好，就会对党造成致命伤害，甚至亡党亡国。反腐倡廉必须常抓不懈，拒腐防变必须警钟长鸣。"在十八大精神的指引下，坚持"老虎"、"苍蝇"一起打，行政问责被提到了前所未有的政治高度，问责意识得到强化，问责制度得到完善，问责的范围进一步扩大，问责的领导体制、机制不断创新和发展。特别是中央推行的巡视组制度目前已取得了良好的效果，不仅追究了众多"老虎"式的贪官、昏官的相应责任，而且也处理了一些"苍蝇"式的地方贪官、庸官，得到了广大人民群众的拥护。党的十八届三中全会公报指出："强调全党同志要把思想和行动统一到中央关于全面深化改革重大决策部署上来，增强进取意识、机遇意识、责任意识，牢牢把握方向，大胆实践探索，注重统筹协调，凝聚改革共识，落实领导责任，坚定不移实现中央改革决策部署。"公报将"责任意识"、"落实领导责任"等明确写入其中，不仅是理论层面的深化，更是实践层面的体现。党的十八大以来，各地反腐追责的效果十分明显，据不完全统计，全国被问责的省部级及以上的"老虎"型高官已达数十人。被问责的"苍蝇"型地方官员也不少，以新华网 2014 年 2 月 9 日报道的内蒙古自治区 2013 年纪检监察机关严惩各类腐败案件为例：全区各级纪

---

① 高志宏：《我国行政问责制的现实困境、路径选择与制度重构》，《东北大学学报》（社会科学版）2010 年第 5 期。

检监察机关坚持“老虎”、“苍蝇”一起打，有案必查、有腐必惩，全年有2022名党员干部受到党纪政纪处分，同比增长47.59%。其中，地厅级干部12人，同比增长100%；县处级干部57人，与上年基本持平；移送司法机关145人，同比增长291.89%；为国家挽回经济损失2.91亿元，同比增长257.66%；“打老虎”成效显著。同时，开展专项行动，严肃查处发生在群众身边的腐败问题，全区查处农村牧区基层党员干部违纪违法案件679件，给予729人党政纪处分，“拍苍蝇”也取得了阶段性成果。除内蒙古自治区外，其他省市在反腐倡廉、抓作风建设、反对“四风”的实践中同样发现了大量问题，问责并追究了一大批地方官员的相关责任。

中央纪委监察部网站刊文《在坚持中深化，在深化中坚持——纪检监察机关落实八项规定精神监督执纪工作纪实》。文章指出，据统计，截至2013年12月31日，全国纪检监察机关共查处违反八项规定精神问题24521起，处理30420人，给予党纪政纪处分7692人。八项规定出台后，中央纪委监察部按照“打铁还需自身硬”的要求，坚持从自身做起，自觉把自己摆进去，以实际行动带头落实八项规定精神：全国性会议最短仅用时20分钟，机关公文种类精简54%，机关会议费下降59%……

党的群众路线教育实践活动开展以来，行政问责的范围更广泛，被问责对象层次更高、问责力度更强，行政问责制正从以往的临时性、运动性、领导意志性步入持续性、规范性、制度性的成熟化轨道，对确保干部队伍的纯洁性、提高政府治理水平和治理能力、增强政府的公信力，实现责任政府、服务型政府、法治政府等建设目标都起到了积极的促进作用。

二　行政问责的内涵

在公共行政领域，国外对“行政问责”概念进行明确界定的是美国学者杰·M. 谢菲尔茨在其主编的《公共行政实用辞典》（1985）中所表述的概念：“行政问责”的概念是“由法律或组织授权的高官，必须对其组织职位范围内的行为或其社会范围内的行为接受质问、承担责任”[①]。此外，从问责内容及实现机制上进行研究的有代表性的是芭芭纳·S. 罗

① Jay M. Shafri T., *The facts on file dictionary of public administration*, New York: Facts On File Publications, 1985, p. 96.

美泽克所提出的四个方面的行政问责内容及实现机制。罗美泽克认为公共行政的问责内容实现机制主要有四个方面：法律问责、政治问责、等级（管理）问责和职守（道德）问责。①

国内对具有现代意义的行政问责的关注与研究始于2003年"SARS"疫情中几位高官因"工作不力"被罢官免职，随后问责制得到政界、学界普遍重视，研究行政问责也开始成为政府及学术界的重要职责，并已产生了一些有价值的理论成果。有人认为："行政问责是指特定的问责主体针对各级政府及其公务员承担的职责和义务的履行情况而实施的、并要求其承担否定性结果的一种规范。"② 也有人认为，行政问责是指行政人员有义务就与其工作职责有关的工作绩效及社会效果接受责任授权人的质询并承担相应的处理结果。③ 还有人认为，行政问责是对行政机关及其相关工作人员由于不履行或者不正确履行其法定责任义务，造成不良影响和后果的行为进行监督和责任追究的制度。④ 总之，无论是国外还是国内关于行政问责的研究成果，都从不同的视角揭示了行政问责制的相关内涵，为责任追究制度的深入研究奠定了丰厚的基础。

本书基于新形势下地方治理的视角来探讨政府行政问责制的内涵，同样具有时代和现实意义。本书认为，行政问责是责任政府建设的一种制度安排，指问责主体依法对政府及其公职人员在社会治理中应履行的责任和义务进行监督检查，并对其失职行为及其造成的不良后果必须承担相应惩罚性结果的一种制度规范。这一定义回答了谁问责（问责主体）、如何问（问责方法）、问责谁（问责客体）、问责什么（问责内容）、问责结果（承担方式）等问题。可见，行政问责制不是一个单一的元素，而是一个由多种要素组成的制度体系，是一项涉及政治理念、法律体系、行政机制、治理模式、管理工具等方面的系统工程。⑤ 其基本内涵包括：

---

① 陈翔：《我国政府问责制的制度分析与现状研究》，硕士学位论文，浙江大学，2007年，第11页。

② 周亚越：《行政问责制的内涵及其意义》，《理论与改革》2004年第4期。

③ 宋涛：《行政问责概念及内涵辨析》，《深圳大学学报》（人文社会科学版）2005年第2期。

④ 胡祥、施雪华：《行政问责的理论与实践》，《毛泽东邓小平理论研究》2012年第7期。

⑤ 姜晓萍：《行政问责的体系构建与制度保障》，《政治学研究》2007年第3期。

（1）行政问责的主体，即“谁问责”。有学者将其分为“同体问责”和“异体问责”两个部分：同体问责是指行政系统内部的问责，主要表现为行政体系中上级对下级问责；异体问责是指行政系统外部的问责，主要表现为行政体系之外的权力机关、政党、社会团体、公众等外部力量的问责。

（2）行政问责的客体，即“问责谁”。也包括两个部分：一是政府及其相关部门；二是政府官员及其公职人员。

（3）行政问责的内容，即“问责什么”、“问责范围”。是指政府在履行相应社会管理责任（维护公共秩序、提供公共服务、实现民生保障、保护生态环境、强化安全监管）过程中的失职、渎职行为及其产生的不良后果，贯穿决策、执行、监督的行政全过程。

（4）行政问责的方法，即“如何问责”。应依据法律，按程序进行，公开、公正地实施监督与质询。由于问责主体与问责客体不同，对特定主体来讲问责的程序也不尽相同。

（5）行政问责的结果，即“责任承担方式”。问责结果是问责制的落脚点，是问责客体承担否定性责任的形式，按照权责一致的原则，对相关组织和个人进行相应定责处置。由于问责客体不同，相应的责任承担形式也就存在差别，比如引咎辞职只能适用于领导干部，而不适用于普通公务员；组织机关与具体人员的责任承担形式也不相同。①

第二节　行政问责的承担形式与要求

一　行政问责的承担形式

行政问责的承担形式就是问责结果的具体体现，是政府及其公职人员因没能履责或履责错位造成不良后果应该承担的相应责任形式。那么，政府的责任承担形式是什么？国内外因行政问责制的发展水平差异，对此问题的规定性并不完全相同。美国学者格姆雷按照机构控制力的来源（或来自内部，或来自外部）和对机构行动控制的程度（或高或低），划分为四种不同的责任形式（见图6—1）：官僚责任——此时有效的控制源于行政机构内部；法律责任——此时有效的控制来自行政机构外部；专业责

① 张军辉：《行政问责制研究》，硕士学位论文，中国政法大学，2006年，第13页。

任——此时内部的结构和过程导致了程度较低的控制；政治责任——此时的控制既来自外部又是有限的。格姆雷对这四种责任作了明确区分：首先，在官僚责任系统中，预期主要由基于督导关系的等级制结构限制。在法律责任系统中，预期主要由契约型关系规范。而专业责任系统则依赖对专家的顺从。政治责任系统把提升其组成部分的敏感度作为控制多元预期的核心方式。在美国的政治实践中，行政责任并非完全按照行政部门责任图所标示的规律来体现。①

对官僚机构控制力的大小		内部	外部
	高	官僚责任	法律责任
	低	专业责任	政治责任

图 6—1 行政部门责任图

我国在加强责任政府建设的同时，不断推进问责制的发展。特别是近年来，对重大责任事故的分管部门及领导实施的问责十分频繁，更加促进了问责制的发展。目前行政问责一般的责任承担形式有：公开道歉、责令作出书面检查；通报批评、公开谴责、诫勉谈话；引咎辞职、撤职、免职、令其辞职；给予行政处分等。责任承担方式根据问责对象的不同应有所区别。问责对象是政府机关及其公职人员，二者应承担的法律责任形式也不一样。政府承担的法律责任形式主要有撤销违法行为、停止侵害、恢复名誉、返还权益、国家赔偿等。官员及其公职人员承担的责任形式主要有行政处分（承担行政责任）、经济赔偿（承担民事责任）、刑事处罚（承担刑事责任）。

除上述的责任承担形式外，我国在具体的公共管理实践中，针对失

① 田侠：《行政问责机制研究》，博士学位论文，中共中央党校，2009 年，第 44 页。

职、渎职官员的责任追究还根据其性质的不同划分为政治责任、行政责任、法律责任、经济责任、道德责任、名誉责任等。

1. 政治责任

政府官员必须具备良好的政治素养和政治品德。习近平同志指出，对马克思主义的信仰，对社会主义和共产主义的信念，是共产党人的政治灵魂，是共产党人经受住任何考验的精神支柱。形象地说，理想信念就是共产党人精神上的“钙”，没有理想信念，理想信念不坚定，精神上就会“缺钙”，就会得“软骨病”。在现实生活中，一些党员、干部之所以出现这样或那样的问题，说到底是信仰迷茫、精神迷失。因此，全党要按照党的十八大部署，深入学习实践中国特色社会主义理论体系特别是科学发展观，讲党性、重品行、作表率，矢志不渝为实现中国特色社会主义共同理想而奋斗。[①] 政治素养还表现在时刻保持清醒的政治头脑，时刻拥护党中央的权威，时刻与党中央保持高度一致。当前，就是要深入贯彻党的十八大和十八届二中、三中全会精神，认真落实党的群众路线教育实践活动，支持改革，维护党的团结统一，确保全党统一意志、统一行动、步调一致前进，为实现中华民族伟大复兴的“中国梦”而努力前行。然而，在干部队伍中仍有极少数人立场不坚定，违背政治原则和政治纪律，必将承担相应的政治责任。在我国，人大是最重要的问责主体，“质询”和“罢免”是人大及其常委会行使问责权的主要方式。通过行使质询权和调查权可以对问题官员起到威慑作用。对于需要罢免和撤职的，坚决予以罢免和撤职，依法开除党籍、公职，取消代表委员资格等，这是政治责任的核心内容。

2. 行政责任

行政责任是指行政主体违反行政法或行政法规定而应承担的法律责任，行政法律规范要求国家行政机关及其公务人员在行政活动中履行和承担义务。行政主体不认真履行职责，违背行政法规要求，造成工作失误或损失，理应受到责任追究。地方政府及其官员认真落实中央精神、执行上级安排的任务、努力为群众排忧解难，是政府及其官员应尽的工作责任和义务。政府的工作责任凸显了政府存在的价值和意义，如果政府背离了上述责任和义务，其合法性与合理性都将受到质疑。因此，地方政府要增强

---

① 习近平：《在十八届中共中央政治局第一次集体学习时的讲话》（2012 年 11 月 17 日）。

工作的责任感和使命感，主动履责，依法行政，才能完成政府社会治理的公共责任。

3. 法律责任

法律责任是指政府及其官员违反法律法规、滥用职权、背离应尽法律义务所产生的，由行为人承担的不利后果。政府及其官员本应该成为学法执法的表率，在全社会弘扬法治理念，引领社会公平正义的社会风尚。然而极少数官员对法治思想不予重视，习惯和善于采取行政手段来解决问题，不依法办事的行为时有发生，导致违法了还不知道的窘态。政府及其官员的违法行为带来的影响往往大于普通公众的一般违法的影响，因为政府手中的公权力使用不当会具有更大的破坏力。因此，应强化政府的法律责任意识，针对实际工作中容易出现的随意决策、不讲程序、滥用条文、曲解政策、暗箱操作、权钱交易等问题要高悬利剑，否则都将受到法律的制裁。

4. 经济责任

经济责任是指政府及其官员基于其特定职务而应该履行、承担的与经济相关的职责、义务。公法中的经济责任主要有罚金、罚款、滞纳金三种形式，与此相对应的就是应遵循刑法、行政法和国家关于滞纳金的法律条款之规定，依法依规实施相关行政行为，任何违规行为或不具行为资格的单位和个人均不得进行与罚金、罚款、滞纳金相关的活动。这是从法律的视角来分析政府的经济责任。除此之外，少数地方官员因行为不当对组织和个人造成的经济损失，也应依法给予赔偿。

5. 道德责任

这里讲的道德责任主要是针对违法的公职人员对自己家庭及亲人造成的不良影响而自己必须承担的心理苦果。近年来，一些政府官员的违法违纪行为曝光后被依法问责，从中不难发现一个较普遍的现象，即腐败官员大多都有生活作风问题。近期中纪委通报的一些腐败官员的生活作风问题时采用了新的称谓“与人通奸”。这种现象反映出腐败官员的共同特性，即生活腐化堕落，情趣低下，由此给家人带来的伤害是无穷大的。尽管多数问题官员在案发后悔恨莫及，但都无法弥补其行为本身给家庭、给组织带来的负效应，除了内心忏悔以外，还要受到社会的谴责和道德的批评。

6. 名誉责任

在中国悠久传统文化的影响下，为官总是一件光荣的事情，古代

“学而优则仕”正是这一思想的反映，当代的“公务员热”也说明人们内心深处对官职的认同与尊崇。既然如此，为官之人本应无比珍惜才对，但在少数官员心中总有侥幸的心理在作祟，他们控制不住膨胀的私欲和无限的虚荣心，做出违纪违法行为后被依法惩处。昔日头上的无数光环瞬间灰飞烟灭，一旦沦为阶下囚又“无颜见江东父老”。但无论如何，个人的名誉毕竟是小事，对组织名誉的损伤才是大事，一个腐败官员对组织的负面影响需要一定的时间才能恢复。

二　行政问责的基本要求

行政问责制是建设责任政府的重要保障。根据已有的相关规定，一些地方政府虽然也有相应的问责规定，但在实际操作过程中效果却往往不尽人如意，有的问责制形同虚设；有的行政问责不力；有的问责缺乏公信力，如此等等。这些情形致使一些地方政府的“责任担当”精神严重不足，地方政府“责任本位”的基本价值难以有效实现。因此，如何对一些地方政府官员及其公职人员的失职、渎职行为进行有效问责不仅是当前社会治理的实践要求，而且也是行政问责制本身发展所需要的理论诉求。本章根据当前社会治理的特征和要求，结合地方政府行政问责的现状和问题，认为地方政府行政问责的有效性应该坚持与政务公开相结合、与实际问题相结合、与依法问责相结合、与党内问责相结合、与程序正当和时效性相结合。

1. 行政问责与政务公开相结合

行政问责无论是内部问责还是外部问责，其有效性都取决于政府公开透明的程度。传统政府实施封闭式管理，人民不了解政府，政府在人民心中充满了神秘色彩，实施问责自然无处着手。“管制型政府的很大特点是自我封闭，其工作的内容和程序不向人民公开。”① 与管制型政府相对应的责任政府，则要把为公众服务的项目、范围、内容、程序、条件和负责机构都要清清楚楚地告知公众，通过电视、报纸、手机短信等大众传播媒介让尽可能多的公众知晓，展示出政府公开透明的良好形象。正是基于政府的公开透明，人们才能判断政府行为是否合法、是否为民办实事、是否正确用权等，才能对政府履责实效给予评估，才能决定是否对政府进行问

① Denhardt, R., *Theory of Public Organization*, 2nd ed., CA: Brooks/Cole, 1993, p. 136.

责，以及问什么责等。

2. 行政问责的内容要与现实社会问题相结合

问责制的推行主要是现代民主政治不断发展的结果，人们习惯于从政治逻辑方面界定行政问责的内容，比如常常所讲的政治责任、法律责任、行政（管理）责任、道德责任等，这种划分突出了责任性质，显示出责任的体系性，固然有其重要意义。但这种划分方式也显笼统，不能反映时代性特征。因此，行政问责的内容应与社会发展的现实问题和公众的实际需求相一致，比如新一届领导集体提出实现“中国梦”的宏伟蓝图，而“中国梦”是有层次的，也要一步一步地去实现。地方政府努力实现“中国梦”是应有责任，而当前就应该把社会发展中出现的关乎民生的利益分配、社会公平、食品安全、环境污染、医疗卫生、教育、就业等问题作为政府的责任抓紧抓好，并把这些内容作为行政问责的新元素纳入问责体系。这些问题解决了，“中国梦”也就实现了。

3. 行政问责应该与依法问责相结合

责任政府应该是崇尚法律的政府，把行政问责纳入法治轨道不仅是政府执政水平的提升，而且也是社会文明进步的标志。一方面，应进一步完善同体问责的机制和程序，加强政府自律和自我净化的能力，使政府的监督管理在规范化和法治化轨道上运行。另一方面，以政党、人大、政协、社会组织和公众等主体实施的异体问责同样要依法问责，这样才能形成崇尚法律的良好社会氛围。一般情况下人大、政协依法问责的自觉性较高，但社会组织和公众的依法问责意识还比较弱，特别是在互联网基本普及并快速发展的时代，人们利用网络对政府进行监督、实施问责本无可厚非，但网络的运用不能随意化，不能成为宣泄个人情绪的工具，不能用网络来损害他人的权利，依然要树立法律意识。比如“网络反腐”近年来比较流行，而且确实能产生立竿见影的效果，但同时也容易使问题扩大化，甚至给他人带来误伤。显然，如何使“网络反腐”步入法治化轨道是当前政府社会治理面临的新课题。除此之外，依法问责还需要加强相关法律的执行力度。已有的《行政许可法》、《行政复议法》、《行政诉讼法》、《政府信息公开条例》等相关法律对政府的行政权力都具有约束力，但在现实中并没有真正做到有效约束。究其原因，是相关法律得不到有效执行或者执行不力，出现典型的有法不依，制约了行政问责的有效性。

4. 行政问责要与党内问责相结合

政府官员和公职人员大多都是共产党员，党的各项方针政策每个党员都应该忠实地执行。党的十八届三中全会决定成立全面深化改革领导小组，负责改革的设计，统筹协调、整体推进、监督落实。决议要求各级党委和政府要切实落实对改革的领导责任，把各项改革举措落到实处。改革开放以来，每一届政府的改革举措都写得很好，都描绘得令人振奋。但遗憾的是，每一次在落实的过程中总会出现一些折扣，不能有效地将各项改革措施落到实处，导致许多有益的改革举措成为空话，确实值得我们深刻反思。试想，作为一名党员领导干部，是否真正把党的各项改革政策化为自己所在单位的实际行动？是否真正做到与党中央保持高度一致？要清楚这一点就需要进行党内问责。其实不难发现很多党员干部常常以部门利益的特殊性为由阻碍改革的顺利进行，自己完全站在部门和小集团的利益上，没有站在党的立场上、站在全局的立场上，因而就不能将党的改革举措和部门工作相结合、相统一。出现此种情形就应该进行党内问责。作为共产党员，特别是领导干部应该把党和人民的利益放在首位，按照党章和各项政策的要求认真履职，否则就会影响党的形象和声誉。出了问题首先要从党内追究相关责任，按照党纪严肃处理，不搞“下不为例”。在党内问责的基础上，依据程序再进行相应的政纪、法纪处理。

5. 行政问责必须与程序正当相结合

历史已经证明，程序正当是任何一部良法、良策得以发挥作用的必备要素，建立合理的行政问责程序是行政问责效果得以实现的重要前提，是将行政问责引入法制化的重要条件，可有效避免行政问责陷入人治误区。行政问责程序一般包括问责启动、实施问责和实施救济三个方面。首先是问责启动。要启动问责就必须明确“由谁启动”的问题，根据实践要求，要么成立专门的问责机构（我国的监察局、纪委、检察院）来承担此责，要么由行政首长的意志决定，前者具有根本性和长期性，后者具有人为性和临时性。当前应以建立健全问责的专门机构，明确权力，强化责任，统一受理和处理检举、投诉、控告等问题，并依法分类限期处理。其次是实施问责。由具有问责权的主体和人员依法依规对相关责任人进行问责，包括确定问责范围、问责内容、问责权限、质询答复时限、听证程序、问责决定的通过程序等。最后是实施救济。作出问责决定后，应赋予被问责官员救济权利，包括救济途径、救济时限、救济方式等。① 尊重被问责官员的救济权利，不仅充分体现了“以人为本”的执政理念，而且也符合法治社会的基本要求。值得注意的是，在尊重被问责官员救济权利的同时，要审慎对待被问责官员的复出问题。近年来，有不少“问题官员”被问责后，少则半年多则一年就复出了，而且复出后安排的新岗位一般都不比原有岗位低，有的甚至更实惠。这种情形若任其发展，行政问责就会流于形式，最终损害的是党和政府的形象，减少公众对政府的信任，降低政府的公信力。解决的办法，可借鉴国外经验，对被问责的官员一律不予安排公职岗位，可以到其他领域工作，以确保党员领导干部的纯洁性。同时，相关处理原因、过程、结果都应该公开化和透明化，使问责结果更具说服力和影响力。

6. 行政问责应该与时效性相结合

行政问责制作为责任政府建设的重要制度保障，应在实践中积极有效地发挥其影响力，才能体现该项制度设计的意义。现实中不乏政府在追究某些部门和个人责任时不及时公布追责结果，使原本对政府充满信任的社会公众产生怀疑，并增加对政府的不信任程度。行政问责作用的有效发挥，需要问责程序启动快、问责结果发布快，尽量体现问责的时效性，这样才能使公众消除怀疑，提升政府公信力。

第三节　行政问责的现实困境与超越

一　行政问责的现实困境

行政问责是建设责任政府的重要内容。对于如何实施行政问责，人们在长期的实践探索中总结出了很多可贵的经验，提出了众多有效的方法，为推动行政问责制的发展作出了有益贡献。从体制的角度来看，主要可分为“同体问责”和“异体问责”两个维度。所谓“同体问责”，是指在党政系统内部由上级政府、领导和专门监督机构对下级政府及其公职人员的失职、渎职行为进行的责任追究，理论上也包括政府系统内部下级对上级的监督与问责。所谓“异体问责”，是指行政系统以外的主体对政府的

---

① 高志宏：《我国行政问责制的现实困境、路径选择与制度重构》，《东北大学学报》（社会科学版）2010 年第 5 期。

失职、渎职行为进行的责任追究，行政系统以外的主体包括政党、人大、政协、司法、新闻媒介、社会团体和公民等多元化的主体，构成“异体”。无论是同体问责还是异体问责，都是在实践中形成的一种制度安排，是针对政府治理的现实需要而不断形成和发展的行为选择，其作用和效果已为大家所认可。但是，我们在肯定它们积极意义的同时，又对其作用的有限性和设计的局限性感到些许忧虑。基于地方治理的需要，在具体的问责实践中不难发现无论是“同体问责”还是“异体问责”，在实际执行中都存在种种困境，制约问责制作用的有效发挥，进而影响责任政府建设的实际效果。

1. 同体问责的困境

同体问责主要是政府内部上下级之间或同级之间的权力控制关系，在官僚制体制下，层级控制是制度的基本要求，同体问责亦是遵循的等级控制的制度逻辑。“机关等级制与各种按等级赋予权力的原则，意味着一种牢固而有秩序的上下级制度，在这种制度中存在着一种上级机关对下级机关的监督关系。”[①] 由此可见，官僚制体制下政府内部应该遵循上级监督制约下级、下级服从上级的基本运行规则，这样才能确保政令畅通、行为高效和思想统一，这就为政府内部的同体问责提供了理论基础和制度支持。然而，理论上的合理性并不能代替实践层面中发现的种种不足：“纵观行政问责制的发展历程，在当前主要是同体问责的情形下，行政问责不可避免地表现出民主性缺失、公正性不足、稳定性缺乏、公开性和彻底性等方面的问题。”[②] 诚然，同体问责目前还无法有效解决问责的公正性、民主性、常态性和彻底性等问题。因为行政问责的关键问题不仅是制度设计问题，而是人的问题，即“谁去问责”的问题！人是具有主观能动性的，人的行为选择常常会以自身利益的最大化为标准，如果其行为不会给他带来应该有的利益，其行为选择就会处于被动状态；如果其行为能使其获得利益，其行为选择就会呈现出积极主动状态。特别是中国官场文化生态的复杂性和悠久性，各种关系如网络般无处不在，人情网、关系网、熟

① 彭和平等编译：《国外公共行政理论精选》，中共中央党校才出版社 1997 年版，第 31 页。

② 韩志明：《制度的虚置与行为者的缺陷——基于同体问责与异体问责问题的分析》，《天津社会科学》2011 年第 4 期。

人网等盘根错节，使得政府内部系统关系复杂纷繁，具有问责权的上级一般不到关键时期难以主动地、公开地、经常地去对下属实施问责行为。这种现象有时被叫做“官官相护”，无论认同与否它都客观存在，使得同体问责的现实困境难以逾越。

同体问责除关系困境外，制度缺位也是当前的一大障碍。尽管科层制度赋予了上级对下级的监督管理权力，但其规定比较笼统，缺乏具体细致的可操作性的规定，这就为上级监督下级提供了自由选择的空间。由于没有硬性的规定，只要下级不出现重大的有影响的问题，是否对下级实施问责取决于主要领导的意愿。尽管目前对政府的管理行为要求依法行政，将政府行为引入法制轨道是一大进步，但相关规定还比较粗线条，关键在于如何依法、依什么法、依法到什么程度等。由此可见，在现实语境下同体问责固然有逻辑上的制度安排，为实施相关问责提供了可能性，但从行政问责的实践看还很难获得想象的效果。

2. 异体问责的困境

从理论上讲责任政府建设仅有同体问责是不够的，一旦同体问责失灵，就需要有相应的机制予以补充，以免政府行为处于无监督状态，为此，问责机制设计了异体问责来弥补同体问责的不足。从形式上看，异体问责涵盖了政府以外的几乎所有主体，包括政党、人大、政协、司法、社会团体、第三组织和个人等，如此广泛的监督主体完全可以使政府行为合法合理，积极认真履责。但实际情况往往并不像制度表面上那么完美，政府履责失灵时有发生，而对其问责却显得低效。究其原因，是异体问责形式上完美而实际上有许多困局。异体问责依然解决的是“谁去问责”的问题，众多主体都由宪法赋予了问责权力，都有权对政府行为实施问责，但这只是问题的一方面，异体“为什么去问责”缺乏相应的制度支撑，致使众多异体缺乏问责动力。除了相关政党因政治的需要会时常对政府有一定的问责外，其他主体处于被动局面，有的根本不去问责，事不关己。之所以如此，是因为政府问责虽然是宪法赋予的权力，但实际运行是需要条件的。韩志明教授认为，异体能不能进行问责，涉及三个基本的问题：一是异体是否具有问责的职责和权力。对此，宪法和法律等已经明确了它们问责政府及其官员的职责和权力；二是异体是否具备实现问责的能力，就此而言，异体问责的能力短板是非常突出的，比如人大代表的兼职化和非专业性抑制其履行职责的能力；三是即便具备前两项条件，异体仍然可能不愿去问责，这是问责者的激励问题。异体问责的激励不足在于：由于不具备独立性，异体问责缺乏内在动机；由于没有监督和问责，异体问责缺乏外部动力。① 由此可见，法律规定了“谁去问责”的问题，即众多异体都可以去问责；但没能解决异体“为什么去问责”和“怎样问责”的问题，即异体没有问责的动力，缺少问责的条件和能力，由此使异体问责在实际运行过程中陷入困境。

理性分析异体问责陷入困局的原因，最根本的是制度性因素。制度缺失或制度短缺在异体问责中体现得尤为明显，异体有权为什么不去或不主动去对政府实施问责，因为没有明确而具体的制度保障他们去这样做。宪法和法律有关规定一般也是原则性要求，往往不具有操作性，需要更具可行性的制度才能推动行政问责制的发展。政府作为公共组织有其特殊性，对其问责必须按照一定程序、遵循相应法规才能进行，否则就会影响政府正常的工作秩序，不仅达不到问责目的，反而适得其反。那么，接下来的问题是“问责什么”的问题，即异体问政府的什么责。异体有了问责的权力和问责的路径之后，并不就能保证问责成功，因为还要有明确的问责目标和具体的问责内容。在实践中不难发现，异体即使有问责的冲动和能力，但也完不成问责的过程，因为不知道要问责什么。造成这一现象的原因在于两个方面：一是异体不了解政府的工作内容，平时不予关注，缺少信息获取途径；二是政府信息不公开，政务不透明，特别是像工作效率、工作程序等方面的问题一时难以显现，有时政府出于保护自身也不愿意公开。这样就导致行政问责的主体难以获取相关信息，无的放矢，问责自然陷入困境。

3. 问责文化环境的困境

国内外经验表明，问责制度是否健全、问责实践是否有效，并不仅仅是制度和行为本身的问题，而且与其所处的社会发展水平和文化背景有着紧密联系。我国是一个有着悠久历史和深厚文化背景的大国，传统的思想以其强大的历史惯性发挥着很大作用，无时无刻不在对我们当今的思想和行为产生这样或那样的影响，这种影响既有积极的一面，又有消极的一面。比如传统的“官本位”思想就不可能在短时期内得到根本消除，其

---

① 韩志明：《制度的虚置与行为者的缺陷——基于同体问责与异体问责问题的分析》，《天津社会科学》2011 年第 4 期。

负面影响对责任政府建设产生了很大的阻力。“政府本位”、“权力本位”、“权力至上”、“官官相护”、“为民做主”等思想和观念长期影响着人们尤其是部分政府官员的思想观念和价值判断，本位意识浓厚，服务意识淡薄，责任意识缺乏。这些传统思想和长期形成的认识定律使得一些官员难以形成执法守责、权责统一、认真履责、为民负责、勇于担责的责任政府理念，行政文化生态还没能形成有利于责任文化建设的强势背景。同时，行政问责文化滞后的另一方面原因，是公民的问责意识也比较淡薄。要形成良好的问责文化氛围，政府不仅要提高问责意识，而且还必须伴随公民问责意识的培育和兴起，使公民的问责意识成为一种自觉，才能建立起良好的行政问责文化生态。此外，政府绩效评估机制还不完善，评估考察上存在困难，尚未建立起一套科学的政府绩效评估指标体系，这亦成为影响行政问责效果的重要因素。总之，目前无论是政府及其官员自身还是普通公众，对行政问责的认知与践行正处于加深和强化过程中，并且还有许多困境需要努力克服。

二 对行政问责困境的超越

无论是同体问责还是异体问责，都是推行行政问责不可缺少的制度形式，在没有全新制度产生之前，它们就是现阶段最好的问责制度，只是需要进一步的改革、发展和完善。当前，核心的问题是如何突破它们在运行中的现实困境，发挥制度的优越性和有效性。

1. 强化行政问责的现实意义，营造行政问责的文化环境

在思想认识上，要把责任政府建设摆在更加突出的位置。责任政府建设的首要价值就是责任至上，任何远离责任、失职、渎职行为都将受到责任追究，这一理念应该成为人们的常态化价值理念，内化于人们的思想深处，不仅地方政府官员要率先做到，而且普通民众也应该培养问责意识，增强问责的自觉性和主动性。党的十八届时三中全会以后，全国上下开展了党的群众路线教育实践活动，旨在进一步改进工作作风，严肃党的纪律，纯洁干部思想，增强干部责任。特别是要求领导干部就存在的“四风”问题（形式主义、官僚主义、享乐主义、奢靡之风）进行对照检查，自己要进行深刻反思和全面剖析，既是对自我认识的深化、对自身灵魂的洗礼，又是在新时期对政府官员的新要求，以新的姿态为人民行好政、服好务，说到底就是责任担当。要通过党的群众路线教育实践活动树立起广

大党员干部的责任意识和责任使命，把人民的利益放在首位，对人民负责，勇于接受人民的监督。同时，通过宣传教育广大人民群众，增强他们的主人翁意识和责任心，鼓励他们监督政府，提高他们的监督问责能力，从而形成一种良好的负责任的行政文化生态。

2. 推进政府责任制度建设，切实解决制度困境问题

同体问责和异体问责都存在一个共同的问题就是制度供给不足，或者制度虚置，导致行政问责缺乏具体的依据，影响问责效果。制度缺失主要表现在问责中回避、救济、听证、被问责官员复出等相关制度的缺失。制度虚置主要指虽然有相关的制度或法律规定问责内容，但缺乏操作性或者规定原则性强，不利于具体落实，致使虽有制度但难以发挥应有作用。因此，当前紧迫的任务就是加强制度供给，要么修改和完善，要么颁布新的法规，确保行政问责制走上经常化、规范化和法制化的轨道。为此，李军鹏教授的思想值得借鉴，他建议制定统一的《政府问责法》，明确政府的政治责任、行政责任、法律责任、道德责任与结果责任，将政府及其公务员的责任以法律的方式予以确立，明确政府问责的主体、范围、客体、责任方式、期限、程序、赔偿等事项，作出明确的、可操作性的法律规定。要使行政问责制度成为覆盖行政管理各个环节的严密体系，解决制度缺失或制度虚置等相关制约行政问责的障碍。他还建议完善行政问责制度的配套措施，如制定《行政过错责任追究条例》，以规范国家行政机关及其工作人员、其他行政主体及其工作人员在履行职责过程中违法失职的具体行为构成、行政处分的幅度和档次、行政处理的方式以及行政处分和行政处理的程序等。还要完善被问责官员的复出程序。

3. 拓展行政问责的范围，增加行政问责的力度

当前行政问责的范围和力度存在一定程度的狭小和不足，从已经实施的地方政府的各类问责案例来分析，当前问责范围主要集中在公共安全事故和违纪违法领域，侧重于对发生重大事故的事后责任追究和违反法纪的效能问责，由于这方面的问题比较突出，往往成为问责的重点内容。其实不然，这方面固然重要，但作为地方政府其他方面的职能履行情况依然不能被忽略，特别是一些较为隐性的不能立竿见影产生结果的政府行为，同样要形成常态化的机制予以监督和问责。比如不合理决策、不依法行政、不民主管理、用人失察、带病提拔、工作失误、得过且过、工作不在状态等情况，由于其不像突发事件那样具有社会影响力、不易引起社会的关

注，因而较少被纳入问责范围，在一定程度上阻碍了问责制真正发挥其应有的、全方位的监督、惩罚、教育的作用。当前，要在全社会形成崇尚责任的良好风尚，就应该进一步扩大行政问责的范围，依法追究失职渎职责任、用人失误失察责任、决策失误责任、道德诚信责任、执行不力责任、督查不力责任、效能低下责任、滥用职权责任、投资失败责任、奢侈浪费责任、环境破坏责任、资源浪费责任、管理不善责任、丧失机遇责任等。通过问责范围的扩大，强化问责力度，不让政府的管理领域留下监督的空白。

4. 创新和完善问责体系，提升行政问责整体实效

要建成责任政府就应该运用系统思维完善与问责相关的体制机制，针对当前地方政府问责存在的系列问题，应着重从谁问责、问责谁、如何问责、问责什么、问责程度、问责结果等方面予以完善。同体问责应解决上级领导的主观随意性问题，预防体系内因各种利益联系而使问责流于形式。具体要解决上级象征性问责、问责结果不公开、不追究其责任等问题。异体问责关键在三个方面：一是调动问责主体积极性；二是畅通问责的渠道；三是提升问责主体的问责能力。在此基础上，健全政府公开透明机制和社会问责参与机制，政府的公开透明是实施问责的基本前提，也是政府的责任，如果政府还要暗箱操作，不仅与现代民主政治的要求相背离，而且还构成严重失职。同时，要与时俱进建立健全政府的社会问责机制，就要完善来自社会、媒体、利益群体与公民对政府的“自下而上”的问责，提高社会问责水平的关键在于加强社会问责的制度化建设，目前我国的社会问责还很不规范，缺乏相应的制度安排。制度化的社会问责体系包括公告和听取意见、咨询委员会与合作型决策、公众与服务对象的参与、媒体问责、公民问责与社会组织问责、保障公众的知情权等内容。社会问责的发展必将促进异体问责的不断完善，特别是在新媒体时代和民主政治的发展进程中其作用将越来越大。

第三节　行政问责的现实意义

行政问责制（或官员问责制）的建立与完善是责任政府不可或缺的重要内容。实践证明，政府的责任能否实现仅靠正面的引导和教育还远远不够，必须同时将否定性的惩罚措施贯穿其中，即对政府的不作为、乱作

为及其腐败行为进行强力问责，才能确保政府及其官员有效履责，达到社会治理的目标要求。因此，问责制是责任政府建设必不可少的制度建设，发挥着其他制度不可替代的作用，具有十分重要的意义。

一　有利于健全政府的责任监督机制

当前，政府的责任监督机制表面上看来比较全面，监督主体也很多，包括政府内部的同体问责，以及政党、人大、法律、社会等组成的异体问责，形成了现有的监督体系，可以对政府及其官员的消极行政行为实施问责。然而，近年来频频发生的一系列生产安全问题、食品药品安全问题以及腐败行为蔓延等，无不显示出现有监督体系的缺陷与不足，突出地表现为问责不力、问责滞后、问责效率低下等问题，这就需要在新一轮的改革过程中进一步发展和完善政府监督体系。当前最有效的举措就是建立健全官员问责制，强化问责意识，创新问责手段，确保问责效果。由于现有的行政监督体系在具体的授权制度、惩戒制度、追究制度、问责程序、问责方式、官员复出制度等方面存在着明显不足，健全问责制对于完善行政监督体系具有积极的促进作用。同时，传统的监督机制对官员的道德约束、品行监督等方面显得乏力，难以对有问题的官员施以惩戒和制裁。其实，政府及其官员的行为在全社会具有导向作用，其表现无论是显现的失职行为还是隐形的伦理道德问题，都应该成为监督的范畴，只要政府官员有相关行为发生，就必须被问责，使其对所造成的损害承担责任。当前正值新一轮改革之机，地方政府应将官员问责制作为一项硬性的制度加以建设，使其具有更强的约束力。官员问责制能进一步强化责任意识和担当精神，对地方政府及其官员的行为具有直接的约束力，较好地弥补了现有政府监督体系操作性不强的特征，为责任政府建设提供了有效的制度保障。

二　有利于强化政府及其官员的责任意识和自律行为

责任政府的显著特征就是“责任至上”，责任性是区别于其他政府类型的标志。政府的责任意识是通过政府官员体现出来的，因此政府官员的责任意识的强与弱直接决定着责任政府建设的成败。我国是社会主义国家，政府代表着人民的根本利益，政府官员及其工作人员是人民的公仆，应该全心全意为人民服务。但这一规定性并不表明不需要问责了。“应该”是一回事，实际做的是否与“应该”一致往往是另一回事，因为它是需要条件的。行政问责就是一个必要条件。当前，地方政府有些官员及其工作人员缺乏责任意识，存在滥用权力、以权谋私、不作为、乱作为等不负责任的行为，这就需要通过行政问责来加以防范和克服。所以，行政问责是政府管理过程中不可缺少的重要环节，是实现地方政府民主法治建设、防止社会主义国家政权腐化变质的重要保证。地方政府作为国家政权的根基，政府官员及其公职人员要增强责任意识，培养责任精神，提升担当勇气，加强行为自律，自觉把思想和行为统一到落实党和国家政策、努力为百姓谋福祉的公共目标上来。近年来，党中央、国务院对一些重大事故的责任人进行了强力问责，促进了行政问责的普遍实施，对地方政府管理产生了良好的示范效应。在走访中就有官员表示“现在的官不好当了”、“搞不好是要问责的”等，这就反映出中央掀起问责风暴，对地方政府官员产生了较大影响，责任意识得到增强，行政行为不再那么随意，行为自律得到了一定程度的强化。

三 有利于抑制政府及其官员的消极行政行为

这里的消极行政行为主要指地方政府在行政管理过程中的腐败行为以及不作为、乱作为等。由于地方政府的消极行政行为长期存在，而且在不同时期有不同的表现，要解决这一问题并不容易，若依靠权威人士、高层领导的推动往往也只能管一时或一部分，难以达到持续的效果。实践证明，要抑制地方政府的消极行政行为，有效的方法是强力问责，张扬问责制的硬性约束力，让那些想贪腐的人不敢贪腐，对问责制及其实施感到敬畏，从而最大限度地减少地方政府的消极行政行为。长期以来，每一届中央政府都十分重视治理官员的腐败等消极行政行为，虽然取得了很大的成效，但都没能从根本上得到扭转，甚至还有严重之趋势。究其原因，一个重要的方面就是没能长期有效地坚持责任追究，或者追究不力，导致一部分人产生了一种侥幸心理——抓不到自己头上、抓到的是少数、抓到的是运气不好……在各种社会思潮相互交织的社会转型时期，偶尔“杀鸡给猴看”的办法已经难以奏效，达不到威慑目的。不及时严厉地惩治腐败者就等于放纵那些违纪违法和消极腐败行为的滋生和蔓延。因此，行政问责作为一项制度和措施，必须强力推行并坚持不懈，使问责制度常态化，不给腐败分子有喘息的机会，坚持始终“杀鸡给猴看”，让“猴”不敢变坏。当前，行政问责的有效性还取决于问责的公平性，即不管被问责对象的职位高低，只要有消极行政行为都必须被问责，这样才能确保上下同心协力。新一届中央在当前的反腐败过程中坚持“老虎苍蝇一起打”就很好地体现出了问责的公平性，因而也赢得了广大人民群众的赞赏。

四　有利于增强政府的公信力

行政问责不仅能对政府及其公职人员产生有效的约束力，而且有利于树立政府公正、清廉、负责任的正面形象。改革开放以来，一些地方政府在社会治理的过程中用权不慎、责权不明，不仅触及了公众的切身利益，而且严重影响了政府自身形象，降低了政府在公众心目中的地位，公众对政府的信任度降低。这里有一个重要问题，就是少数地方政府及其官员不能正确认识手中权力的来源，致使权力运行发生了偏差。其实，社会契约论和人民主权论已明确阐明了权力的来源问题：政府的权力来源于人民的委托与授予，人民主权代表的是“公意”，政府的权力也只能体现“公意”才能得到人民的认可。一旦政府权力偏向“非公意”的一面，人民就有权追究政府的责任，这是行政问责最直接的理论源泉。现代责任政府建设促使行政问责不断完善，政府行为不再是无限的，而是有边界的，必须在法律的范围之内运行，否则就是违法，就应该被追究。实践证明，如果政府的行为背离了人民群众的要求而不被追究责任受到惩罚，人民就会对政府产生失望，减少对政府的信任；如果对政府及其官员的消极行政行为能及时追责并予以惩处，人民就会相信政府，增加对政府的信任。通过行政问责，强化政府的责任意识，规范政府的行政行为，公众因此对地方政府产生信赖，政府的决策更容易得到公众的支持，进而提升地方政府的公信力。

第七章　完善责任政府建设路径

引　言：在全面认识责任政府相关内容的基础上，按照治理和善治理论的基本要求，探讨责任政府建设的路径与方法是建设责任政府的题中之义。可从不同的视角来创新相应的方式方法：从理念优化的角度，应树立责任至上、公众为本、服务诚信、公平正义的思想理念；从目标模式优化的角度，应构建服务型、有限型、廉洁型、法治型的政府模式；从政府职能结构关系优化的角度，应该构建决策、执行、监督适当分离的职能关系；从政府运行机制优化的角度，应实现公众参与的决策机制、公开透明的执行机制、行政问责的监督机制；从优化责任政府管理手段的角度，应完善合同管理、绩效管理、电子政务等现代技术与手段；从环境优化的角度，应通过加强生态环境建设和创新协调联动机制来达到政府与社会、政府与自然的和谐。

党的十八大以后，新一届中央领导集体顺应时代发展潮流和人民期盼，开启了实现“中国梦”的新征程。实现“中国梦”是历史赋予党和政府的责任，实现“中国梦”就是对民族负责，对人民负责，对党负责。党的十八届二中全会和十二届全国人大一次会议审议通过了《国务院机构改革和职能转变方案》，要求各地区、各部门必须统一思想，精心组织，认真抓好改革各项任务的实施。国务院机构改革和职能转变事关重大，任务艰巨，需要统一部署、突出重点、分批实施、逐步推进，通过坚持不懈的努力，用3—5年时间完成提出的各项任务，加快建设职能科学、结构优化、廉洁高效、人民满意的服务型政府。毫无疑问，新一届政府掀起新的改革巨浪，为责任政府建设提供了难得的政治支持和改革背景，提供了打造责任政府的强劲动力，提供了建设责任政府的理论源泉和智力支撑。近年来地方政府在履行社会治理责任方面取得了显著的成效，但由于新旧体制在社会转型过程中存在诸多摩擦，地方政府改革的目标模糊，特别是对行政权力过度依赖，从而忽略了治官治权的重要性，致使一些地方政府责任意识淡薄、责任义务虚化，社会环境中也缺少责任政府生长发育的土壤。地方政府职责越位、缺位、错位现象依旧普遍，表现为政府职能不清、责任不明、政府行为随意化等，造成地方政府形象受损，政府公信力弱化。新一届政府审时度势，以非凡的政治智慧和勇气再推改革开放大业，在社会治理大背景下要求地方治理与时俱进迈上新台阶，为责任政府建设提供了良好机遇和发展空间。当前，应着力从以下几个方面促进责任政府又好又快地建设与发展。

第一节 优化责任政府的价值理念

政府管理水平的高低取决于政府自身管理理念的先进与落后。责任政府在理念上具有与时俱进的发展品质，优于传统政府的价值判断，体现了时代精神和人文价值，顺应了社会和历史潮流，以先进的理念为指导，能塑造公众满意的负责任的良好政府形象。基于中国社会转型时期的复杂背景，多种社会思潮相互交织与碰撞，怎样在建成小康社会的过程中彰显责任政府的价值理念，发挥责任政府的核心作用，应该首先从思想、理念上找准方向并及时优化，既可保证责任政府建设的正确方向，又可在全社会营造有利于责任政府建设的责任文化氛围。正如张成福教授所言，政府行政责任的实现，取决于一个社会的政治气候和环境以及公职人员的态度和修养。狄马克（Markall E. Dimock）也认为："如果行政者是来自一个尊重公共利益和诚实的社会环境，则他们大多数必然是有公益心和诚实感的，假如缺乏这种环境背景，那就难以对他们做这种期望。"① 因此，当下责任政府建设应该秉承责任至上、公众至上、服务优先、法治为据的价值理念，才能适应社会治理目标的相关要求。

一 责任至上：责任政府首要的价值理念

"责任至上"确立了政府是"什么样"的政府类型。纵观历史不难发

① 转引自张成福《责任政府论》，《中国人民大学学报》2000 年第 2 期。

现，历朝列代凡是有责任心、认真履责、勇于担责的政府无不受到公众的认可与拥护，而且政治清明、社会稳定、人民安居乐业。今天的责任政府和以往的传统政府相比，在政府性质、治理目的、服务对象、责任范围等方面都有了新的内涵和要求。现实中人们期盼负责任的官员、负责任的政府、负责任的国家、负责任的社会等诸多诉求无不彰显了“责任”的意义和价值，同时，又反衬出了一些地方政府“责任”不足的现实。因此，树立“责任至上”的理念理应成为责任政府的首要价值选择。践行责任至上理念应该做到：

1. 明确责任

政府首先应该明确自己的责任范围和内容：究竟要为公众和社会提供哪些服务？公众需要什么？能够提供什么？提供多少？何时提供？如何提供？对于这些问题一些地方政府往往比较模糊，职能不清，职责不明，导致错位、越位、缺位情形时有发生。地方政府应对上述问题一一作出回答，并根据轻重缓急列出时间表。责任政府在确定责任内容的同时，还应根据当前公众面临的实际问题，将长远利益和近期利益相结合，整体利益和局部利益相结合，做到重点突出、服务有序。地方政府在社会治理中的责任重点应优先考虑矛盾调处、维护稳定、就业扶持、上学方便、看病容易、出行顺畅、食品安全、安居工程等方面，切实解决与公众息息相关的现实问题。一句话，公众的需要就是政府的责任所向。

2. 践行责任

确定责任只是责任政府建设的第一步，履行责任才是责任政府建设的关键。传统官僚政府对社会进行控制主要源于上级的压力和自身利益的需要，较少主动去为公众排忧解难，或者出于责任的驱使而主动为之，这正是现代责任政府与传统官僚政府的区别所在。责任至上的落脚点在于责任的落实，即主动履责、认真履责、高效履责、全面履责，并随时启动责任监督机制，保证责任践行效果。政府在社会治理过程中要综合考虑各种因素，运用系统思维做好相关工作，要注重区分宏观与微观、近期与长远、整体与局部、普遍与个别等情况，要因地制宜，不能搞“一刀切”，使广大公众产生公平感和愉悦心，这正是完善社会治理的基本价值诉求，实现这一目标的过程就是有效践行政府责任的过程。

3. 敢于担责

根据责权一致的理论要求，敢于担当是责任政府的显著特征。现代责任政府是敢于负责任和具有担当精神的政府，不像传统政府那样有利就争夺，出问题就躲避、推诿。政府的行为不可能保证完全合理正确，决策失误、行为过激的情形也时有发生，但问题的关键在于如何对待自身失误：是推卸责任还是敢于承认并主动担责，这是衡量责任政府成立与否的又一标准。当前应调整责任划分的传统思维惯性，从强调公民责任向强化政府责任转变，以免造成政府推诿责任之嫌。

二　以民为本：责任政府存在的价值理念

“以民为本”回答了责任政府存在的价值，即“为了谁”的问题。根据人民主权理论，政府是由人民选举的代表组成的，人民将权力授予给选出的代表，让他们替人民管理公共事务。可见，政府的权力来自人民（公众），政府行使权力只能按照公众的意愿进行，不得违背公众的意愿，这是“以民为本”的重要理论渊源。同时，政府的公共性特征也要求政府必须将公众利益置于首位，不应该也不能把个人利益放在第一位。因此，责任政府之所以存在并得以发展，公众的需要是决定性因素。要践行“以民为本”的责任政府理念，政府应正确认识政府与人民（公众）的关系。在政府与人民的关系问题上，我们必须明确：不是人民为了政府而存在，而是政府为了人民而存在，人民政府应当始终是最广大人民根本利益的忠实代表者和维护者。① 正因为如此，毛泽东才将“全心全意为人民服务”作为党和政府的根本宗旨加以弘扬。改革开放以来，邓小平提出把“人民满意不满意、人民高兴不高兴、人民赞成不赞成”作为检验我们一切工作的标准。江泽民也提出：贯彻“三个代表”重要思想，本质在坚持执政为民。胡锦涛强调：党员干部一定要做到权为民所用、情为民所系、利为民所谋。习近平提出实现“中国梦”的宏伟目标，要“对人民负责”，“人民对美好生活的向往，就是我们的奋斗目标”。由此可见，政府存在的价值就是维护人民的根本利益，让人民过上幸福的生活。

三　服务精神：责任政府作用的价值理念

服务精神是针对以往政府中心主义支配下的管制思想优化而来的。传统管制型思想认为政府主要是维护政治统治的工具，政府和公众之间不是

---

① 冯淑慧、任现辉：《树立责任理念，建立责任政府》，《兰州学刊》2004 年第 5 期。

平等的关系，政府的管理完全以政府的意愿为主，政府为公众设计生活方式。服务精神强调的是政府管理的权力和合法性来源于公众，公众的满意度是评判公共管理活动的最终标准，管理者应抱着服务的信念，像服务顾客一样去对待公众。[①] 也就是说，政府不再是高高在上的指挥者、管理者形象，而是为公众需求服务的“公仆”、“服务者”。要做到这一点，要求政府及其官员放弃“官本位”，秉承“民本位”、“权利本位”的理念，把满足公众的权利作为政府服务的方向。这一理念的转变，既能改变地方政府原有的形象，又能转变政府运行的方式和手段。既然服务精神将公众和政府置于对等位置上，那么政府以什么样的方式提供公共服务亦成为责任政府的题中之义。很显然，主动、热情、及时、回应、高效、便利等都应成为服务精神的具体体现。同时，服务精神孕育着公平的价值理念，政府应公平地对待服务对象，尊重每一个公民生存发展的权利，使每一个公民都有发展的机会，让每一个公民都能享受发展的成果，特别是要对社会中的弱势群体给予更多的人文关怀。

四 诚信品质：责任政府伦理的价值理念

政府信守承诺是政府获得公众信任的前提。新中国成立初期，党和政府在人民心中可谓德高望重，政府是人民的依靠，政府的号召人民毫不怀疑地积极响应，政民关系处于高度信任状态。但随着社会转型不断地深入，社会分层逐步固化，社会矛盾显著增加，政民关系也悄然发生改变。所有这些变化最终导致了一个人们不愿看见的结果——社会诚信流失，地方政府的诚信受到了严重质疑，地方政府公信力大幅降低。从法理上来讲，政府及其官员理应为民造福，每位领导干部都肩负着应尽的责任。但现实中一些地方政府的行为又难以让公众再充分地信任政府，甚至一些地方政府“与民争利”，以公众关注的住房为例：2010 年 5 月，山东 R 市在黄金地段为领导干部兴建住宅 3500 套；2010 年 8 月 9 日，北京某区限价商品房的资格审核名单中，188 名申请人全部是一个单位的人，且在家庭收入一栏里，一家 4 口人的年收入只有 11.1 元；同年陕西 M 县首批经济适用房“城市美景”小区的 610 套房中，有 409 套分给了县政府机关工作

---

① 陈庆云：《公共管理理念的跨越：从政府本位到社会本位》，《中国行政管理》2005 年第 4 期。

人员，如此等等。一些地方官员本来就已经是权势集团成员，从个人争利发展到如今的“抱团”争利，令人担忧。一些地方政府与民争利的实质就是官员与民争利。北京师范大学沈友军教授认为，官与民争利，几乎是中国以前不断改朝换代的一个根本原因。当今领导干部与民争利，严重混淆了公权与私利的界限，加剧了官民对立，将会影响民众对政府的信任。①

一些地方政府在许多领域都存在与民争利的情形，当公众的利益得不到有效维护，而且这个对手还是原本公众依靠的政府时，又怎能让公众再来相信政府、信任政府！建设责任政府应该重新修复损害的信任关系，重新构建政府的信任体系。公众的民主意识不断提高，恢复政府的信任关键要看其实际行动。因此，政府要在权力分解、践行承诺、为民谋利、财产公示、退出竞争性领域等方面作出成效，才会赢得公众的信任。可喜的是，2014 年 6 月 14 日，国务院印发了《社会信用体系建设规划纲要(2014—2020 年)》（以下简称《纲要》），部署加快建设社会信用体系、构建诚实守信的社会经济环境。这是我国首部国家级信用体系建设规划，成为各地信用建设的行动指南。《纲要》指出，加快社会信用体系建设，是加强和创新社会治理的重要手段，对增强国家整体竞争力，促进社会发展和文明进步具有重要意义。《纲要》强调，社会信用体系建设要按照“政府推动，社会共建；健全法制，规范发展；统筹规划，分步实施；重点突破，强化应用”的原则有序推进。《纲要》围绕政务诚信、商务诚信、社会诚信和司法诚信四大重点领域，明确了与人民群众切身利益和经济社会发展密切相关的 34 个方面的具体任务，并提出了三大基础性措施：一是加强诚信教育与诚信文化建设，弘扬诚信文化、树立诚信典范、开展诚信主题活动和重点行业领域的专项治理，在全社会形成“诚信光荣、失信可耻”的良好风尚。二是加快推进信用信息系统建设和应用，建立自然人、法人和其他组织统一社会信用代码制度，推进行业间信用信息互联互通和地区内信用信息整合应用，形成全国范围内的信用信息交换共享机制。三是完善以奖惩制度为重点的社会信用体系运行机制，健全守信激励和失信惩戒机制，对守信主体实行优先办理、简化程序、“绿色通道”等激励政策；对失信主体采取行政监管性、市场性、行业性、社会性约束和惩戒，建立健全信用法律法规和标准体系，培育和规范信用服务服务市

① 李松：《中国社会诚信危机调查》，中国商业出版社 2011 年版，第 203—204 页。

场，保护信用信息主体权益，强化信用信息安全管理。责任政府必定是讲诚信的政府，而且理应成为诚信典范。因此，政府应将地方治理的效果和政务诚信建设紧密结合起来，认真学习、领会《纲要》精神，强化责任落实，切实推行政府政务信息公开，塑造良好的政府诚信新形象，体现责任政府良好的行政伦理价值。

五 公平正义：责任政府追求的价值理念

国务院总理李克强在十二届全国人民代表大会第一次会议闭幕之后回答《人民日报》社记者的提问时表示，实现社会公平正义是新一届政府最重要的三大施政目标之一。李克强指出："公正是社会创造活力的源泉，也是提高人民满意度的一杆秤，政府理应是社会公正的守护者。"可见，促进社会公平正义是地方责任政府实现社会良性运行必须坚持的价值理念，是地方责任政府获取持续的合法性的重要源泉，是地方政府不可推卸的社会治理职责。改革开放 30 多年来，国家一方面在经济领域取得了巨大的成就，另一方面又催生了一些较严重的社会矛盾和社会问题，特别是贫富差距的不断扩大导致社会公平受到挑战，社会正义受到质疑。为此，中央提出要让改革开放取得的成果惠及全体人民，实现基本公共服务均等化，保障人民群众的合法正当权利。其实，公众并没有期望地方政府提供完美无缺的服务，而是希望提供公平的服务。目前，政府应拿出改革的勇气，通过顶层设计，打破既得利益集团的垄断地位，让中小企业和个人都有平等机会参与各项竞争活动。要实现社会公平，首要的任务是改革收入分配制度。可以说，用基尼系数不完美地（还有点不诚实地）展现出来的收入不平等，已经成为政府面临的最大挑战之一。[①] 在社会不安定的众多因素中，收入不平等处于核心地位。一些地方政府官员、国企领导或与权力阶层密切相关的人打着改革的旗号、借"摸着石头过河"的机会积累巨大财富的过程，无法令普通民众信服。面对困境，国务院于 2013 年 2 月 3 日同意国家发展改革委、财政部、人力资源和社会保障部《关于深化收入分配制度改革的若干意见》，旨在缩小严重的贫富差距。至少在分配制度和理论上有了可喜的转变，给老百姓带来了希望和期盼，

---

① 英国《金融时报》社评：《中国收入分配改革亟需细化》，《改革内参》（综合版）2013 年第 6 期。

接下来的任务就是地方政府要认真地执行。除此之外，政府进行收入分配制度改革的同时，还应改革社会保障制度、完善社会救助与保障体系，让弱势群体得到有效救助。司法公正是社会公正实现的最后防线，司法人员既要准确适用法律，又不能简单机械办案。要努力提高司法人员的素质，通过每一个案件的公正办理，提供高水平的司法服务，为社会“输出”公平正义。①

第二节　优化责任政府的目标模式

实践证明，影响责任政府建设水平的一个重要因素是责任政府目标模式的选择与定位是否清晰明确。长期以来，人们对责任政府的理解存在一些偏差，要么就“责任”论“责任”，要么认为责任政府就是服务型政府或法制政府或有限政府等，因而导致政府每一次改革目标模式都不同，改革思路有异，改革的连续性被破坏。这就是每次政府掀起的改革往往是轰轰烈烈开场、静悄悄地收场的重要原因。其实，地方责任政府并不是一个单一的目标，而是一个复合体，即地方责任政府是一个集服务型政府、有限政府、廉洁政府、法治政府、透明政府等多重目标元素于一体的政府模式，既包含其他政府模式的合理内核，又有着自身特有的价值诉求。因此，建设地方责任政府更具有艰巨性和全局性。地方责任政府的建成不仅需要全方位的顶层设计，而且也依赖服务型政府等其他政府模式的目标达成。当下的中国社会问题和矛盾要求地方政府必须在角色、职能、形象、规则、行为等方面给予准确定位，并以相对应的服务型政府、有限政府、廉洁政府、法治政府、透明政府建设目标的实现为基础，着力加快地方责任政府的建设步伐。

一　服务政府：责任政府的角色定位

公共服务是现代政府的基本职能。政府之所以得以产生，是因为必须代表“公意”为广大公众提供优质的公共产品和公共服务，满足公众的需要，这既是政府存在的意义，也是政府的责任。责任政府的本质特征就是以人为本、人民至上，全心全意为人民服务是政府的神圣职责。人民的

---

① 孙谦：《法治建构的中国道路》，《中国社会科学》2013 年第 1 期。

利益和需求就是责任政府的任务和行为方向，是责任政府权力分配的核心依据，而责任政府满足公众需求的方式就是服务，因此，服务政府也就应运而生。现代民主政治的发展表明，服务行政、服务政府得到了社会公众的广泛认同，成为责任政府角色定位的首要选择。党的十六大以来，中央多次强调要在全面履行政府职能的基础上，更加重视社会管理和公共服务。党的十七大对加快行政管理体制改革作出了全面部署，明确规定了政府职能的主要内容是经济调节、市场监管、社会管理和公共服务。党的十七届二中全会通过的《关于深化行政管理体制改革的意见》提出的深化行政管理体制改革的总体目标是，到 2020 年建立起比较完善的中国特色社会主义行政管理体制。党的十八大报告指出：“要按照建立中国特色社会主义行政体制目标，深入推进政企分开、政资分开、政事分开、政社分开，建设职能科学、结构优化、廉政高效、人民满意的服务型政府。”党的十八届三中全会公报指出，必须切实转变政府职能，努力建设法治政府和服务型政府。通过系列改革，实现政府职能向创造良好发展环境、提供优质公共服务、维护社会公平正义的根本转变，是责任政府的价值追求。

责任政府在实现其公共责任和义务的过程中，应该以“服务者”的身份出现，充分体现人民本位、人民主体性的特征，这与传统意义上的统治行政、管制行政有着本质区别。责任政府要求从管制行政向服务行政转型，提升政府的服务效能。首先，培育政府及公职人员的服务意识。政府官员和公职人员直接面对公众，是“公仆”，是公共服务过程中的直接参与人和主导性因素，工作中应摆正自身位置，转变传统观念，强化管理就是服务的观念，自觉实现从“官本位”向“民本位”的迅速转变，把为民众服务作为自己的天职。其次，提升责任政府公共服务职能。政府的服务性要求地方政府切实解决公众的现实问题，社会治理要以解决民生问题为重点，着力解决就业、看病、上学、治安、生活保障、安全生产、环境保护等人民群众最关心的利益问题，加强公共基础设施建设，优化公共资源的配置，完善社会管理制度，努力提高社会治理的水平和能力，为社会提供充足的优质的公共服务。

二 法治政府：责任政府的行为定位

社会因法治而进步，时代因法治而辉煌。法治是政府持续良性运行的根本保证，是社会成熟度的标准。“法治”是相对于“人治”而言的，由于“人治”的随意性和规章意识的缺乏致使其不可长久运行，所以法治就成为人们普遍认同的价值追求，法治政府自然也就成为人们期盼的理想政府模式，这一理想政府模式必然也成为责任政府建设的目标模式。责任政府要有效履行其职责，应该也只能按照法治理念、法治规则用权与治事，确保政府运行的规范与可持续，这正是法治规则的现实意义。在社会治理实践中，法治政府建设应从政府立法、政府执法、政府监督三个方面进行完善，才能发挥其应有的功效。

1. 制定良法是前提

法治政府首先要有法可依。尽管改革开放以来我国颁布实施的法律已比较完备，但仍然存在漏洞和过时等问题，“法律真空”现象依然存在。比如食品安全监督管理方面的法律规定就比较笼统，多个部门涉及其中，各自为政，难以形成有效的管理体系，导致食品安全问题愈演愈烈。可喜的是，各级政府已开始着手完善这方面的法律规定，北京市在这方面走在了全国的前列：从 2013 年 4 月 1 日起实施的《北京市食品安全条例》，明确划分了各级地方政府在食品安全监督管理方面应承担的责任和义务，并将其纳入地方政府绩效考核内容。比如：第四条规定“食品生产经营者应当依照法律、法规、规章以及食品安全标准从事生产经营活动，建立健全食品安全管理制度，采取有效措施，保证食品安全，接受社会监督，承担社会责任”。第五条规定市和区、县人民政府“将食品安全监督管理工作所需经费列入财政预算，并将食品安全监督管理工作列入政府绩效管理评价考核体系”，“乡镇人民政府和街道办事处负责本区域的食品安全隐患排查、信息报告、协助执法和宣传教育等工作，组织协调有关监督管理部门派驻的执法机构做好执法工作”等。

2. 严格执法是关键

法律再好不执行或执行不彻底就会失去效果，降低法律权威。从理论上来讲，政府依法行政是其行使公共权力必须奉行的基本准则，是政府必须履行的公共责任。然而在实践中，一些地方政府及其公职人员并非都是完全理性的，有法不依、执法不严甚至违法行为时有发生，地方政府的执法形象与效果认可度和信任度都较低。法治社会需要法治政府引领和示范，政府应该为社会作出忠实践行法律的楷模。“人类行为是由政府行为、市场行为和公众行为组成的，在这三者之间政府行为居于主导地位。”① 政府行为不仅能够引导和规制市场行为和公众行为，而且政府本身是一种强制性的支配力量，一旦出轨，带来的灾难是难以预计的。② 因此，责任政府建设的重要任务就是确保政府公正、规范、高效执法，才能保障人民的权利，促进社会治理的创新与发展。

3. 监督执法是保障

尽管地方政府有预防弊端的机制，但目前还难以确保所有政府公平施政，公正执法。有效的监督是督促地方政府依法办事、公正执法、公平施政的有效手段。法治政府建设的显著标志是政府的守法程度，法治政府建设的重点是法律要能够治官治权。③ 因此，对政府执法的监督事实上就是对政府官员的监督，监督的内容应包含两个维度：一是监督官员执法情况，即官员依法保障公民权利的能力，依法公平行政的水平；二是监督官员违法情况，即官员不按法律办事或不公平办事甚至违法是否得到法律的制裁。政府应以开放的心态让各类监督主体了解政府、监督政府，让权力在阳光下运行。只有这样，政府才能获得公众的认同，才能焕发出无限的生机与活力。

三 有限政府：责任政府的职能定位

尽管为公众服务是地方政府的应尽职责，但地方政府并不是万能的，不能解决公众的所有诉求和社会中存在的所有矛盾和问题，有时甚至地方政府的参与还会产生新的矛盾，这种现象就是常说的“政府失灵”。之所以如此，是因为地方政府的能力是有限的，政府并不是无所不能，而是只能做好其应该做的、能够做的事情，因此地方责任政府理应是有限政府，这是地方责任政府建设应该秉承的基本理念。有限政府针对的是政府的职能定位问题，只有有限才有选择，只有选择才有重点，解决了重点问题也就实现了地方政府的责任。地方责任政府之所以要选择有限政府的目标模式，主要有三个方面的原因：一是地方政府的权力来自人民的授予，人民

---

① 霍中文、周卫滨：《市场干预国家的法学分析》，《经济经纬》1999 年第 3 期。

② 李玉璧：《西部开发与政府法律人格构》，《西北师大学报》（社会科学版）2002 年第 4 期。

③ 杨淑萍：《行政分权视野下地方责任政府的构建》，博士学位论文，中央民族大学，2007 年，第 62 页。

授予的权力是有限的，即只能提供公共服务、解决公共问题、实现公共利益，运用体现“公意”的权力，除此之外，地方政府不能行使其他权力，更不能运用公共权力来牟取私利。二是地方政府的行为只能在法律规定的范围内运行，不能超越法律的界限。法律的规定性就是地方政府行为的边界，地方政府守法、执法是其应尽的义务，一旦越过法律的边界政府行为就属于违法行为，就要承担法律责任。三是地方政府的能力是有限的。传统的“无限政府”在实践中已步入重重困境，转型政府模式就成了地方政府自身发展的必由之路。地方责任政府要求实现从“无限政府”向“有限政府”的转变，才能更好地为公众服务，为社会的健康和谐发展服务。有限政府对地方政府职能进行合理定位，就是在社会管理实践中要有所为、有所不为，重新划分权力与责任，地方责任政府认真做好自己应该做、能够做的事情，把自己不应该做、做不好的事情转交出去，交给企业、社会自组织、公众个人等市场主体，让他们有充分的自主权。地方责任政府不直接干预企业、社会组织内部的事务，只是从宏观上进行监管。这样，地方责任政府既可集中力量履行自身的责任，又可调动社会主体的积极性，实现地方政府对社会的监督管理责任。

四　廉洁政府：责任政府的形象定位

李克强总理指出：“新一届政府认真贯彻落实党的十八大精神、认真贯彻落实中央一系列反腐倡廉工作部署的力度，一句话，要着力建设一个廉洁的政府。”古语说：“公生明，廉生威。”廉洁是政府公信力的基石，一个依法行政、廉洁高效的政府是人民所期盼的，只有做到这些，人民才会拥护。其中建设廉洁政府尤为关键，因为腐败践踏法治、扭曲规则、破坏公平、败坏风气，人民群众深恶痛绝。[①] 可见，建设廉洁政府已成为当下中国政府创新的重要目标，也成为责任政府建设的形象定位。地方责任政府建设只有塑造廉洁的形象，才能赢得公众和社会的认可，才能得到人们的追随。因此，建设廉洁政府就必然成为地方责任政府建设的任务和目标模式。廉洁政府是相对腐败政府而言的。腐败政府是指政府官员及领导层频繁利用公共权力牟取私利，由此导致政治治理的全面败坏。相反，廉洁政府是指政府官员普遍清正廉洁，法律政策优良惠民利民，法律实施公

---

① 摘自李克强总理在2013年3月国务院第一次廉政工作电视电话会议上的讲话。

正无私，公共权力被用来服务于公共利益。① 纵览中外历史，廉洁与腐败是决定政府形象的直观标准，是政府能否获取政治稳定与合法性的重要尺度。建设廉洁政府对于促进社会稳定与社会发展有着十分重要的意义：一方面，政府廉洁展示出良好的公共形象，直接引导优良社会风气的形成。地方政府在社会中是最强最大的公共组织，其行为和形象在社会中具有主导和示范作用。如果政风失范，整个社会的道德风气就会扭曲，官员腐败就会导致人民对政府的怀疑与不信任，导致信任危机。另一方面，政府廉洁与否关系到地方政府的执政能力和社会管理水平。廉洁可以提升政府公信力，增强政府社会动员能力、资源整合能力、社会关系协调能力和危机处理能力。因此，廉洁政府自然成为责任政府建设的重要内容。

第三节　优化责任政府的职能结构关系

一　优化政府职能结构

责任政府在社会治理中的职能结构从宏观上讲一般包括政治职能、经济职能、文化职能、社会职能、生态职能五个方面。在社会转型时期，许多固有矛盾和社会问题成为政府治理的重要内容，与政治职能相关的维稳职能被提到特别的高度。但在和谐社会、小康社会的愿景中，政府的职能应该是相对平衡地向前发展，也只有这样社会才会全面进步。然而，现实中一些地方政府在对待相关职能问题上认识偏颇，即重经济职能、维稳职能，轻社会、文化、生态等职能，经济、维稳职能挤压其他相关职能，甚至出现“经济中心主义”、“维稳职能一枝独秀”的状况，致使一些地方政府职能得不到平衡协调发展。实践证明，政府过分重视经济和维稳，其他职能难以有效发挥，特别是医疗卫生、社会保障、就业等民生性的社会需求得不到应有的关注和重视，会引发新的社会问题，导致社会的恶性循环，这就是有关专家指出的“越维稳越不稳”的怪圈。面对当前复杂的社会问题，社会治理创新必须从重新构建政府职能结构方面着手，方能跳出上述的循环之路。按照社会治理的基本内容和要求，责任政府应优化政府职能结构，科学界定职能界限，特别是处理好维护社会稳定职能与其他

---

① 俞可平：《政府创新的理论与实践》，浙江人民出版社 2005 年版，第 282 页。

社会治理职能的关系。具体要求如下：一是高度重视经济、维稳以外的其他职能。政府职能的配置和运行应以社会需要为原则，这就决定了政府职能的宗旨是满足社会各方面的需要。[①] 因此，政府应强化社会保障、社会医疗卫生、社会公用事业、社会治安、生态环境保护等方面的职能，从过分偏重经济、维稳的职能结构向经济、社会、文化、生态等职能平衡发展的职能结构转变，使责任政府职能真正回归到满足社会各方面的需求上来。责任政府通过提供优质服务来满足社会需求，化解社会矛盾，从而达到维护社会稳定的目的，而不是单方面就维稳而维稳，更不是救火式的维稳。二是改变政绩评价标准。标准就是指挥棒，改变政绩标准是优化职能结构的思想前提。根据党的十八大和十八届三中全会精神，坚持改革开放不动摇，全面优化政府职能结构，应将社会、生态等职能纳入责任政府的政绩考核指标，进而加重相关职能的比重，确保责任政府的职能结构不断优化。这一改革需要很大的勇气和智慧，按照中国的国情，这种权力结构的调整涉及相关的体制问题，属于改革的“深水区”，会遭到很多利益集团的反对，正如李克强所说，“触动利益比触动灵魂还要难，但别无选择”。

二 理顺政府职能关系

1. 理顺政府内部职能交叉关系

政府内部各部门职责交叉常常导致职责不清、争功诿过、效率低下、协调困难等诸多问题，关键原因在于政府部门职能配置不甚科学，存在职能交叉、职能重叠等现象。责任不清就无法负责，也就难以追责，从而成为责任政府建设的体制障碍。以食品安全监督管理为例：我国现有的食品安全监管被划分为食品加工、食品流通、食品消费等环节，并分别由三个不同的部门实行监管，不仅如此，整个食品监管环节还涉及农业、林业、工商、质检、卫生、食品药品监督等众多部门，它们都对食品安全负有监督管理责任，由于职能重叠交叉现象的存在，出了问题主动担责意识淡薄，并有卸责推诿之嫌。多个部门管理同一个问题，造成资源浪费，管理成本增加，管理效能降低。因此，理顺政府部门内部的职能关系，合理划

---

① 汤法远：《民族自治地方政府社会管理职能结构分析》，《天水行政学院》2009 年第 4 期。

分各部门的职能边界，准确界定权责关系是责任政府提高社会治理能力的有效突破口。当前，应借新一轮改革的东风，按照推行“大部制”的方略，将相关职能进行整合，减少部门之间职责交错的事项，明确责权关系，变部门之间“扯皮”为部门合作。

2. 理顺政府与企业、社会的关系

传统的全能政府是政府包办企业、社会所有的事情，政府愿怎么办就怎么办，企业和社会没有自主权。实践证明，这种“强政府、弱社会”的管理模式已不适应新形势的要求，特别是新公共管理运动的兴起和“治理”与“善治”理论的弘扬，政府与其他市场主体通过合作、共治的方式共同管理公共事务，已成为责任政府必须面对并着力践行的治理模式。当前，重新调整政府的权力配置，把政府职能的转变与调整市场主体的关系结合起来，真正实现从微观管理向宏观管理的转变，要求政府主动向企业、社会放权，把企业、社会能够做的事情放心地还给企业和社会，让它们有相应的自由和空间自主管理内部事务，此时政府的职能就是进行监督和引导。对某些社会问题如社区建设、社区治安、环境保护等可通过协调机制实行合作、共管，政府在政策、资金上予以支持，社区等公共组织（第三部门）负责具体的人员和制度的落实。这种政府与第三部门合作共治的关系，已经成为弥补政府失灵和市场失灵的一种主要机制和制度安排，成为实现责任政府社会治理的目标的重要举措。

关于政府与市场的关系问题，中共十八届三中全会通过的《中共中央关于全面深化改革若干重大问题的决定》指出：“经济体制改革是全面深化改革的重点，核心问题是处理好政府与市场的关系，使市场在资源配置中起决定作用和更好发挥政府作用。”[①] 其中最核心的关键词是市场由过去的“基础”作用改变为“决定”作用。由此可见，政府只有切实地转变观念，放松规制，给市场以空间，才能更好地发挥市场的作用。在政府与社会的关系上，政府应大力培育社会组织参与社会治理，改革现有的管理体制，降低社会组织的准入门槛，加大对社会组织的支持力度，健全社会组织的监督管理机制，最大限度地发挥社会组织参与公共服务的作用。目前社会组织的公共服务职能还没能有效发挥，这与其自身发育不良

---

① 李义平：《市场在资源配置中起决定性作用是一场革命》，人民网（http：//cpc. people. com. cn/n/2013/1216/c368480 - 23852499 - 2. html）。

有关：规模较小、活动范围有限、专业能力不足、创新动力缺乏、管理能力不高、可持续发展能力弱、发展不平衡等。特别是缺少稳定的专业人才队伍，仅靠志愿者来开展活动难以保证服务的专业性和可持续性。正因为如此，责任政府要从战略的高度重视社会组织建设，要有科学的顶层设计，形成党委领导下的社会协同的多元社会治理生态，从而更好地弥补政府失灵与市场失灵之不足。例如：

重庆巫溪党委政府通过扶持村民自主组织“乐和协会”、引进专门从事乡村社会服务的公益机构，组成了由村支两委、乐和协会和公益组织三方组成的乡建联席会，形成了村级治理的互补共生的包容性模式，即“村支两委领导、乐和协会协同、公益机构助推”，各方相互支持又相互监督、和而不同，提高了基层政府的治理能力，增强了党的执政基础。①

3. 理顺重点职能与权力配置的不平衡的关系

政府职能重点应该随着社会的发展和局势的变化适时地调整，才能有效地发挥职能作用，否则就会钳制政府社会治理能力的提升。目前一些政府职能在整个政府职能体系中的作用和意义明显提高，这就要求对相应的权力配置和管理体制进行改革，使其运行顺畅，具有发挥作用的空间。然而，一些新的职能重心没能获得与之同步的权力配置，导致许多职能得不到很好的履行。例如政府的环境保护职能已成为社会治理的重要职能，但现实中对环境的管理“部门分散、地方分割、条块分离”的现象依然十分严重，中央政府监督与调控不力，难以保证严格执法，难以克服地方保护主义。再比如，海洋战略与管理地位日益突出，而政府在海洋管理领域职责交叉、政出多门，管理海洋的部门多达 18 个，导致对海洋权益、安全、资源、环境等国家核心利益问题缺乏整体规划，对海上的执法监督管理不力。② 解决的办法就是整合职能相似的部门，重新配置权力结构，赋予环保部门等重点职能机构更大的权力，增强其管理公共事务的能力。

第四节　优化责任政府的运行机制

政府的运行机制直接关系到政府作用的发挥程度，关系到政府运行的

---

① 王名、丁晶晶：《社会组织参与社会管理创新的基本经验》，《中国行政管理》2013 年第 4 期。

② 李军鹏：《大部制改革需要解决的六大重点问题》，《改革内参》（综合版）2013 年第 8 期。

效率。按照管理学的基本原理和地方治理的实践经验，责任政府的运行机制应该具有科学、高效、灵活的特征，这就要求把握政府运行过程中的关键环节，进一步优化其运行机制。实践证明，责任政府建设应该把握住决策、执行和监督等重点环节，并相应地改革完善其运行机制，以增强责任政府的治理能力。

一 公众参与：完善责任政府决策机制

国家和政府的权力来自人民，在广泛的社会生活中，每一个公民都应该接受政府进行的社会管理和社会治理，同时更应该成为国家和社会管理的参与主体。[①] 责任政府应该以制定“善策”、“良策”为己任，才能为“善治”奠定政策基础。而“善策”、“良策”的产生需要科学完善的决策机制作保障。现有的政府决策机制尽管在历次的改革过程中得到不断完善，但还有许多有待改进的方面，最突出的问题是公众参与不足，公众的意见得不到有效采纳，地方政府作出的一些决策不能充分体现民意，有的甚至脱离实际，造成政策失效。加强对社会公共事务的治理单凭政府力量已难以完成，公众作为社会治理主体理应参与到社会治理的实践当中，充分表达意见，让政府依据民意作出决策、制定政策，这就需要建立科学完善的公众参与决策机制。近年来，公民的参与意识、民主意识、法治意识、维权意识不断增强，对责任政府执政水平和执政能力产生了新的更高的要求。责任政府要想做到“让人民满意”，公众参与就必须成为社会治理中不可缺少的环节。胡锦涛说，要丰富社会主义基层民主政治的实现形式，适应社会发展和人民群众参与愿望增强的要求，从基层政治、文化、社会生活等方面，扩大人民群众的有序参与。[②] 完善公众参与决策机制，首先，要树立民主管理的理念，相信群众，依靠群众，按照人民群众的需要提供服务。其次，要畅通公众参与决策的渠道，通过多形式多途径让公众参与公共政策的制定与执行。比如地方政府及其公职人员上门调研、座谈、听证、网络意见征集等。再次，应扩大公众参与范围及事项。凡是有关社会发展和群众切身利益的重大政策、重大项目、重大活动等决策事项，要广泛听取民意，吸收各方面意见，把公众参与作为重大决策的必经

---

① 孙谦：《法治建构的中国道路》，《中国社会科学》2013 年第 1 期。

② 《胡锦涛强调提高社会主义基层民主政治建设水平》，新华网（www. xinhuanet. com）。

程序，保证民意能够进入到社会公共政策的制定中去，实现公共决策的科学化、民主化。[①] 最后，努力提高公众自身素质，增强公众的政治责任感。地方政府可通过宣传、教育、培训、引导等方式让公众了解程序、懂得政策、熟悉法律，增强公众的政治素养和社会责任感，只有公众的素养提高了，公众有序参与决策的质量才会提升。

二　公开透明：完善责任政府执行机制

公开透明是责任政府执行公共政策有效性的重要方式。良好的公共政策需要有效的执行机制与之相适应，才能发挥良好政策的作用。然而，一些地方政府的执行机制还不完善，特别是在执行过程中缺少制衡机制，使得政府行为发生偏差，比如目标转移、腐败行为、执行不力、角色错位、自定政策等，降低了“善策”的作用，影响了“善治”的效果。解决的办法就是将权力的运行置于公众的监督之下，政务公开，透明行政。地方政府应主动公开工作目标内容、工作运行过程、工作实效结果，让公众评判地方政府执行情况。地方政府应该是透明的政府，要最大限度地公开与老百姓利益相关的政务信息，用公开重塑政府形象，用公开增强政府公信力，用公开治理“暗箱操作”，用公开消除人们的怀疑。如广东征地拆迁实行的“三条红线”具有代表性。

2005 年广东省接连发生了番禺“太石村事件”、韶关“镉污染水源事件”、汕尾“红海湾事件”等影响较大的突发性群体性事件，主要原因在于征地拆迁、环境污染等问题。针对农民土地权益引发的矛盾，省政府坚持“公众为本”的理念，明确提出了征地建设项目的“三条红线”：一是征地手续不全不完备的项目，不能开工；二是没有与农民就征地补偿进行民主协商、达成协议的项目，不能开工；三是征地补偿款没有兑现到农民手里、各种补偿不到位的项目，不能开工。谁越过了这“三条红线”，一律免职查处。“三条红线”仅实施一年，2006 年全省群体性事件参与人数下降了 60%，得到了群众的

① 向春玲：《加强和创新社会管理 18 个经典案例》，中共中央党校出版社 2011 年版，第 7 页。

衷心拥护。①

由此可见，一些地方政府在具体行政行为的实践中是否真正坚持以人为本的执政理念，是否敢于公开行政信息和行政行为，是决定执行效果的关键。目前，建立健全地方政府政务信息公开机制，主要包括三个方面的内容：第一，明确政务公开内容与范围，即哪些内容公开、哪些内容不公开以及不公开的原因都要提前告知公众。第二，完善政务公开的监督保障制度，包括对政务公开的评议、考核、监察制度；公众举报、投诉制度；行政复议和行政诉讼制度；政府失职的责任追究制度等。第三，完善政务公开的有效手段。一方面，建立健全信息发布机制和部门关系协调机制，确保信息准确一致。另一方面，选择好合适的信息传播媒介公布政府信息，比如公报、报刊、网站、广播、电视、新闻发布会等。媒介的选择应根据内容和公众容易知晓的标准确定。总之，强化政务公开透明是责任政府不可推卸的责任和义务。

三　行政问责：完善责任政府监督机制

孟德斯鸠在《论法的精神》中说："一切有权力的人都容易滥用权力，这是万古不易的一条经验。"② 为防止政府权力的腐败和滥用，必须对其进行有效分割，将决策权、执行权、监督权有效分开，建立相互制衡的监督机制，以权力制约权力，不断优化权力结构。推行以问责制为核心的监督机制的健全发展是责任政府得以成功的有效保障。在西方，亚里士多德开启了分权理论的先河，随后的资产阶级启蒙思想家和政治家洛克、孟德斯鸠、杰斐逊等推进了分权制衡理论的完善与发展，"三权分立"原则成为西方国家权力架构的理论依据和监督政府的理论基石。同时，根据人民主权理论，政府的权力来源于人民的让渡，人民是权力的所有者、国家的主人，当然有权对政府权力进行监督。但理论上的权力所有者在现实社会中处于分散状态，属于分散的个体，在政府权力面前处于弱势地位，

---

① 王楚、韩建涛：《广东征地严守"红线"三条，群众上访降低六成》，《人民日报》2006年9月18日第10版。

② ［法］孟德斯鸠：《论法的精神》（上册），张雁深译，商务印书馆1961年版，第154页。

因而难以有效发挥制约政府权力的作用。显然，西方关于行政监督的理论与实践在很多方面对我国都有一定的启发意义。当前，一些地方政府权力滥用现象较多，腐败行为难以有效遏制，公众对地方政府的不信任加剧，社会问题碰头叠加。一个重要的原因是对政府权力的监督不力，监督机制过时或失效，急需进行改革和完善，构建真正的责任政府。

责任政府的监督机制是指监督主体、客体、内容、程序、手段等综合要素相互依存、相互制约、和谐统一的监督体系。但目前政府的监督机制还存在诸多问题：一是监督的动力不足。行政监督人员监督政府的主观能动性不够，多数行为属于被动执行，较少主动去监督检查权力的运用情况，主要原因在于现有监督机制不健全，未能形成对监督工作成效本身的考核机制，更没有形成监督激励机制和责任追究机制。二是监督机构职能分散，难以形成整体合力。以立法、行政、司法监督权为例，立法监督权属于人大、行政监督权属于政府、司法监督权属于法院和检察院，各监督主体不能形成统一整体，难以有效进行协调沟通，各自为政，弱化了监督机制的整体功效。三是公众和舆论监督失范。一方面由于政府的公开透明度不高，公众和社会不了解政府工作内容，政府很多时候仍然处于“神秘”状态，公众和社会无从监督。另一方面，由于社会监督的渠道不畅，致使监督工作不能良性运行。社会舆论一旦获得政府相关的负面情况，就会立即通过各类途径进行宣扬甚至炒作，发起网络攻势，制造公众或网络舆情，“倒逼”政府“有所作为”。

建设责任政府应该着力完善责任监督机制，发挥监督机制的实效性。针对政府目前存在的系列问题，需要改革和完善以下措施：首先，强化监督动力机制。可通过两个方面来实施：一方面，切实提高监督人员的素质和能力，通过道德观念、权力观的教育，使监督人员形成道德内在约束力，自觉进行监督工作。另一方面，明确监督责任，强化监督问责。建立和完善责任追究制度，既要有责任确定机制，又要有责任奖惩机制，并和人员晋升、物质奖励紧密结合。通过具体的追究措施，给监督主体形成压力，产生动力，驱使监督主体积极主动实施监督。[①] 其次，建立监督协调机制，强化监督整体功效。针对目前各自为政的监督主体，建立一个统领全局的监督协调机制，以法律、制度等形式明确各监督主体的责任、义

---

① 夏书章：《行政管理学》（第4版），高等教育出版社2008年版，第381页。

务、利益等内容，不仅要完成本系统的监督任务，而且要将协调配合其他监督主体的工作纳入考核范畴，使各监督主体相互配合、互通情况，形成整体合力，发挥整体功效。最后，畅通渠道，完善公众和舆论监督机制。近年来，许多腐败官员的落马都是首先被公众和舆论监督挖掘出来的，其效果远远胜于其他的监督方式。目前的任务是尽快完善公众和舆论监督机制，才能让这一直接有效的监督形式得到健康发展。通过立法来规范公众和舆论的监督形式、途径、程序、内容、方法以及侵权责任等问题，使公众和舆论监督驶入法治化轨道。

第五节　优化责任政府的管理手段

责任政府建设离不开管理方法和手段的创新与优化。当前，政府除了进一步完善政策、经济、法律和行政等传统手段外，还应根据社会管理向社会治理转型的新形势、新情况、新任务，改革管理方式，不断创新和优化管理手段。在市场经济不断发展和完善的背景下，市场在资源配置中的作用由“基础性”向“决定性”转变，政府应将以往僵化的官僚等级思维转化为富有效率的市场经济思维，大胆引入具有市场属性的企业管理的方式方法，弘扬企业家精神，与市场接轨，充分调动市场主体的积极性和创造性，多层次、多渠道地为公众提供优质的公共产品和公共服务，提高政府的管理水平和治理能力，降低政府的治理成本，增强政府履责尽职的效果。就地方政府社会治理的任务和目标而言，当前应积极推行电子政务管理、合同化管理、政府绩效管理等方法，并提升多种方法综合运用的能力。

一　信息化与电子政务

抓住信息化大潮，利用互联网广泛收集、分析、判断、了解民情民意，正确理解和解读民众的愿望和诉求，有针对性地提出应对策略，制定符合实际的公共政策，积极使用先进的信息技术工具为国家“决策”和“治理”服务，这就要求政府以电子政务为核心的现代信息技术处理能力得到提升。目前，全球化进程加快、信息化建设步伐不断提速，电子政务已成为各国政府相继采纳并大力发展的一种重要的政府管理形式，对传统政府的管理模式产生了前所未有的冲击，并对现代政府建设提出了新的更高的价值诉求。责任政府建设不仅离不开信息化技术的支撑，而且也应该将信息化及电子政务的工作管理模式作为建设的重要内容，并且通过不断优化电子政务的流程来推进责任政府建设整体水平的提升。关于电子政务的定义，由于我国还处于发展阶段，人们对它有着不同的看法和理解，但这不影响电子政务作为一种新型的政府管理模式不断发展的步伐。本书认为，电子政务是指政府运用现代信息技术，打破原有组织机构的界限，转变政府职能，优化政府原有工作流程，高效办理公共事务、快捷处理管理政务、及时提供公共服务的一种政府管理手段和模式。电子政务的实施主体是政府，在我国包括党委、政府、人大、政协等一切公共机构。电子政务所依赖的是以计算机为主体的现代信息技术、网络以及通信技术。电子政务的核心是政府管理社会的公共事务，电子技术只是其实现管理目标的手段；电子政务具有开放、透明、虚拟的相互联系和依存的特征。[①]

1. 信息化及电子政务的意义

信息化及电子政务水平既展示了一个国家和地区的综合实力，又依赖于国家和地区经济社会发展的水平。我国在改革开放以来，经济得到了快速发展，为信息化及电子政务的建设奠定了坚实的基础。当前，我国正处于经济转型、政府改革、社会转轨和社会问题多发的特殊时期，加快信息化及电子政务建设具有十分重要的现实意义。

（1）推行信息化及电子政务有利于提升政府市场监管的职能。虽然我们已经初步完成了从计划经济向市场经济的转型，但由于我们还处于社会主义初级阶段的特殊时期，政府管理市场经济的方式方法还不完善，市场经济的管理体制还不健全，地方政府管理经济的水平还比较低，这些都要求地方政府切实增强驾驭市场经济的宏观能力，对市场进行有效的监管，方能确保市场经济健康有序地发展。传统政府的管理手段已不适应经济发展的要求，而信息化及电子政务作为一种新型的管理工具，其高效、快捷、透明、公开的特点正好弥补了传统政府手段的不足，它可以帮助政府收集市场信息、监测企业动态、识别市场中的各种问题，为政府有效监管市场提供决策信息。

（2）推行信息化及电子政务有利于促进政府职能转变。责任政府建设的目标模式包括服务型政府、法治政府、有限政府和廉洁政府等，而这

---

① 徐双敏：《电子政务概论》，武汉大学出版社 2009 年版，第 4、5 页。

些政府模式均与传统的政府管理模式相区别，要求从以政府为主体的管制型方式转向以公众和社会为主体的服务型方式，信息化及电子政务正好适应了这一转变的需要，政府依托于电子信息技术手段和网络平台为公众提供服务，及时回应公众和社会的需求。这一便捷的服务方式客观上迫使政府转变职能，主动适应信息化及电子政务发展的需要。以网络舆情为例，随着信息技术的发展，政府的很多行为都置于公众的监督之下，稍有不慎就会在网上掀起网络舆情，导致政府处于被动局面。比如2009年发生在湖北巴东的邓玉娇案、2012年河南光山“12·14”校园伤害案、湖北利川冉建新案等都是因地方政府对网络信息平台重视不够造成了网络舆情，导致政府在处理问题时陷于被动。政府公共事务管理中因信息化带来许多全新的问题，如网上诈骗、信息安全、网络舆情等，对这些新问题的管理需要政府及时作出职能调整，主动面对信息浪潮，提升政府应对网络安全等问题的能力。对信息的分析与处理成了政府提高信息管理能力的重要路径。

(3) 推行信息化及电子政务有利于提高政府办事效率。信息化及电子政务主要通过网络信息平台发布信息、宣传政策、提供服务，只要有网络覆盖的地方都能共同享有，不像以往办事都非得到政府相关部门登门办理。这既为老百姓节省了时间，也给政府减少了程序，提高了政府为公众办事的效率。例如：

> 湖北省巴东县位于武陵山区，属于典型的老、少、边、山、穷地区，境内自然条件恶劣，山大人稀，坡陡路险，老百姓到县城办事最远单程要走200多公里，且成本高，时间长。为解决这一难题，该县抓住扶贫开发机遇，在全县农村铺就信息网络，在各村建立党群政务服务中心，让老百姓不出村就能办成事，最终形成了“农民办事不出村”的服务模式，极大地方便了群众，成为湖北省乃至武陵地区农村信息化及电子政务建设发展的样板。

(4) 推行信息化及电子政务有利于提高政府决策质量。信息化及电子政务为公众参政议政提供了方便快捷的途径。在传统政府管理模式下，普通老百姓没有合适的路径为政府建言献策，而公众自身的利益诉求也难以及时地传达给政府，政府民主管理水平不高。信息化及电子政务作为一种快捷的信息交流平台，公众的意见和诉求会及时地传递给政府，政府也会认真对待公众的意见和建议，并作为决策的参考依据。政府只要能充分尊重民意，作出的抉择自然符合公众的需求，得到公众的认可，不仅能提高决策水平，而且有利于推进社会治理中民主管理的进程。

（5）推行信息化及电子政务有利于减少政府运行成本。信息化及电子政务倡导无纸化办公，通过政府的政务信息平台申请办理相关业务，即所谓的网上办公，公文履行也通过网上进行，减少了以往文件打印、文件传送、文件保管等物质化管理方式，为建设节约型政府、廉洁政府奠定了基础。

2. 信息化及电子政务管理的优化

（1）顶层设计做好规划。信息化及电子政务涉及内容广泛，是一项庞大而系统的工程，需要政府正确认识信息化及电子政务的重要性。实践证明，好的科学的发展规划是确保信息化及电子政务健康发展的前提条件，政府应从宏观上进行顶层设计，把信息化及电子政务建设作为责任政府建设的有机组成部分，不断开发和更新政府的工作流程，促使信息化及电子政务创新与发展同步。地方政府应成立相应的领导机构，负责本地区社会治理信息化及电子政务建设的具体工作。要将信息化及电子政务建设纳入地方政府经济和社会总体发展规划，明确规定政府各部门建设的目标和任务，做到目标明确、层次清晰、分步推进、效果良好。

（2）提升数据分析应用能力。在大数据时代，利用信息技术实现社会治理目标，是一个政府治理能力或水平的重要体现。信息化时代每天会产生庞大的数据信息，使我们面临着一个全新的、纷繁复杂的"数据社会"，"数据分析"无疑会成为社会治理的一个有效手段和工具。大数据技术的战略意义不在于掌握庞大的数据信息，而在于对这些含有意义的数据进行专业化处理并使其产生新的"增值"，这就要求社会治理方式也必须随之改变。能不能利用好"数据分析"这一技术工具，既是政府间竞争力的重要体现，也是能否提升社会治理能力的重要标准。

（3）提高网络安全管理能力。网络安全是世界各国都无法回避的现实问题，同时也是世界各国正在加以研究的全新课题。对于网络安全问题要有客观的认识：一方面不能因为存在网络安全问题就"谈虎色变"，拒绝信息化及电子政务；另一方面，不能认为保护网络安全工作太过艰巨而

“无所作为”，对信息化及电子政务建设失去信心。其实，只要政府官员和管理人员增强自信心，强化安全意识，创新管理流程，开发新的产品，就能有效预防网络安全事故的发生。

（4）加大投入，强化自主品牌的开发力度。信息化及电子政务需要有先进的技术设备与之相适应，政府应用发展的长远的眼光来看问题，不能因眼前的利益而忽略对信息化及电子政务建设的经费投入。相关设备一般是初始安装较贵，后期只需维护费用，政府应将相关经费列入政府建设预算，划拨专款保障信息化及电子政务的发展。经费来源应包括中央专项资金和地方政府专项资金两个部分，对民族地区和贫困地区应加大中央政府的扶持力度。同时，加强自主知识产权的技术研究开发力度，防止因国外技术垄断造成管理成本增加，减少技术上对国外的依赖度，增强国产信息化及电子政务管理软件的开发力度，促进国内信息产业的发展。近年来，各界对大数据的认识已经提到了足够高的地位，但如何开发却莫衷一是。目前很多地方政府都在上马云计算基地，加大对基础设施的投入，但在软件的开发上却没有足够的重视，而一些互联网公司则走在了开发的前列。比如百度就推出了大数据引擎，研发了包括开放云、数据工厂、百度大脑三大组件在内的核心大数据能力开放，通过大数据引擎向外界提供大数据存储、分析及挖掘的技术能力，这是全球首个开放的大数据引擎。政府也可采取借鉴、参与或者合作的方式，提升对大数据的开发能力。①

（5）加快信息化及电子政务立法进程。信息化及电子政务虽然已取得了可喜的成就，但各地发展水平不均等、推进步伐不一致，没有统一的法律规范给予引导，因此，地方政府信息化及电子政务的质量和标准也呈现出多样化的局面。责任政府需要电子政务更加科学规范，根据目前的情况唯有通过立法来规范信息化及电子政务的各项内容：比如制定广播电视、电信、软件、互联网、信息安全等方面的法律及相关措施；完善公共信息资源管理、电子商务安全交易、网上知识产权保护、数据保护、网络管理等方面的法律法规；严厉打击网络犯罪和计算机犯罪等。通过立法来规范信息化及电子政务的程序、范围、监管、模式等内容，促进信息化及电子政务有序发展。

① 竹立家：《提升数据开发能力也是现代化》，《人民日报》2014年7月17日第14版。

二 社会化与合同管理

随着社会化程度的提高，政府合同化管理在西方已有了较成熟的运作模式，而在我国还处于发展阶段。所谓合同化管理，一般是指政府通过与营利或非营利性民间组织签订承包合同，以实现在某一公共服务领域的相互合作。① 有资料显示，美国常见的64项市政服务中，平均有23%的项目以合同的方式承包给了私营部门（包括各种非营利组织）。在州政府的业务中，平均有14%的业务项目通过合同的方式外包给了私人部门。② 地方政府完全可以将道路维修、城市绿化、垃圾的清理、街道卫生、路灯维护、公园管理等责任以合同承包方式转交给有资质的企业和公益性组织，让它们为公众提供服务。我国在计划经济时代几乎无须实行合同化管理，改革开放以后，随着市场经济的发展和完善，政府与企业和非营利性公共组织的关系亦随之发生改变，政府不再是公共服务的垄断者，开始以合同外包等方式让企业为社会提供公共服务。政府逐步放松规制，公益事业单位摆脱了以往作为政府下级单位被管治的地位，获得了更多的自由和空间，同时也承担着更加清晰的服务责任。特别是2013年9月底，国务院办公厅颁布了《关于政府向社会力量购买服务的指导意见》，为各地推广政府购买企业和社会组织服务提供了明确的法律依据，保证各项工作有章可循。2014年4月23日，国务院总理李克强主持召开国务院常务会议，确定进一步落实企业投资自主权的政策措施，决定在基础设施等领域推出一批鼓励社会资本参与的项目，让社会资本特别是民间投资进入一些具有自然垄断性质、过去以政府资金和国企投资为主导的领域。会议决定，在铁路、港口等交通基础设施，新一代信息基础设施，重大水电、风电、光伏发电等清洁能源工程，油气管网及储气设施，现代煤化工和石化产业基地等方面，首批推出了80个符合规划布局要求、有利转型升级的示范项目，面向社会公开招标，鼓励和吸引社会资本以合资、独资、特许经营等方式参与建设营运。下一步将推动油气勘查、公用事业、水利、机

① 李俊清：《传承与创新：当代公共管理理论与前沿问题研究》，人民出版社2009年版，第229页。

② ［美］E. S. 萨瓦斯：《民营化与公私部门的伙伴关系》，周志忍等译，中国人民大学出版社2002年版，第129页。

场等领域向社会资本开放。会议要求，要完善配套实施细则，推动基础设施和公用事业特许经营等立法，加强对落实情况的督促检查。这一重大改革政策为合同化管理提供了广阔的背景。

1. 合同化管理的意义

合同化管理是相对传统的管理手段而言的，它是政府社会管理水平提高的具体体现，是实现有限政府理念的有效措施，是政府与时俱进地管理社会公共事务的一种手段，对责任政府建设有着重要的意义。

（1）降低政府管理成本，建设廉洁政府的需要。政府与企业等公益性组织签订公共服务合同，是建立在双方同意的基础之上的，按照合同条款的规定各自实现各自的目的，合同项目的承包方具有自觉履行合同的积极性，无须像传统方法那样去进行思想政治工作、组织发动工作、关系协调工作等，这就降低了政府的组织管理成本，只需要按时按要求检查验收即可。同时，合同管理可有效避免政府管理过程中不计成本的大手大脚的习惯，企业为了获取更高的利润会不断优化实施方案、创新管理技术、降低管理成本，以提高管理效率，为廉洁政府创造条件。西方国家专门对政府合同外包的成本进行了研究，那些由政府自身提供的公共服务成本都要比承包商高出30%左右，如表7—1所示。

表7—1　　职能部门与承包商成本费用的比较

项目	承包商节省的费用（%）
固体垃圾收集	25
修筑街道	49
路面清扫	30
树木修剪	27

资料来源：郑苍松：《政府合同外包治理研究——以福建城市垃圾处理为例》，硕士学位论文，福建师范大学，2010年，第9页。

（2）社会管理事业发展的需要。责任政府的有限性决定了政府只能是有所为、有所不为，政府采用市场机制把一部分社会公共产品和公共服务的供给交给市场去完成，既为自身建设减轻了压力，又发挥了其他市场主体的能动性，能及时高效地提供公共服务。由于社会事业的多样性，政府自身不能满足社会的全部需求，可用合同承包的方式满足公众的生活需求。企业为了赢利和得到持续性的发展，不得不运用自己的商业资源、管理经验、专业技术和专业人员为公众提供满意的产品，树立自己的良好形象，甚至展示自己的社会责任，实现企业与政府服务的“双赢”。

（3）提升政府管理水平和能力的需要。政府作为公共组织满足公众和社会的公共需求是其应尽的责任和义务，但政府资源和能力的有限性决定了单凭政府自身的力量是难以完成其公共责任的，这就为政府运用合同化管理手段提供了可能。当今世界新一轮的政府改革运动在新公共管理的浪潮中继续前行，政府管理水平和能力逐步成为国家竞争力高低的衡量标准。新一届中国政府已经拉开了政府改革的大幕，提升政府自身的管理水平和能力成为改革的重要目标。其中，政府的合同管理能力作为政府整体管理能力的重要内容，是责任政府建设的合理选择。政府实行合同化管理可有力促进政府管理能力的提高，主要表现在：一方面，可提高政府的统筹协调能力。政府将自己的任务进行合理划分，能给市场的交给市场去做，自己可集中精力考虑重大的全局的问题，避免陷入烦琐的具体事务之中。另一方面，提高政府合同策划与控制能力。政府合同的内容非常丰富和复杂，尤其在合同签订前的招投标阶段，合同策划更为重要。比如如何将项目分解成几个独立的合同，采用什么样的委托方式和承包方式，相关合同在内容上、组织上、技术上、时间上的协调等。[①] 除此之外，合同签订时并不一定考虑到所有问题或掌握全部信息，特别是一些大项目更具复杂性，合同在执行过程中会出现新问题，政府要有及时控制合同变更的能力。

2. 政府合同管理的优化

（1）重视合同管理。合同管理是政府购买公共服务的重要手段，在社会建设和管理中发挥着越来越重要的作用。地方政府应转变政府在公共服务供给上独当一面的传统认识观念，把政府购买公共服务与政府职能转变、提高政府服务效能紧密结合起来。政府通过合同外包方式将企业及社会组织吸纳到公共服务的体系中来，可增强社会组织参与公共服务的热情，培养它们的社会责任感，扩大公共服务范围，最终解决政府公共服务

① 刘典文：《为公众做个好交易：不断提高政府合同管理的能力和水平》，《领导科学》2010 年第 2 期。

能力不足的问题。因此，政府应将合同管理作为政府社会管理方法创新的主要内容研究和推行。例如：

2013年北京市计划安排8000万元市社会建设专项资金，向社会组织购买500个公共服务项目。2013年购买社会组织服务重点围绕社会基本公共服务、社会公益服务、社区便民服务、社会管理服务、社会建设、决策研究、信息咨询服务等方面。据统计，2010年以来，北京市已连续3年累计投入了2亿元，购买社会组织公共服务项目1029个。①

（2）合同招标应公平、公正和透明。合同招标是合同管理的核心内容，必须做到公平、公正、透明才能确保合同管理的质量和效果。之所以要进行合同招标，就是为了引入竞争机制，让更多的公共服务提供者参与竞争，有比较才有鉴别，在比较中选择最优者，将有足够的资质、充足的实力、良好的信誉、最低的价格的供给方选出来，才能保障其提供的公共服务质量满足社会的需要。但是，合同招标也是最容易产生腐败的环节，稍有不慎就会降低合同管理的效果，影响政府的声誉。解决的办法是通过制度和机制来确保公平、公正、透明的实现。具体要求如下：首先，广泛宣传招标内容及要求，多渠道多途径传播招标信息，尽量让更多的组织参与竞争。其次，公平对待竞标者，只要具有资质的都应一视同仁，不管姓“国”姓“私”，都要给其机会，创造竞争压力。再次，组建与竞标者无利益关系的评审小组，制定统一的标准和评分细则，确保评审小组独立评审。最后，及时公开招标要求、招标过程、招标结果，不为腐败等行为留下机会和空间。

（3）健全政府合同管理机制，规避合同管理风险。政府合同管理还需要相应的机制来保证其有效运行，促进合同管理的规范性。首先，建立竞争机制。既然实施合同管理，就是为了选择更优质的服务，那么选择不能只对一家单位，否则就不叫选择，招标就没有意义。合同签订前，政府应创造条件让更多的组织单位参与竞争，甚至可以规定参与竞标组织的最低数量（如3家及以上），低于最低数量不予进行。其次，建立监督机

① 王东亮：《政府购买社会组织服务增200项》，《北京日报》2013年2月7日第2版。

制。合同管理也要实行严格的监督，并且是全过程的监督。招标前应对合同内容进行审核，包括对参与竞标单位的资质审查、对评审小组人员选择的审核、对程序实施监督、对结果进行复核、对合同执行情况进行检查等。不仅要监督合同是否按时按标准进行，还要监督合同管理者与企业等组织是否存在不正当利益关系，从而最大限度地规避风险。最后，建立调适机制。合同管理是一个专业性很强的复杂的系统工程，尤其是对一些重大项目的管理，必须将合同分成若干个独立的子合同，由于内容的广泛性和关系的复杂性，特别是一些外力作用甚至是不可抗拒的力量的影响，合同在执行中内容会发生变化，关系需要调整，这就需要政府建立合同管理的调适机制，及时调整相关内容和重新协调各种关系，确保合同不偏离方向。

（4）提高政府合同管理人员的素质和能力。政府合同管理具有很强的专业性，合同管理的效果与政府合同管理人员的素质紧密相连。首先，增强合同管理人员的责任意识和法纪观念。不能认为合同签订以后就可以不管了，就没有责任了。其实不然，私人部门秉承效率至上和营利取向，坚持低成本、高产出的理念，常常忽视企业的社会责任与公共义务。如果政府不有效实施监督检查，私人部门提供的公共产品将难以确保质量、难以达到公众的要求。这就需要政府合同管理人员增强责任感，按照法律程序自觉实施监管。其次，培养合同管理人员的专业素养。必须对政府合同管理者进行相关知识和业务技能的培训，使他们学会合同化管理，以更好地签订合同、监控合同。比如给合同管理作预算的能力、给合同作评估的能力、懂得并运用《合同法》等相关法规的能力、对合同实施监管的能力、掌控合同变更的能力等。只有具备高素质的合同管理者，责任政府管理手段的优化目标才能更好地实现。

三　科学化与绩效管理

责任政府要努力实现社会治理的科学化水平，需要有效的手段和方法与之相适应。实践证明，绩效管理是一种有效的手段，有助于政府管理水平的提高。政府绩效是指政府在社会治理中运用公共权力管理公共事务、提供公共产品和公共服务、实现公共目标所取得的成绩和效益。政府绩效管理是政府适应社会公共需求的变化，不断创新政府管理模式，提高政府社会管理能力，增强政府社会管理绩效的一种管理手段。政府采用绩效管理同样是市场化理念在公共组织中运用的结果，成本理念、效益理念、资源的优化配置等理念得到政府的认可和吸纳，有利于提高政府的治理水平和服务质量。

1. 政府绩效管理的意义

（1）政府实施绩效管理有利于增强政府的责任意识。绩效管理的核心内容就是要对实际绩效进行评估，并根据评估结果决定是奖还是惩，这对改变以往政府效率低下、责任意识与危机意识淡薄的状况有促进作用。用绩效衡量工作成绩，政府不敢懈怠，会增强其责任意识，对公众负责，主动提高政府在服务、效率、公平等方面的服务水平，增强公众的满意度。

（2）政府实施绩效管理有利于形成良好的竞争机制。政府绩效通过绩效考核得以确认，并根据确认的结果决定奖惩，这就在政府内部给各部门造成了一种压力，都害怕被惩罚，于是部门之间相互竞争，能更好地激发出领导和公职人员的积极性和动力。同时，公众对政府部门的绩效也有一个选择权利，绩效高、服务质量好的部门得到公众的认可与好评，反之则遭到公众的批评与否定，公众的认可与选择成为绩效管理的一个重要衡量标准，也对政府部门之间的竞争产生一种推力。

（3）政府绩效管理有利于资源的有效配置。绩效管理必须考虑成本—效益问题，政府在进行公共目标的选择与设计时，应尽量减少成本、提高效益，以达到有限的资源配置合理、使其发挥最大效益之目的。

2. 政府绩效管理的优化

绩效管理作为企业的一种有效管理方法被引入政府组织，表明了政府传统管理理念的转变，实属难能可贵。但也不能一蹴而就，因为政府毕竟不同于企业，企业绩效管理的很多操作办法不可完全移植到政府管理中来，要么需要一个过程，要么需要一定程度的创新。因此，优化责任政府绩效管理就成为必然。

（1）加强政府绩效管理的立法进程。目前绩效管理已得到政府等公共组织的高度重视，许多地方政府都已或多或少在实行绩效管理，有的甚至取得了显著成效。然而，理论上的重要性和实际中的地位还有差距，主要表现在绩效管理的地位和权威性不够，约束力不强，原因就是没有相应的制度或法律作支撑。优化政府绩效管理效果，首要任务是以立法的形式规定绩效管理在责任政府建设中的地位；成立绩效考核机构，明确相应的调查、监督、考核权利；规范考评程序和信息反馈路径；提高政府绩效管理结果的信度与效度。

（2）健全政府绩效管理的运行机制。首先，建立激励机制。绩效管理的首要环节是确立绩效目标，通过目标设计激励部门和员工增强信心和动力。同时，目标任务与奖励相结合，也有利于部门积极性的发挥。其次，完善沟通协调机制。政府绩效包含整体绩效和部门绩效，在实施的过程中各部门难免会产生摩擦和利益冲突等问题，政府绩效管理机构应担当沟通协调的责任，按程序及时缓解。除此之外，政府还会与外界发生矛盾，处理好对外关系也不可少。最后，完善公众参与机制。民主政治不断发展，公众权利意识不断增强，评价政府绩效不能只是政府自己说了算，要让更多的主体参与到政府绩效的考评中来。政府目前的管理绩效只是向人大或上级政府报告，公众参与不够。责任政府的绩效管理要求重新定位公众的作用，由公民选择、界定绩效考核对象。通过公民的参与将事实（数据资料）与价值取向（公众的偏好）结合起来，增加政府绩效考核的社会关联度，选择那些最需要控制又最能体现对公众负责的项目纳入绩效考核指标，从而确保公共服务的供给符合公民的偏好。[①] 按照这一要求实行的绩效管理既可帮助政府时刻以民众的需求为指引，还能让政府时刻接受公民的监督，增强政府的透明度。

（3）创新政府绩效评估手段。科学合理的绩效评估手段是政府绩效管理成功的关键。目前，由于相关法律和制度规章建设滞后，对政府究竟如何进行评估还存在着较大的争议，各地做法也不尽相同。结合地方政府社会管理水平的现实状况，对政府绩效的评估应采取“主体多元、内外结合”的模式进行。除政府内部上级评价外，其他相关社会主体如人大、司法部门、企业、第三部门和公众都可按照相关机制参与评估。例如：

> 珠海市从1999年开始实行的“万人评议政府”就是为了转变机关工作作风、优化发展“软环境”而对政府相关部门的绩效进行评估的有效方法，即每年年底政府向社会发放1万张评估票，专门评价政府部门的工作作风和工作绩效，其中参与的主体是企业和公众。从1999年到2007年举行了7次年终考评活动，企业在历次的参与考评

① 夏书章：《行政管理学》，高等教育出版社2008年版，第481页。

的票数比例分别是55%（1999年）、70%（2001年）、70%（2002年）、70%（2003年）、43.6%（2004年）、42.3%（2005年）、40%（2007年），7次企业平均票数达到56%。①

政府绩效结果应充分尊重企业及社会公众的意见，才能使政府的绩效管理步入健康发展的轨道。

四　多种方法的综合运用

实践证明，责任政府建设涉及政府工作的方方面面，不同的性质、不同的内容、不同的工作对象、不同的环境等都对政府工作的方式方法有着不完全相同的要求。因此，政府在工作中不能“一刀切”，应随时根据变化的环境和内容选择不同的方法，特别是面对复杂的社会问题只采用单一的方法是难以解决问题的，还必须综合运用多种方法。改革传统方法，优化现代方法，创新技术手段，使传统方法与现代方法有机结合，优势互补，相得益彰，共同作用于责任政府目标实现的过程中。

1. 充分发挥传统方法的作用

传统方法主要包括政策方法、经济方法、法律方法、行政方法、道德教育等，这些方法是经过长期实践并行之有效的政府管理手段，都有着其他方法无法替代的优势，并且在目前的社会发展阶段仍然发挥着主体作用，因而要不断完善，推陈出新，使其更加科学规范。这些方法不仅有着悠久的历史，而且具有较强的生命力，并被人们普遍接受与认同，既不能因为创新而否定，也不能因为这方法还存在不足就轻易抛弃。正确的态度是以辩证的思维来认识它们，以科学的手段来发展它们，使它们更好地发挥自身优势，为责任政府建设和社会发展服务。

2. 充分激发现代管理方法的活力

合同管理、绩效管理、目标管理、标杆管理等现代方法都来源于企业管理的成功经验，观念新颖、讲求实效、注重节约、重视团队精神，其观念和做法更适应当前社会问题的多变性和复杂性，充分展现了市场经济的相关特征，比起传统手段的按部就班更具有灵活性。但它们毕竟源于企业

① 付景涛、黄辉：《企业参与地方政府绩效评估的机会空间——顾客政治的理论视角》，《中国行政管理》2013年第3期。

管理，在新公共管理理论大行其道和政府再造运动广泛兴起的背景下被引入政府等公共组织，存在一个转换、适应的过程。因此需要根据公共组织的特性不断优化相应的技术和流程，以便充分激发其活力，发挥其正效应。特别是我国地方政府长期在官僚体制和政府本位思想的影响下，现代管理方法的采用与转换不仅具有重要的现实意义，而且更加具有艰巨性。

3. 努力创新管理技术与方法

责任政府要与时俱进地适应科技的发展和社会的进步，不断采用新技术来提高社会治理能力，创新管理技术和方法，更好地为公众和社会发展服务。同时，在管理方式上要充分尊重广大群众的意愿，实施人性化管理、弹性化管理，以提高公众的满意度。

第六节　优化责任政府的社会环境

一　加强生态环境保护：促进政府与自然的和谐

习近平 2013 年 4 月在海南省考察时指出，保护生态环境就是保护生产力，改善生态环境就是发展生产力。良好的生态环境是最公平的公共产品，是最普惠的民生福祉。[①]

保护生态环境、建成美丽家园已成为新时期责任政府的历史使命和时代责任。改革开放以来，发展经济一度成为政府的首要任务，衡量的标准是 GDP，发展经济的模式是传统的工业化模式，增长是靠高耗能、高排放、高污染换来的，发展的结果呈现出两面性：一方面是经济总量的不断扩大和 GDP 持续稳定的增长；另一方面，环境污染、资源枯竭、矛盾加剧，生态环境遭到严重破坏，政府保护生态环境的责任严重缺失，这种掠夺式开发已走到了危险的边缘。政府对政绩需求的无限性与自然环境资源的有限性产生了不可调和的矛盾，一些地方政府还在津津乐道欢庆 GDP 等“政绩工程”的同时，被破坏的生态环境已开始向人类“回报”瘟疫、疾病、酸雨、沙尘暴、雾霾、洪涝灾害等特殊“礼物”！

拥有责任担当精神的政府应该反思自己的行为和发展方式，政府应该思考如何转型才能扭转目前的发展困境，既保护环境又促进经济社会协调

---

① 习近平：《保护生态环境就是保护生产力》，人民网（http://fujian.people.com.cn/n/2013/0411/c181466-18441970.html）。

发展，实现人与人、人与自然的和谐共存的生存状态。1987 年世界环境与发展委员会发表了《我们共同的未来》的报告，正式提出了“可持续发展”的概念：既满足当代人的需求，又不对后代人满足其需要的能力构成危害的发展。这一概念表达了两个观点：一是人类需要发展；第二是人类的发展是有限的，不能危及子孙后代的发展需要。[①] 这一概念较好地回答了“如何发展”的问题。

21 世纪以来，我国政府逐步把可持续发展理念上升为国家意志，明确提出了以人为本，全面、协调、可持续的科学发展观。所谓可持续的发展，就是实现人与自然的和谐共处，既可保证当代人的发展需要，又不影响子孙后代的永续发展的需要，走生态良好的文明发展道路。当前，面对严峻的环境问题，地方政府如何才能有效防止环境问题的进一步恶化，实现人与自然的和谐发展，已成为地方责任政府面临的艰巨任务。

1. 树立生态意识，形成生态文明的社会氛围

地方责任政府应该倡导尊重自然、敬畏自然、爱护自然的理念，给自然以平等态度和人文关怀。人和自然都是地球上的存在物，相互独立、相互依存，人类不能离开自然而生存，因而应该对自然友善和敬畏。合理利用自然资源，保护生态环境，杜绝过度开发，实现人与自然的长期和谐发展。政府应率先树立生态意识，践行生态行为，摒弃以往与自然对立的观念。地方责任政府还要多形式、多层面地广泛宣传，引导公民爱护环境，保护生态环境资源，将学校教育与社会教育相结合，要在人们心中树立“自然、生态、环境、资源是人类的朋友，应该珍爱与保护”的生态观念，倡导生态文明和可持续发展理念，在全社会营造良好的生态文明氛围。

2. 正确认识和处理经济发展和环境保护的关系

经济发展与环境保护是一个问题的两个方面，是辩证统一的关系。一方面，经济发展是人类社会发展的需要，良性的经济发展为环境保护提供资金和技术支持，有利于环境保护和资源的合理利用与有序开发。反之，非良性的经济发展，就会破坏环境，导致资源浪费，不利于环境的可持续

---

① 全国干部培训教材编审指导委员会编写：《生态文明建设与可持续发展》，人民出版社 2011 年版，第 3 页。

发展。另一方面，良好的环境可为经济发展带来强劲的动力，促进经济健康发展。反之，恶劣的环境只会使经济发展失去动力，阻碍经济的可持续发展。因此，经济发展与保护环境是相互制约、相互影响、相互促进的辩证统一关系。那么，如何正确处理当前社会治理中经济发展与环境保护不协调的失衡状态？关键在于实现“三个转变”：一是从重经济轻环境保护向经济与环境并重转变；二是从先经济发展后环境保护向经济与环境同步发展转变；三是从单纯依靠行政手段保护环境向综合利用法律、技术、经济等多种方法保护环境转变。[①] 目前，责任政府应统筹规划，科学施政，将“三个转变”切实落到实处，转变理念，把良好的生态环境当作一种珍贵的财富予以保护，把环境保护作为推动地方经济发展的重要战略任务，实现经济与环境的协调发展、人与自然的和谐共生。

3. 转变经济发展方式

长期以来，很多地方经济的发展依然靠“高投入、高消耗、高排放”的方式进行，导致的结果是“不协调、不循环、低效率”的严重问题，表面上经济总量增长许多，但付出的环境资源代价和治理污染等花费的成本使增长的经济总量大打折扣。地方责任政府应该主动想办法解决这一问题，从长远利益而不是眼前利益出发，杜绝竭泽而渔的做法，坚持走经济发展的生态化道路，改变“高投入、高污染、低产出”的生产方式，本着节约资源、循环利用原则，大力发展循环经济。引进先进技术改进生产设备，促进物质生产系统的良性循环。西部民族地区要大力发展绿色产业，逐步淘汰污染严重的产业，真正实现环境友好型社会的发展目标。例如：

湖北省恩施土家族苗族自治州是全国最年轻的自治州，新形势下如何实现可持续发展，良好的生态是其最大的优势和竞争力，因此，推进生态文明建设应成为恩施州转变发展方式的有力抓手。近年来，恩施州抓住国家能源结构调整的重大机遇，依托清洁能源资源优势，着力打造清洁能源生产基地，改变传统的高投入、高污染的发展模式，因地制宜开发水电，加快培育沼气、天然气、风电、生物质发

---

① 全国干部培训教材编审指导委员会编写：《生态文明建设与可持续发展》，人民出版社2011年版，第20页。

电、光伏发电等产业。2013 年，全州投产的水电装机 320 万千瓦、风电装机 24 万千瓦、生物质发电装机 3 万千瓦，天然气产能达 1.5 亿立方米。据统计资料显示，各燃气公司年产值超过 6 亿元，国网恩施供电公司年工业总产值达到 18.33 亿元。[①] 走进恩施，人们就会感受到清洁能源正开启一个新的绿色时代，使恩施成为最适合人类居住的地方之一。

4. 健全法律制度，强化法律权威

要扭转目前经济发展与环境保护失衡的局面，必须回归到法治轨道才能产生长久的功效。首先是要健全法制。显然目前对环境保护的法律法规并不健全，或者现有的法规存在缺陷，或者已经过时，难以发挥其应有功效。当前的首要任务是结合现阶段经济发展和环境保护之间的矛盾，有针对性地制定一部严格环境保护的法律，将相关的法律要求、法律手段、环境标准、执法方式与手段、执法队伍、惩罚方式、补偿标准等内容明确细化，提高操作性，减少原则性。让新制定的法律成为具有可操作性的最严格的环境保护法规。其次是严格执法，强化法律权威，不让“良法”成装饰品。长期以来，现有法律对环境保护不力除了法律本身的因素外，有法不依、执法不严是主要原因。责任政府不仅是从思想上更要从行动上转变工作思维和作风，严格依法，严格执法，拒绝人治，强化法律权威。具体要求就是坚持标准、坚决处罚。比如，对环保不达标的项目绝不允许兴建；对污染严重的企业设备全部淘汰，不淘汰者一律关停；对污染排放超标的企业先停产改进，达标后再运行；对拒不执行法律规定、破坏环境的违法行为坚决严惩，不留回旋空间；加大对破坏环境的处罚赔偿力度，让企业深感违法成本太高得不偿失，不愿去铤而走险。总之，责任政府要敢于担当，增强执行力，绝不允许“少数人发财，人民群众受害，全社会埋单”的情形反复出现。

二 创建协调联动机制：促进区域关系的和谐

在经济全球化和区域经济一体化的背景下，区域经济和地方社会发展的联系越来越紧密，区域合作成为许多地方政府谋求可持续发展、提升自

① 王邦寿：《清洁能源开启绿色时代》，《恩施日报》2016 年 6 月 28 日第 4 版。

身竞争力的发展方略。本部分内容以“湖北省鄂西生态文化旅游圈”建设为例：鄂西地区隶属于不同的行政区域，传统的“行政区行政”模式已成为区域合作与联动的主要障碍，只有加强该地区政府间的合作，构建一个强有力的区域协调联动机制，依靠当地政府以及相关主体的积极推动来实现该地区文化、旅游、经济一体化的发展目标。

1. 协调联动机制的内涵

所谓协调联动，主要是从系统论的理论视角出发，将鄂西地区作为一个整体，统筹规划，谋求发展。因此，这里所讲的协调联动，简单地说就是协调关系，联合行动，以求共同发展。具体地讲，就是为实现鄂西地区经济社会整体发展的战略目标，各地政府、各级部门、各团体及其他参与主体在实践中统一思想，理顺关系，摒弃地方保护主义，整合资源，协调一致地完成各项目标任务的活动过程。构建协调联动机制，要求从思想、制度、组织、人员、规则、内容等方面进行全方位的顶层设计，进而形成可操作的办法体系，为实现战略目标作保障。区域的整体发展不仅能给各地创造良好的外部机遇和发展环境，而且对该区域发展落后的州、区、县、市产生强烈冲击，给它们形成压力，在横向比较中激发奋起追赶的动力。

2. 协调联动的主要内容

区域协调联动的内容十分广泛，既有政府之间的合作联动，也有非政府组织之间的合作联动，还有政府与相关非政府组织之间的协调联动等，归纳起来，可从纵向与横向两个方面进行研究。

（1）纵向协调联动的内容

第一，上下级政府之间的协调联动。首先是中央政府与省政府、建设基地之间的协调联动。湖北省委省政府在请求国务院支持这一项目时提出，建立部、省联动机制，对鄂西地区交通、生态、旅游、文化建设给予政策倾斜，特别是有关部委与鄂西生态文化旅游示范区建立联动机制，具体请国家发改委、交通运输部、文化部、铁道部、林业总局、环保总局、旅游局就鄂西地区发展与湖北省政府建立联动机制，对鄂西地区有关交通基础设施建设、生态补偿与建设、环境保护、核心旅游区开发建设、发掘和利用荆楚文化等给予政策扶持和倾斜。可以说，这一层次的协调联动机制的构建具有全局和核心作用，是指导基层协调机制建立的依据与保障。其次，湖北省政府与地方政府、建设基地之间的协调联动。省政府在鄂西生态文化圈建设中处于统帅和中轴地位，其作用的真正发挥在于能否与各地建立灵活有效的协调联动机制。一方面，确保政府总体决策目标的顺利实现，即政府打造的文化生态圈要体现整体性，发挥整体效益，避免各地发展严重失衡局面的产生。另一方面，协调各地发展中出现的矛盾和冲突。由于各地在项目开发、形象定位、文化资源认定以及人才的使用等方面常常出现雷同、重复建设、争夺资源、无序竞争等多方面的问题，导致地方之间关系紧张，成为全面、协调、可持续发展的障碍。除上述两个方面外，省政府与地方建设单位要保持灵活的信息畅通，随时掌控各地建设的实际情况，随时纠正目标偏差。这些目标的实现必须强化政府职能，不仅要建立上下级政府之间协调联动的领导机构，还要建立相应的联动程序、责任机制、补偿机制、监督机制和信息机制。

第二，政府与当地群众之间的协调联动。鄂西生态文化圈的建设离不开广大群众的参与和支持，当地群众的认知程度和行为表现本身就是建设的重要内容。群众是保护生态和文化的最大生态阵地和基础，必须加强保护和建设。一是教育引导当地群众认识生态文化圈建设的重要意义，从思想上领会政府实施这一战略决策的目标。二是倡导当地群众自觉地参与到各项建设工作中来，支持政府决策，从行动上与政府保持一致。三是对民族地区的少数民族群众进行民族身份和民族政策教育，让他们正确认识本民族的特征和历史，增强他们的民族自信心和自豪感，这样有利于他们自觉地保持本民族的生活习俗，为鄂西生态文化圈建设提供原生态的资源。

（2）横向协调联动的内容

第一，地区之间的协调联动。鄂西生态文化旅游圈的战略规划本身就是基于区域公共管理的视角而制定的，其成功与否，首先取决于8市州（林区）之间的合作程度。而当前的发展格局实际上是“行政区行政”，各自为政，各地只关心本辖区的事务，很少进行实质性的区域合作，眼光局限，资源浪费，发展层次不高。按照新的区域公共治理要求，各地首先应打破画地为牢的治理思路，按照省委省政府的统一部署，将本地生态文化旅游事业的开发建设纳入整个鄂西生态圈中进行规划，并从组织、制度、机制、人才等方面进行全面协调与联动，从而实现资源互补、信息共享、利益共沾的良好态势，变局部建设为整体发展。

第二，政府部门之间的协调联动。政府作为文化旅游圈建设的主体，其部门之间的协调联动尤为关键，直接关系到政府职能能否有效发挥。政府部门之间的合作可以分步进行：首先是进行直接相关部门的合作，如发改委、交通局等部门从规划、基础设施等方面做好开发设计。其次是进行专业部门之间的合作，如民宗局、旅游局、文化局、环保局等部门在各地生态环境保护、民族文化建设、地方旅游主题的提炼与设计等方面加强合作，避免雷同。

第三，企事业单位、行业协会之间的协调联动。鄂西地区许多大型企事业单位依托本地资源谋发展，不仅实力雄厚，而且特色鲜明，它们应该成为鄂西生态文化圈建设的不可缺少的主体。当前的关键是要调动它们的积极性和主动性，增强它们的社会责任感，科学研究，合理布局，尤其是在产品开发、项目规划、市场拓展等方面加强沟通与交流，避免小而全的发展模式，各地形成1—2个主导品牌，避免重复建设和资源浪费。同时，引导企业从资金、建筑物、产品形象等方面积极支持，与文化旅游圈的大环境相一致。另外，要积极引导和规范各种行业协会的工作，尤其是各类研究所、研究中心的工作，要积极为生态圈建设提供智力支持与相关服务。

第四，群众之间的协调联动。群众的参与和认可是鄂西生态文化旅游圈得以形成的基础。当前，一方面要通过大力宣传，提高群众对建设鄂西生态文化旅游圈深层次的认识，要让群众理解到这是一项能带来长远利益的德政工程，与群众的发展息息相关，从而使群众从内心深处接受并支持各项工作。另一方面，要发挥民间组织的作用，各种群众性的业余社团之间要加强沟通与合作，相互学习，取长补短，共同进步，既宣传了本地的文化资源，又营造了整体文化氛围，从而促进鄂西民间文化的不断繁荣。

3. 协调联动实现的具体措施

第一，更新发展观念，统一发展思想。合作双赢、共同进步的发展理念是当前鄂西生态文化圈内各地应树立的指导思想。在经济全球化、国内市场化的大背景下，各地若仍然只关心自己管辖范围内的事情，那就很难取得长足发展的资源和动力。当前，只有走区域合作发展之路才能提高竞争实力，这方面已经有成功的先例，珠三角、长三角、成渝经济带等地区的发展之路就是发挥区域整体优势的成功典范。鄂西地区传统的“行政区行政”模式，对可持续发展的作用已十分有限，当地发展的突破口就是改变这一模式，从观念、思想上摒弃传统思维，树立共同进步、合作双赢的发展理念。要实现这一观念的转变，地方主要领导尤为关键，必要时可举办专题培训班，让地方领导统一思想、加强认识，这样才有利于他们在决策时不搞狭隘的本位主义，将区域协调发展作为行政目标。

第二，制定发展战略，统一发展目标。鄂西地区是由不同行政主体组成的集合体，要推进区域的一体化发展，必须研究制定超越现有行政区划的适合区域整体要求的大区域规划来统领各地的发展目标和方向。在鄂西区域规划中，既要制定出总目标和分目标，又要分阶段制定出近期目标、中期目标和长远目标，通过目标规划描绘鄂西未来的美好蓝图，调动人们的积极性，增强凝聚力和竞争力。当前，鄂西生态文化旅游圈的战略发展规划应按照区域公共管理理论的要求，实现资源整合化和市场一体化的目标。因为区域公共管理是以公共问题和公共事务为价值导向，而非以行政区划的切割为出发点。它摒弃了传统的“内向型行政”的弊病，奉行“区域性治理”的理念，将跨越行政区地理界限的“外部性”问题通过区域联合或某种集体行动而有效内部化。这意味着公共行政不再以地理疆界划分治理范围，而是以公共事务为中心形成了一种复合的治理结构。① 因此，鄂西地区的协调发展要切实做好以下规划：一是发挥各自比较优势形成合理分工的产业一体化；二是展现以公路、机场、铁路、河流的衔接配套和交通、物流网络的完善为重点的基础设施一体化；三是构建以行业为主线的服务一体化；四是要强化信息资源互通共享的信息一体化。

第三，组建领导机构，强化组织保障。我国实行的区域经济一体化是建立在行政区基础之上的，为消除局部利益对区域整体利益的侵蚀，必须在分立的行政区基础上形成共同的内在机制，并在保证共同利益的基础上制定具有约束力的制度规范，实现组织体系内部超行政区的协调与管理。② 因此，建立跨行政区域的协调管理机构，是促进鄂西生态文化旅游圈建设的关键。例如建立“鄂西生态文化旅游协调发展委员会”，其职能是组织实施区域内重大基础设施、主导资源开发、重大项目规划、整体形象的设计、生态环境保护和区域生态要素的流动等问题；制定本地区合作发展规划以及相关的政策措施和市场竞争规则；指导解决各地发展如何与整体利益衔接的问题；监督各地区各部门相关工作的落实情况；解决各地建设和发展中的矛盾，调配资金、人力、物力等资源。该机构的人员配备

① 陈瑞莲、刘亚平：《泛珠三角区域政府的合作与创新》，《学术研究》2007 年第 1 期。
② 盛世豪：《长三角一体化中的政府与企业定位》，《浙江经济》2003 年第 6 期。

要兼顾发改委、财政、银行、交通、旅游、文化、环保等职能部门，从中选出较专业的人士参与，且保证各地人员的基本平衡。这样，该领导机构统筹建设的重大问题，才能为生态文化旅游圈建设提供强有力的组织保障。

第四，制定合作规则，强化制度保障。国内外发展经验表明，区域合作协调发展进程与规则的完善及其约束力的发挥有着直接关系。例如美国在20世纪20年代“州际协定”开始广泛地适用于自然资源的保护、刑事管辖权、公用事业的管制、税收和州际审计等领域。[①] 1941—1969年，美国颁布了一百多个州际协定。[②] 在这个时期，各州由被动变成主动，纷纷把州际协定看作是政府间合作的有效途径。我国长三角经济区在建设中同样制定了诸如《加强“长三角”区域市场管理合作的协议》《长三角食用农产品标准化（合作）的协议》《长江三角洲旅游城市合作宣言》《长三角地区消费者权益保护合作协议》等系列制度，来规制区域内各政府的行为。[③] 实践证明，区域内的合作主要是政府的合作，而政府的合作必须以制度性的规则予以保障。因此，鄂西生态文化旅游圈建设能否有效地推进，取决于是否建立区域内达成共识的合作制度。而这一制度必须从两个维度发挥作用：一是激励功效，即遵守制度能获得利益；二是惩罚功效，对违反相关规则的组织和个人给予制裁，使其在是否违反规则的权衡中选择放弃。区域协调发展从制度理论的角度来分析，实际上是区域内各政府在一个有限的“囚徒困境”博弈中选择的一种合作均衡。所以，鄂西生态文化旅游的整体发展必须制定区域内共同遵守的系列规则来予以保证。

第五，创新考评体系，转变政府职能。长期以来，对地方官员的考评依然主要看经济指标，并作为其晋升的重要考量。这无疑使官员对经济以外的文化、生态、社会发展等方面的重视程度大为削弱。在政治晋升博弈中，地方政府官员的晋升往往是以降低其他官员的晋升机会为代价的，这种官员考核与提拔机制使得同时处于政治和经济双重竞争中的地方官员之

---

① 陈瑞莲、刘亚平：《泛珠三角区域政府的合作与创新》，《学术研究》2007年第1期。

② The Council of State Governments, *Interstate Compacts and Agencies*, 1983.

③ 马斌：《长三角一体化与区域政府合作机制的构建》，《区域经济》2004年第10期。

间的合作空间非常狭小，而竞争空间却非常巨大。[①] 正是基于传统的考核指标和晋升机制的片面性，导致政府职能（实际是实施职能的官员）指向有利于自身发展的目标，而很少甚至不愿从全面和大局着眼开展工作。解决的办法就是建立科学的官员考核体系，应当摒弃经济挂帅的做法，树立科学的政绩观，建立一套涵盖了绿色 GDP 指标的科学、全面、规范、可量化的干部考核体系。要尽快把文化、生态、旅游等资源作为同等重要指标列为“鄂西生态文化旅游协调发展委员会”考核各级地方政府主要负责人政绩的重要内容。同时，绩效评估的范围和指向要不断地扩大，不能仅限于单个行政区。只有政绩评价标准改变了，政府职能才会实质性地转变，迈向区域公共治理的坦途，更好地实现鄂西生态文化旅游圈建设的目标。

---

① 周黎安：《晋升博弈中政府官员的激励与合作》，《经济研究》2004 年第 6 期。

第八章　地方治理典型案例

引　言：加强和创新国家治理结构和治理体系，切实提升国家治理能力，是新时期党和政府的重要施政纲略。地方治理与国家治理紧密相连：一方面，地方治理是国家治理的基础，地方治理搞不好国家治理就缺乏根基；另一方面，国家治理是地方治理的保障，没有国家治理的宏观思考和顶层设计，地方治理就会失去方向和目标。在新的历史时期，各级政府认真贯彻执行党的十八大和十八届三中、四中全会精神，在全面履行职能、继续做好经济发展和市场监管的同时，更加重视履行社会管理与服务的职能，切实增强社会治理效果，从而更好地践行责任政府服务、法治、公正、透明的价值理念。许多政府在地方治理过程中更新观念、创新方式方法，走出了具有一定示范效应的社会治理之路。本章的三个案例分别从城市治理、农村治理、社会信用生态环境构建的视角来展现创新之路，为推进政府改革、提升政府治理能力提供了鲜活的经验。

习近平总书记指出："社会治理要坚持源头治理，标本兼治、重在治本，以网格化管理、社会化服务为方向，健全基层综合服务管理平台，及时反映和协调人民群众各方面各层次的利益诉求。"

第一节　宜昌市"网格化管理"提升城市治理水平[①]

一　案例概况

近年来，宜昌市政府把社会治理创新作为重要的民生工程来抓，不断

---

① 湖北省宜昌市创新办编：《宜昌市加强和创新社会管理探索与实践》，三峡电子音像出版社 2012 年版，第 17—21 页。

总结探索出了以人为本的网格化管理、信息化支撑、全程化服务的社会治理“一本三化”的新体系，走出了一条具有宜昌特色的社会治理之路。

1. 加强网络管理基础建设

建设了一个统一的网络平台。按照“街巷定界、规模适度、无缝覆盖、动态调整”的原则，把城区127个社区划分为1203个网格，把各县市城关镇54个社区划分为628个网格。一百多万人口的宜昌城区，各种繁杂的社会管理事务，全部汇集于全新的“网格管理”模式之中。“人在网中走，事在格中办。”自2010年年底，“网格化管理”就如一个加速器，推动了宜昌从上到下方方面面的变革。这场史无前例的社会管理的变革，正在引发全省乃至全国社会管理创新的进程。

宜昌城区的127个社区，被划分成了1203个网格，平均每个网格有200—300户居民，每一个网格都配备有一名公开招聘的网格管理员（简称“格格”），综合履行信息采集、综合治理、劳动保障、民政服务、计划生育、城市管理、食品安全七项基本职责。“格格”们每天必须在网格内巡查，或上门入户调查，为外来人口办理居住证，上门照看空巢老人，给新生儿办独生子女证……在社区里，凡是居民需要办理的各种行政事务，“格格”们都能帮忙。

2. 网格化管理以信息技术为支撑

先进的信息技术和网络手段，统一的网络办事平台，是宜昌网格化管理的技术保障。宜昌各街道、公安、人社、民政、计生、城管、消防、食品安全等市直34个部门，区直25个部门，已在市政府的电子政务平台上，连成了纵横交错的信息网络。融合信息资源，实现信息综合集成。通过各部门各系统的有效对接，实行信息互联共通。建立“网格员与志愿者相结合、网格与部门相结合”的信息采集制度和职能部门信息融合。只要轻点鼠标，宜昌城区1203个网格就会清晰地出现在监测屏幕上，每个网格员的所有联系方式、文化程度等情况也会立即显示；再深入点进网格之后，辖区内的“人、房、物”等信息都会在电子地图上显现，公共照明系统、下水道井盖和消防栓一个个都有信息标号。这些信息的采集，都来自网格员。每天，网格员平均要收集至少2000条人口变动信息。一个孩子在医院呱呱坠地，网格员手中的社区E通就会出现孩子母亲的各种信息，包括年龄、住址、职业等；一个外来人口在社区里租住，网格员就会上门拜访，将其相关身份信息录入网络，并进入全国人口比对，看是否是在逃人员或有犯罪前科的特殊人员；一个居民只要报出自己的身份证号码，其住所、职业、房产情况、养老金账户甚至医保就医买药的情况，也会一目了然。通过网络系统，一个人从出生到死亡的全程服务和管理信息，形成了一个密实的信息网。

3. 强化全程管理服务，提升整体效能

一是实现全程便捷服务。社区相关信息包括 13 个大类、119 个子项，汇集了近 4 亿条信息数据，可以实现对每个人从出生、入园、入学、就业、结婚、生育、养老，一直到去世的全程跟踪和管理服务。职能部门前移服务窗口，扩大基层代办事项，着力推进网上服务，通过 QQ 群、电子邮箱等方式拓展服务空间，城区社区“网上警务室”全部上线运营。二是全程精细服务。针对不同区域、不同群体、不同年龄阶段的服务需求，拓展服务项目，培育服务主体，推进特色化、精细化服务。加大对流动人口管理、刑满释放人员的帮扶安置、精神病患者、空巢老人、留守儿童关爱的力度。三是全程监察服务。通过专门的电子管理监控系统，实施“痕迹”管理，全过程记录各部门服务流程和服务质量，从服务指令下达开始，管理系统记录了每个执行环节的工作“痕迹”，工作部署与跟踪监督同步进行，部门考核、干部评价以日常工作“痕迹”为依据，有效保证了各项服务的质量。

4. 网格化管理效果明显

2012 年 8 月，一名潜逃了二十多年的公安部通缉的杀人犯，刚到宜昌居住了 17 天，就被宜昌市公安机关通过人口关联比对抓获。而线索就是网格员在一个民宅的信息调查中发现的。一年多时间里，公安部门通过这种上下联动的方式，发现外来违法犯罪人员 690 人，抓获在逃犯罪嫌疑人 179 人。此外，通过核对人口信息，还纠正了 143 例死亡人员领取养老保险金的问题，并追回了六十多万元。目前，各网格员每月收集各类矛盾信息近 2000 条，社区内化解率为 98%，工商部门受理各类诉求 17243 件、增长 1.9 倍，处理食品违法类案件 890 件、增长了 2.7 倍，2011 年获首届中国食品安全制度创新“十大最佳事例”奖。

宜昌的社会治安状况进一步优化，群众安全感和生活幸福感进一步提升，基本实现了“小事不出社区、大事不出街道、矛盾不上交”的目标。在 2011 年、2012 年全省公共安全感和执法满意度测评中，宜昌市位居全省地市州第一。

宜昌“网格化管理”成了湖北社会管理创新的“样本”，受到了党和国家领导人的充分肯定，相关主要领导专程来宜昌视察社会管理创新工作，强调指出宜昌网格化管理经验值得在全国推广。

二 学理分析

宜昌构建的“一本三化”社会管理新体系，将人、房、事、物、组织这些城市管理的要素，全部纳入网格管理范畴，构建动态更新、联通共享的全市社会管理综合信息平台，做到了“社情全掌握、矛盾全化解、服务全方位”。充分体现了地方政府在社会治理中敢于创新、服务人民的责任感和使命感，其很多做法和经验值得推广和借鉴。

1. 网格化管理的内容彰显了地方政府“以人为本”的理念

网格化管理的内容与老百姓的切身利益息息相关，能给群众排忧解难，让群众感受到实实在在的温暖。社区网格管理员主要负责公安、综治、人社、民政、计生、城管、食品安全七项信息采集和综合服务，几乎涉及群众日常生活的方方面面。例如：

> 家住宜昌市伍家岗区大碑巷8号的33岁的锁延巧，半年前和丈夫从河南洛阳一起来宜昌打工，想把孩子从老家接来上学。可让她失望的是，她连着找了三所学校，竟然都拒收外来流动人口的孩子。眼看着儿子要失学了，她眼泪汪汪地找到了社区里大家经常说的帮人解决各种困难的“格格”金燕。不想，金燕在几次走访和电话联系之后，上学的问题只花了一天，就轻易解决了。

除此之外，户口问题、空巢老人的帮扶问题、留守儿童的关照问题、计生问题、消防安全问题等都属于网格化管理的范畴，很大程度上属于民生问题。因此，网格化治理的具体内容与群众需要解决的事情相一致，较好地实现了以人为本的价值理念，这是对人民主体性理论的具体实践。总之，坚持以人为本、服务为先，网格化管理、信息化支撑、全程化服务，提高社会管理效能，提升人民群众幸福指数，这就是地方责任政府价值的体现，是地方政府最大的责任。

2. 网格化管理方式体现了地方政府的服务性特征

党的十八届三中全会指出，改革行政管理体制，努力建设服务型政府。为人民服务是地方政府义不容辞的神圣职责，是责任政府最核心的价值取向。当前，地方政府应该着力思考如何为人民服务，通过什么方法为人民服务等问题，回归政府人民性的本质属性。宜昌市政府正是坚持服务性的价值取向，按照优化服务的原则设置社区管理办法，进而产生了良好效果。依托社会管理综合信息系统，实现对“人”从出生、入园、入学、入伍、就业、结婚、生育、养老，一直到死亡、殡葬的全程跟踪和管理服务。一个新生儿的出生，或是一位外来人口进入宜昌，社区网格管理员都会在第一时间上门服务，相关部门也会迅速跟进，及时了解群众诉求，积极主动提供基本公共服务和便民服务。可见，网格化管理在服务基层、服务群众、关爱民生方面发挥了积极作用，对促进社会和谐和实现小康社会目标具有积极意义。

3. 网格化管理体现了社会治理方式方法的创新性

我国城市社区管理水平还处于较低层次，如何更好地推进社区建设，是各级地方政府正在努力探索并着力解决的重要课题。宜昌市政府的做法具有一定的开拓性，不拘于传统观念和老办法，思想解放，充分利用信息技术和现代传媒，创新社区治理办法，并获得了良好效果。这说明地方政府只要全面系统推进社会治理理念观念、体制机制、方法手段创新，把创新作为自身责任并不断追求，就一定能够提高工作质量，取得社会治理的良好效果。地方政府面对的环境和问题各不相同，这就需要地方政府根据自身实际选择适合本地特点的治理方法，只要方法对路，问题就容易解决。例如，建设“数字网格”和“电子地图”，把各类社会服务资源在网格上聚集整合，构建以网格化管理为基础的全方位、动态式、便捷高效的社会管理服务格局，就是一次难能可贵的尝试和收获。网格信息员两天完成过去一个月才能完成的60万选民登记、143例死亡人员领取养老金被纠正、98%的矛盾社区内化解率……这些让人惊叹的工作成绩，正是“网格化”管理带给宜昌的新变化。可以说，网格化管理模式是对全国城市社区治理方略的重大贡献。

4. 网格化管理有利于资源共享和部门联动，提高治理效率

首先，将各部门的数据、信息进行资源整合，借助网格化管理信息平台，使这些资源在行业和部门间实现共享，避免了信息的重复收集，保证了信息的一致性和规范性。其次，网格化管理促进了部门联动整合，提高了政府职能部门办事效率。部门联动整合强化了各部门决策、监督、指

挥、协调职能，弱化了各个部门间的利益冲突，使为社区服务的各类管理人员可以集中精力行使本职工作，并提高了职能部门的专业化程度，减少了各个部门由于利益冲突所形成的相互推诿、扯皮的现象，大大提高了城市社区管理中的工作效率。①

5. 网格化管理是政府购买公共服务的成功实践

政府购买公共服务是社会治理的一种有效方法，即政府作为直接购买主体，通过合同制形式，向符合相关条件的主体购买社会公共服务。具体到网格化管理上就是政府通过建立市社区网格监管中心，各区成立网格监管分中心，跳过委托社会中介组织这一环节，使用市区两级财政，直接向招录在岗的网格管理员公开购买社会工作服务。通过这一模式，不但强化了政府公共责任意识，转变了政府职能，提升了政府公信力，依靠社工专业化服务拉近了政府与百姓之间的距离，而且更好地杜绝了“服务供给方”缺陷和竞争性购买不足等难症，从而实现了更加高效、清晰、专业的公共服务投递。②

三 问题探讨

1. 专业化水平要求高

网格化管理需要较高的技术作为支撑，比如需要大量的地理信息数据库作为基础，包括基础数据库（地形图、网格信息、坐标信息等）、专业数据库（包括各部门的专业性数据，如民政、公安、工商、房管、计生等部门的数据）等，凡需要什么数据都能及时、准确地调用。一些地方政府受发展水平的限制，难以达到相关要求。

2. 需要具备相应的专业人才

网格化管理离不开相应的专业人才保障，无论是网格初期的建设，还是运行过程中的维护都需要一定的专业人才来操作。特别是随着时间的推移，地形图数据和各部门信息数据都在发生变化，要使该系统能发挥其应有的作用，就需要对这些基础数据库和专业数据库及时进行更新维护，保

① 李平、卢立：《宜昌市网格化管理建设中网格划分方法及其应用研究》，《城市勘测》2011 年第 6 期。

② 周伦、李学会：《城市小网格民生大舞台——湖北宜昌网格化管理创新样本探析》，《当代贵州》2012 年第 19 期。

持这些数据库的现时性和正确性，只有保持数据的现时性才能使网格化管理发挥最大的效果。[①] 一些地方政府由于条件的限制，专业人才缺乏，引进人才困难，势必会影响管理效果。

3. 基础保障问题

网格化管理涉及物质、技术、人才等方面的系列问题，都需要地方政府给予相应的基础保障才能实际运行，否则就会成为空中楼阁。这些基础保障主要包括观念转变、资金投入、政策扶持、基础设施建设等，一些地方政府往往难以有效保障。

第二节　巴东县“农民办事不出村”项目增强农村治理效果[②]

巴东县位于武陵山区，属于国家级少数民族贫困县，南北纵距 129 千米，海拔高差 2900 米，境内山高坡陡、沟壑纵横，长江、清江两江分割，离县城最远处单程 250 多公里。农民到县、乡政务服务中心办事极不方便，且成本高昂。为切实解决农民群众办事周期长、效率低、成本高的难题，提高基层党组织服务群众的工作水平，增强基层党组织的凝聚力，巴东县委、县政府抓住“全国社会扶贫创新协作试点县”机遇，在全县成功实施了“农民办事不出村”信息化项目，创新服务载体、提升服务效能，使群众在家门口就能办事、办成事。“农民办事不出村”信息化系统是一个以“便民、利民、惠民”为出发点，以推进农村发展、密切党群干群关系、促进社会和谐、实现富民强县为目标，横向连接县直部门、单位窗口，纵向连接县、乡（镇）、村三级行政服务网络的网上政务服务综合平台。

一　案例概况

1. 指导思想

以邓小平理论、“三个代表”重要思想和科学发展观为指导，紧紧把

① 李平、卢立：《宜昌市网格化管理建设中网格划分方法及其应用研究》，《城市勘测》2011 年第 6 期。

② 相关材料由巴东县政府办公室提供，笔者做了一定的归纳整理。

握为人民服务的根本宗旨，优化办事流程，提高服务效率，“让数据多跑路，让群众少跑腿”，构建县、乡镇、村三位一体的行政审批服务网络平台，让农民群众不出村就能办理行政审批和服务事项，享受快捷服务，着力增强了农村基层党组织服务农村改革、推动科学发展、带领农民致富、密切联系群众的能力，为全面建成小康社会奠定了坚实基础。

2. 目标设计

按照“试点先行、全面推开、三年为期、整体覆盖”的工作思路，统一规划、分步实施、整体推进，用三年时间实现全县 491 个村（2013 年完成 120 个村，2014 年完成 180 个村，2015 年完成 191 个村）“农民办事不出村”信息化系统全覆盖，创建县级公共服务创新示范县。

3. 具体做法

（1）创建服务平台，化解民生之忧

第一，服务阵地标准化。党员群众服务中心是村级组织服务的主阵地，是人民群众的“民心会所”。针对村级阵地办公条件差、管理不到位、作用发挥不明显三大突出问题，对 207 个农村党员群众服务中心进行了全面提档升级。全县整合三峡工程后期扶持、整村推进扶贫等项目资金，投资三千五百多万元，按照方便群众办事的原则，统一设计，建成了风格独特的党建示范带和村级阵地服务平台。

第二，服务载体信息化。2012 年 11 月，国家社会扶贫创新协作办公室将集“老少边穷库”于一体的巴东县作为全国社会扶贫创新协作试点县，探索现代信息技术与山区政务服务相结合的新方式。巴东县充分利用示范建设机遇，与国家社会扶贫创新协作办公室签订了总投资 1100 万元的“农民办事不出村”信息化项目示范协议，国家社会扶贫创新协作办公室、中国改革发展研究院免费为巴东量身定制了具备在线传输、同步审核、结果反馈、实时提醒、监察统计、流程跟踪诸多功能于一体的“农民办事不出村”信息化系统，政务服务载体功能进一步提升。

第三，服务方式便捷化。一是构建“网上服务中心”。充分利用“农民办事不出村”信息化系统，有效整合政务服务系统、远程教育网络、政府门户网站，将与农民群众息息相关的 15 个部门 57 个行政审批服务事项，全部授权村便民服务室审核受理，受理资料通过网络系统上传到乡镇、县政务服务中心，进行同步审核、在线反馈，村级受理员根据反馈意见，告知办事人审核结果及领证时间，让群众在村里就能领取审批证件。

村民足不出村，就能办结社会救助、个人建房、林木采伐、生育登记等行政审批服务事项，大大节约了办事成本。二是打造“全新政务超市”。与湖北供销裕农电子商务股份有限公司联合，整合农村商业银行、农业银行、电力公司、电信公司、联通公司、移动公司和供销社、商务局等部门功能，开通了村级电子商务平台，实现惠农补贴资金领取、电费收缴、话费充值、网上购物、农资购买、办理小额信贷、信息咨询等综合服务，真正做到证件村里办、信息村里查、农资村里订、费用村里交、补贴村里领、矛盾村里调。三是创办“连锁商务网店”。根据需要及时对系统功能进行拓展延伸，让群众不仅能方便办事，也能及时解疑释惑。利用“新华农讯”、“巴东畜牧通”等信息平台，实时发布政策法规、农业科技等农事服务信息，专家跟进咨询、现场服务。信访、司法等综治维稳系统相关部门通过系统在线调解民间纠纷，并反馈调解意见，必要时提供司法援助。开通“网上公共服务中心”、“农村产业在线联盟”、“党务电子管理系统”、“致富信息高速公路”等，建立涉农教育网络资源库，发布招商引资、农产品供求、党务公开、村务公开、财务公开等信息，让群众在村里就能释疑解惑。

（2）构建保障机制，增强服务实效

一是构建组织保障机制。成立由县委、县人民政府主要领导、分管领导及县直相关部门主要负责人组成的县“农民办事不出村”信息化项目建设领导小组，具体负责项目的组织领导、实施及协调。领导小组下设办公室，在县政务服务中心办公，办公室下设协调组、推进组和业务组。各乡镇、县直相关部门也要成立由党政主要负责人任组长的领导小组，切实加强领导，确保此项工作顺利实施。

二是构建运行管理机制。出台《“农民办事不出村”信息化项目运行管理办法》，建立由县委办公室统筹，县委组织部、县政务服务中心具体实施，相关县直部门、乡镇、村（社区）职责明确的工作责任体系，严格实行服务承诺制、一周办结制、动态督察制、责任追究制和倒逼工作法，并将该项工作作为各级各部门基层党建考评的重要内容，确保项目有序推进。

三是构建公开透明机制。将“农民办事不出村”信息化建设纳入“一把手”工程，并作为县政府十件民生实事向社会公开承诺。将村便民服务室可以受理的行政审批服务事项，村主职干部、受理员、计生专干、村卫生室和县、乡相关部门责任人联系方式，印制成“便民服务卡”发放到农户手中，便于农民群众咨询办理。将57项行政服务事项的政策规定、所需资料样式及填写方法等内容综合整理，制成《“农民办事不出村”信息化便民服务手册》，村受理员人手一份，以提高村级受理员受理事项的政策性、准确性。

四是构建人才保障机制。从村主职干部、大学生村干部、村级后备干部中，年龄在35岁以下、学历在高中以上、会电脑操作的人员中择优选配村级业务受理员，并作为村级后备干部重点培养对象，采取集中培训、个别指导的方式提升受理员的政策和操作技能。实行乡镇党政领导“三包”责任制及受理员坐班制，确保受理员坐得住、懂政策、会办事。

五是构建经费保障机制。将村级受理员报酬、办公费用纳入财政预算，制订系统运行绩效考核办法，采取走访调查、电话督察等方式，着重在受理情况、审核回复情况、群众满意度三个方面，对各级受理人员进行考核，按照实际考核绩效对受理员报酬及办公经费进行补助。同时，积极探索金融机构在农村的业务拓展，开展业务合作，强化项目运行的经费保障。

(3) 以点带面，循序推进，逐步完善

“农民办事不出村”信息化项目建设分四个阶段组织实施，边建边改，不断优化，确保项目质量不断提升。

第一阶段（2013年1—4月）为试点运行。主要包括以下任务：一是成立由县委办公室牵头的调研专班，针对农民需求制订可行方案。二是选点运行，将便民服务大厅（室）功能完善、宽带网络畅通和有熟练操作计算机人员的乡、村党员群众活动中心作为试点，县政务服务中心负责试点乡镇、村操作系统的安装调试及试运行等工作。三是清理事项。组成清理专班，对全县涉农部门审批和服务事项进行全面清理，制订、优化办事流程，压缩审批时间。四是健全体系。由县委组织部牵头，组建县、乡、村政务服务信息化工作机构，负责全县政务服务信息化建设、维护和后续管理工作。

第二阶段（2013年5—12月）为全面推进阶段。主要包括以下任务：一是全面启动。由县委组织部牵头，总结试运行乡镇、村的工作经验，完善“农民办事不出村”信息化系统功能，选定2013年第一批实施的120个村，召开项目建设启动和推进会，全面部署全县“农民办事不出村”

信息化项目建设工作。二是开展培训。由县政务服务中心牵头，编制《巴东县“农民办事不出村”信息化系统工作手册》和《巴东县“农民办事不出村”信息化系统操作规程》，采取集中培训和分散培训相结合的方式，组织好县、乡镇业务办理员和村业务受理员的业务培训工作。三是完善管理。由县纪委监察局牵头，出台《巴东县“农民办事不出村”信息化系统运行管理办法（试行）》，规范各个环节的操作流程，完善部门授权与风险控制，加强对县、乡镇业务办理员和村业务受理员的绩效考核，切实提高信息化系统的办事质量和利用率。

第三阶段（2014 年 1—12 月）为优化、拓展阶段。对《巴东县“农民办事不出村”信息化系统第一批在线运行行政审批和服务事项目录》进行优化、拓展，进一步完善系统功能和绩效考核工作措施。整合全县网络资源，建成电子政务服务综合平台，实现“一网式”办公工作格局。完成第二批 180 个村的“农民办事不出村”信息化系统建设工作。

第四阶段（2015 年 1—12 月）为全覆盖阶段。根据实际情况，适时调整行政审批和服务事项，拓宽服务领域，完善信息化系统功能和网络平台及服务体系。完成剩余 191 个村的“农民办事不出村”信息化系统建设工作，实现全县乡村信息化系统工程全覆盖。

4. 取得的阶段性成效

通过对第一阶段 125 个村一年的运行情况进行分析，“农民办事不出村”服务平台累计受理行政审批服务事项 8951 件，直接为群众节约办事成本 470 万元；农村老人和低保户在村里支取保险金，完成取款、转账业务 2.64 万笔；村民办理电费缴纳、话费充值业务 2.48 万笔；网上产品交易额超过 500 万元。服务平台不仅让农民得到了实惠，而且使农村基层党组织和党员干部的责任意识得到了增强，社会治理能力得到了提升，党群干群关系进一步密切，服务群众的实效更为显著。

（1）观念上实现了由“官本位”向“民本位”的转变。服务平台不是技术作秀，而是公开透明的办事平台。哪些事能办成、什么时候办成、办不成结果怎样，这些在服务平台上公之于众、一目了然。这就迫使过去“当官做主”的衙门观念为之一变，政府自觉加快行政审批制度改革，把能下放的审批权尽可能下沉前移，办事流程和效率直接接受群众监督，服务平台使基层党组织和党员干部增长了服务的意识，减少了特权思想。

（2）政府角色上实现了由“管理者”向“服务者”的转变。过去，政务服务中心主要是窗口受理群众办事。现在，实施“农民办事不出村”信息化项目，进一步优化了服务模式。行政审批部门对行政审批事项进行再清理、再优化，将可以纳入“农民办事不出村”信息化系统的审批事项均纳入系统，在规定时限内主动依法按政策进行办理，创新方式、优化流程，变原来的被动接待服务为现在的主动创新服务，极大地方便了群众。据统计，仅县公安局一家单位，2013 年通过服务平台办理涉农事项 2280 件，累计让农民少跑了约 60 万千米，为群众节约了近 30 万元的办事成本。

（3）工作作风上实现了从“求我办”向“我来办”转变。过去在农村，老百姓办事需要上门找干部，有的干部爱答不理、推诿拖拉，门难进、脸难看、事难办的现象时有发生。实施“农民办事不出村”信息化项目，群众不需要知道行政审批部门路往哪里走、门朝哪里开，“吃拿卡要”等办事难现象得到了有效遏制，进一步密切了党群干群关系。如今，干部作风转变了，农民群众来村级党员群众服务中心办事的多了，与村级组织之间的关系近了，农民的怨气、怒气少了，基层组织服务群众的“底气”、“勇气”也足了。50 多岁的十二岭村委会主任刘宇兰兼任村业务受理员，他明显感到“村干部与村民沟通机会多了，老百姓对村干部意见少了，村里的矛盾纠纷也少了，现在当个村干部有搞头”。

（4）基层干部的素质能力实现了从“传声筒”向“万事通”转变。过去，多数村干部文化水平不高，加之农村税费改革之后，村干部与村民打交道的事少了，更多地只能当个“传声筒”，接听电话、上传下达。现在，要使用智慧服务平台，很多村干部被逼着学业务、学政策、学电脑。耀英坪村业务受理员吕奎不仅学会了电脑操作，还开通了个人微信群，接受群众政策咨询和预约办事。一批业务受理员在服务群众的过程中，增长了技能和才干，为村级后备干部队伍注入了新鲜血液。

（5）形象上树立了亲政廉洁新形象。“农民办事不出村”信息化项目通过服务平台为基层百姓服务，实行“网上办理、电子监察”，服务过程公开透明，真正做到了“阳光操作”。这种方式不仅方便了群众，而且让群众亲身感受到事务的办理过程，消除了以往总认为政府在“暗箱操作”中存在腐败行为的疑虑。政府相关部门是否积极有效地进行服务，通过平台进行监督，不需要群众与部门领导直接接触，从传统的“面对面”转向“键对键”，不仅极大地提高了服务效率，而且从源头上消除了腐败的土壤。正如村民们所说："一个系统进了村，大家办事不求人!"

（6）社会影响良好。巴东县"农民办事不出村"信息化项目实施以来，目前已产生了良好的社会影响。国家电子政务专家委员会副主任汪玉凯教授在巴东举行的全国"农民办事不出村"信息化项目结项验收会上表示："该项目在武陵山区独一无二，巴东的试点经验尤其适合在全国山区农村推广。"湖北省委省政府、恩施州委州政府对"农民办事不出村"项目给予了充分肯定，并作为典型代表多次进行经验交流。省内外许多县市组织考察组专程到巴东调研学习经验。同时，《人民日报》、新华社、中央电视台《新闻联播》《焦点访谈》栏目、中央人民广播电台等中央主流媒体对巴东"农民办事不出村"信息化项目建设进行了采访报道。《湖北日报》《恩施日报》及多家网站对该项目给予了专题报道。

二　学理分析

湖北省巴东县实施"农民办事不出村"信息化项目，打造便民服务"政务超市"，联通的是政务服务大网络，实现的是为民服务零距离，检验的是干部作风，体现的是立党为公、执政为民，使人民群众能够充分享受信息化的便利和改革发展成果，是当前党中央开展群众路线教育实践活动在农村的生动实践。该项目的实施不仅具有较强的现实意义，而且具有较高的学理价值。

1. 较好地阐释了政府"人民性"的本质属性

全心全意为人民服务是政府的根本宗旨，让人民满意是政府最根本的责任，是政府的价值所在。人民主权理论认为，政府掌握的行政权来源于人民的委托、授予，是执行"公意"的力量，只有将权力运用到为群众谋福利、满足群众需要的公共目标上，政府才能获得人民的支持，才能取得相应的合法性基础。"农民办事不出村"信息化建设的目的、过程、结果都围绕着方便群众办事、解决群众问题、提高服务效率的目标任务在进行，较好地体现了人民主体性地位，即"为了谁"的问题。同时，政府将公共权力和公共资源应用在乡村基础设施和信息化建设等方面，是将人民委托授予的公权力用在人民群众的利益上，不仅回答了政府权力来自人民的理论命题，而且实现了政府为人民服务的现实目标。

2. 体现了服务型政府的基本要求

"农民办事不出村"项目凸显了基层服务型政府的基本特征，建设服务型政府不仅是广大人民群众的事业发展的需要，而且也是当前政府改革的重要目标。党的十八届三中全会提出必须切实转变政府职能，深化行政体制改革，创新行政管理方式，增强政府公信力和执行力，努力建设服务型政府。现代服务型政府的价值在于对其角色的基本设定，即按照社会公众的意愿和偏好（“由民做主”）来提供公共产品和公共服务，这就有别于传统政府按照政府的意愿（“为民做主”）来为公众供给相关服务，这正是服务型政府的价值所在。“农民办事不出村”信息化建设所涉及的相关工作内容都是与人民群众息息相关的具体事项，直接关系到人民群众的切身利益，是基层政府服务群众、解决群众难题、回应群众需求的具体体现。服务型政府要求便民、高效、廉洁、公平的政府行为与之相适应，“农民办事不出村”信息化建设正好适应了这一价值诉求，解决了过去传统的统治行政、管理行政的弊端。政府机关及其工作人员在服务理念的指导下，在服务程序、态度、效率等方面为群众提供热情、周到、快捷的服务，既是政府的工作任务又是政府应尽的责任，政府在进行社会治理的过程中不仅体现了服务性的工作特征，而且很好地密切了党群干群关系，成为践行党的群众路线的有效举措。

3. 践行了责任政府的目标价值

政府的职责是实现好维护好人民的利益，否则政府就没有存在的价值。这一观点较好地回答了政府为什么存在的问题，政府之所以存在，是为了维护更多人的利益，保护人民的权利，而不是为了少数人和利益集团的利益而存在。竭力为人民群众服务、维护社会秩序、着力改善民生、确保社会可持续发展是政府的应尽职责，也是政府的责任目标，政府努力完成这些目标任务并让人民满意是政府践行责任的具体体现，也是责任政府的内在要求。巴东县紧密结合县域经济实际，主动作为，科学规划，构建为民服务的信息化平台，让农民办事不出村，极大地方便了人民群众，为民解难题、办实事，这是履行积极责任的重要体现。同时，责任政府还对消极行政行为（不作为、乱作为等）予以限制，任何不履职、失职的行为都必须承担相应的惩罚性后果。地方政府如果不主动为人民群众排忧解难，消极对待人民群众的诉求，这种行为的实质就是失职，背离了责任政府的价值诉求。巴东县突出“让群众少跑腿、让数据多跑路”理念，大力实施“农民办事不出村”信息化项目，整合资源打造“政务超市”，将与农民生产生活息息相关的行政审批受理权限下放到村，畅通农民办事

“最后一公里”，积极探索联系群众、服务群众的新途径，改进工作作风，密切联系群众，使党心、民心紧密连在一起，凝聚起全面建成小康社会的强大力量，是对责任政府本质的最好阐释。

4. 创新方式方法是提升政府社会治理能力的重要路径

巴东县作为一个国家级少数民族贫困县，抢抓机遇，充分利用现代信息技术创新服务的方式方法，建成了以县行政服务中心为龙头、乡镇便民服务大厅为主体、村（社区）便民服务室为基础的“农民办事不出村”信息化服务体系，通过清理行政审批事项，优化行政服务流程，进一步提升了农村基层党组织服务效能，打通了农民群众办事“最后一公里”，真正实现了为民服务的“零距离”。同时，严格实行首问负责制、一周办结制和倒逼工作法，将受理员报酬、办公费用纳入财政预算，确保了整个系统的良性运转。这些务实创新之举，开辟了武陵山区“行政审批项目最少、行政效率最高、行政成本最低、行政过程最透明”的先行区。几年的实践证明，当地群众的满意度不断上升，社会秩序良好，呈现出和谐发展的新局面。将现代信息技术运用到地方治理的实践中来，有效地增强了地方政府社会治理的能力。

5. 是电子政务在农村治理过程中的成功范例

所谓电子政务，是指政府运用现代信息技术，打破原有组织机构的界限，转变政府职能，优化政府原有工作流程，高效办理公共事务、快捷处理管理政务、及时提供公共服务的一种政府管理手段和模式。电子政务的实施主体是政府，所依赖的是现代信息、网络以及通信技术，其目的是为公众提供高效便捷的公共服务，具有开放、透明、虚拟的相互联系和依存的特征。[①] 巴东县“农民办事不出村”信息化建设其实质就是电子政务建设，是电子政务在农村的广泛延伸，改变了以往只在城市或条件较好的乡镇才建设的局面，这一现状反映了地方政府服务观念的转变——“让群众少跑腿，让数据多跑路”，把服务送到老百姓的身边！除了服务观念的转变以外，案例还折射出了地方政府政绩观的改变，过去总习惯于锦上添花，在基础条件好的地方加大投入以求显性政绩，而广大农村最需要服务的地方往往因分散、偏僻、基础差而不愿投入和建设。巴东县将电子政务延伸到农村，让农村享受到现代信息技术发展的成果，不仅拓展了电子政

① 徐双敏：《电子政务概论》，武汉大学出版社 2009 年版，第 4、5 页。

务的领域，发挥了电子政务的优势，而且增强了地方政府的社会治理效果，提升了地方政府的社会治理能力。可以说，巴东县“农民办事不出村”信息化建设是电子政务在农村贫困地区的成功实践，对解决“三农”问题和促进民族地区的发展都具有较大的借鉴意义。

三 问题探讨

1. 信息化服务网络在农村全覆盖问题

巴东县“农民办事不出村”信息化项目已取得了较好的成绩和社会示范效应，但目前主要还集中在道路交通条件比较好的乡镇，一些交通不便、环境恶劣的乡村目前还在规划之中，如何解决基础条件差的山区实现信息化服务问题，需要地方政府进行宏观的顶层设计。从一定意义上来讲，“农民办事不出村”信息化项目所要解决的根本问题就是为偏远地区农民服务的问题，让他们真正享受到现代化和社会发展的成果，这应该成为“农民办事不出村”项目的首要目标。巴东县分四步实施该项目，坚持并不断完善项目建设，使信息化服务网络实现真正的全覆盖是政府的责任，实现这一责任需要担当精神。

2. 信息化项目的专业技术和人才问题

巴东县“农民办事不出村”信息化项目建设其实质就是电子政务在山区农村的普遍应用问题，电子政务是需要专业技术和人才作支撑的。贫困山区的农村目前各方面的条件还比较差，技术应用的成本比较高，专业人才留不住，如何解决相关问题，需要地方政府作出合理可行的规划与安排。此问题解决不好，不仅会影响为群众服务的质量，而且会造成资源的浪费。

3. 服务内容与政策的协调问题

“农民办事不出村”项目实施以来，干部和群众的观念得到了较大转变，而且在实践中也确实让村民得到许多方便和实惠，这正是这一项目的价值所在。然而，在调查中我们发现，理论上的服务项目和实际可操作的项目目前还不对等，也就是说“农民办事不出村”项目规划的某些服务内容在村级服务中心不能完成。比如村民办理结婚证，只需到村服务中心进行资格审查，符合政策者由村服务中心将信息传递给乡民政办进行办理，乡民政办办好证件后通过邮件等方式寄回村民手中，这是理论上的办事程序。然而，根据现有的政策法规要求，乡民政办办理结婚证时，必须是男女双方亲自到场并签字确认，否则不予办理。可见，基层的一些服务内容与相关政策的要求还不一致，可能会导致服务质量下降的问题。

4. 成功经验的交流推广问题

巴东县"农民办事不出村"信息化项目建设已取得了良好的社会影响，很多宝贵经验值得推广，以便为更多的山区群众进行信息化服务、解决山区政府服务低效的问题。推广的经验需要总结、提炼，使其具有一定的普遍意义和具体可行的操作办法。从公共治理的角度来看，推广经验不应该只是政府的事，学界、商界、公众及社会组织均应担负起应有的社会责任，与政府一道，主动建言献策，主动予以宣传推介，从而使"农民办事不出村"的经验发挥其最大功效。要做到这一点，需要予以相应的配套机制，如何构建相应机制还需要进一步探讨。

第三节　广东郁南县构建社会信用体系提升政府管理效能[①]

郁南县是典型的山区农业县，是全国绿化模范县、中国无核黄皮之乡和中国柑橘产业龙头县，现有农村人口四十多万人，占户籍人口的80%，从事农村种养业农户5.5万户。在发展县域经济中，广大中小企业和农民由于缺少有效抵押和担保，普遍面临贷款难问题。2009年4月，人民银行广州分行专题调研显示，该县80%的中小企业、个体户、农户认为贷款难，严重制约了县域经济发展和农民增收。金融是市场化程度比较高的领域，县级政府如何发挥作用，这是社会治理必须考虑的问题。政府重点解决单一金融机构及市场所不能解决的问题，以农村信用体系建设为突破口。为此，近年来广东省郁南县以探索实施"金融扶贫"为切入点，构建社会信用体系，建立激励约束机制，引导全县广大群众参与信用体系建设，初步探索出了一条以诚信社会建设推动人的道德、文化和公民素质提升，创新社会管理，提升政府管理效能的新路子。

---

① 廖鹏洲：《广东郁南县构建社会信用体系提升政府管理效能》，《中国行政管理》2014年第5期；广东省人民政府金融工作办公室：《云浮市郁南县构建现代农村信用体系的情况报告》，2010年10月。

一 案例概况

1. 主要思路

以信用制度建设为抓手，以全面推进信用村建设、深化实施金融扶贫，探索拓宽农村消费贷款领域为突破口，强化利益导向机制，区分扶贫“双到”户、普通群众不同类型，“因人施策、分类指导”推进农村信用体系建设；以政府诚信为表率，以完善征信体系和拓展征信成果应用建立健全覆盖全社会的信用激励约束网，“多路并举、统筹推进”信用政府建设，加快培育诚信守法的市场主体、社会个体；把公民思想道德建设与经济利益、社会信誉和社会地位有机结合，把推进农村经济和优化政府公共服务相结合，努力实现推动县域经济发展、创新社会管理、提升政府管理效能的目标。

2. 主要做法

（1）实施金融扶贫。针对绝大部分贫困户都希望获得金融扶持解决生产资金不足的实际情况，郁南县认真总结创建信用村经验，结合扶贫开发工作要求，重点探索了“造血式”扶贫，引导贫困户凭自己良好的信用和勤劳来获得金融支持，加快脱贫致富步伐。把对口帮扶和社会捐助资金整合设立贷款担保基金，按1∶5额度为全县所有贫困户整体进行授信，每户贫困家庭获授信1万元。动员一对一帮扶干部对金融扶贫贷款贴息90%，贫困户自行承担10%利息，使其每月支付5元利息就可贷款1万元发展生产经营。以“金融扶贫基金担保贷款+帮扶干部贴息”的“造血”扶贫机制，引导贫困户融入市场经济，树立金融理念，促进诚实守信、勤劳致富理念的养成。贫困户贷款签订诚信宣言，树立金融意识自主脱贫致富。

（2）创建“勿坦式”信用村。2009年6月，郁南县政府与该县农信联社选定桂圩镇勿坦村作为信用村试点，通过宣传发动、资料收集、评级、公示、授信等形式创建勿坦信用村。实行“信用贷款+担保贷款+同等优先”的利益导向机制，引导群众自觉遵纪守法、支持农村中心工作、参与村中事务，积极创造条件争当信用户，以全面创建“勿坦式”信用村促进农村社会管理。一是整村推进、整体授信。以行政村为单位，符合条件群众100%参与信用评定。二是大评委制。由政府、金融机构、村小组长、村民代表、村干部等进行集体评级。三是激励型评级。除财务指标外，信用评级还与基层党建、计生、支持青年及妇女创业、社会治安相结合，对符合信用激励方向的行为给予加分，不符合的给予扣分。在县征信中心有不良信用记录的一票否决。四是群众公认，动态管理。指标体系由群众充分讨论认可，评议结果张榜公布，每两年进行一次复评。

（3）建立县域综合征信中心。农村中小企业融资难和农户贷款难的重要原因是银行与中小企业、农户之间的信息不对称，企业、个人的大量信用信息分散在政府各部门，各自成为“信息孤岛”，不便于金融机构进行相应的业务服务。为解决此问题，依托人民银行的企业和个人征信系统率先在全省建立了首个县级征信中心，收集县直相关部门提供的非银行信用信息。目前县征信中心已成为全云浮市共建单位最多、数据最充分的县级综合性征信中心。建立县征信中心，不但较好地解决了金融机构与借款人的信息不对称问题，而且通过共享信用信息，有效促进了社会管理，提高了政府效率。

（4）探索农村建房贷款。出台工作指引，对符合“五有”农户（有辖区户口，有一定的资金，有信用——属信用户，有抵押物，有规划——房屋符合村镇规划）实施农村建房贷款，探索了以农村建设用地、林权、耕地承包经营权作为担保物贷款支持农民新建、改建、扩建房屋，满足了农民建房资金需求，激活、扩大了农村消费贷款领域，推动了农村建设用地、耕地、林权等资产在适当范围内流转。出台规范城乡建设用地指导意见，推荐使用美观实用的农村房屋设计图，全面清理整顿城乡违法建设用地、违规建房行为，用“信用＋抵押物＋规划”解决“有新居，没新村”的问题，从整体上提升了新农村建设的水平。

（5）组建县干部征信中心。采集全县1700多名公务员年度考核、获奖情况、公安检察机关违法违纪、党政纪处分情况、社会缴费情况、金融信用信息9项信息建立干部个人征信档案，在干部任用、管理上发挥了重要作用。

（6）开展“千干建千村”。通过安排每个实职副科以上干部挂钩联系一个生态文明村，落实“六个一”（印发一张民情联系卡，记好一本民情记录本，组织一次乡贤座谈会或参加一次村务工作会，牵头制订一个生态文明村规划建设方案，指导发展一个特色产业，帮助建立一套协同共治的机制）工作责任；搭建联系群众平台，解决自身“四风”问题、关系群众切身利益问题和联系服务群众“最后一公里”问题，促进形成“政府倡导、群众主体、多方参与”的幸福村居建设格局。

（7）全面拓展信用成果应用。一是营造浓厚氛围。开展“郁南社会信用体系建设在行动”活动，推行机关效能建设、网上审批、行风热线优化政府服务，发挥示范作用；建设诚信文化长廊、主题壁画、诚信道，营造良好的社会氛围，提升全县干部群众的整体信用意识水平。二是建设“诚信政府”。党员干部向社会作出“重诚信、守纪律”表率；县纪委牵头加强“公共服务监察”网管理，健全网上响应机制；设立机关效能投诉热线和投诉箱。出台“限时办结”制，树立“言出必行”的服务型政府形象。三是全面拓展信用建设成果。把征信成果应用拓展到诉讼、工商管理、食品药品监管、征兵、计生、信访、干部管理等领域，形成了行政性、司法性、行业性的应用机制和“失信惩戒、守信奖励”的激励和约束机制。

3. 主要成效

开展社会信用体系建设以来，全县村风、民风、社会管理起了积极变化，全县信访总量连续实现了较大幅度下降，进一步稳固了社会和谐稳定基础，政府社会治理效能提升。2013 年全县地区生产总值增长 12.7%；规模以上工业增长 29.0%；全社会固定资产投资增长 35.2%；地方公共财政预算收入增长 26.1%；信访总量下降 29.8%。金融扶贫初步解决了贫困户发展生产的“第一桶金”问题，2012 年全县贫困户全部实现了稳定脱贫。

二　学理分析

1. 准确定位政府职能，正确处理政府与市场的关系

广东省郁南县通过构建社会信用体系来提升政府管理效能，取得了很多成功的经验，从中不难发现地方政府在职能重心的选择上和有效利用市场机制的优势等方面作出了较好的判断。在国家治理现代化的大背景下，地方治理现代化是其重要组成部分，而地方治理现代化的一个重要前提就是准确定位政府职能，特别是要处理好政府与市场的关系。长期以来，人们习惯于把政府干预叫做“看得见的手”，把市场机制的作用称为“看不见的手”，“两只手”在社会治理的过程中都发挥着彼此不可替代的作用。关键是处理好二者的关系，该市场解决的问题，政府不“越位”；该政府

宏观调控、创造平台、解决瓶颈制约的，政府不“缺位”。当前，随着改革开放的不断深入，特别是发挥市场在资源配置中的决定性作用的前提下，政府更应该充分发挥市场优势，利用好市场资源，提高政府治理实效。但应该清楚的是，市场也不是完美无缺的，单纯的市场机制存在一定的局限性或者缺陷，即人们常说的“市场失灵”，这就为政府干预提供了可能。为了纠正“市场失灵”，政府必须有所作为，运用“看得见的手”预防和纠正“市场失灵”引起的问题。政府如何预防和纠正？首先，应该担当市场规则的制定者和市场秩序的维护者，监督和规范市场秩序。其次，政府应该成为市场运行的参与者，与其他市场主体一道遵守市场规则。最后，政府应成为社会发展的规划者，通过政府与市场关系的协调和科学合理的规划引领社会的发展。广东郁南县政府在社会诚信建设中政府职能清晰、定位准确，既发挥了政府的职能作用，又充分利用了市场资源，达到了较好的社会治理效果。

2. 构建社会信用体系是提升政府管理效能的有效方略

责任政府注重诚信品质，并且通过政府诚信引领社会诚信水平的总体提升。改革开放以来，一方面市场经济体制逐步建立起来，另一方面与市场经济相配套的制度机制还很不完善，从而导致许多矛盾和问题频频发生，比如诚信缺失问题就成为社会发展面临的现实问题。诚信缺失在政府、企业、社会组织及公众等各个层面都有不同程度的表现，致使人们产生“信任危机”。严格地讲，一个社会出现了“信任危机”是很危险的信号，需要政府认真审视这一问题产生的社会根源，并将其作为社会治理的一项重要使命抓紧抓好。实践证明，信任是凝聚人心的良药。地方政府要想增强社会管理的效能，应该从新型官民、政民关系的角度寻找突破点，以社会信用体系建设为抓手，官民在平等的基础上建立彼此的信任关系，消除传统官民关系的负效应，成为新时期社会治理的有效方略。郁南县政府全方位构建社会信用体系，形成了政府引领、干部带头、银行践行服务、公众参与并信守承诺等多元参与的社会信用格局，使全县的政风、村风、民风得到了根本好转。

3. 政府治理创新的着力点要与农民的切身利益充分结合

政府职能的定位和责任的履行应该坚持“以民为主”，坚决摒弃“为民做主”的传统做法。在基层社会治理中，增强治理能力的核心就是解决群众的利益问题，创新社会治理要与农民的切身利益充分结合，才能获得群众的广泛支持与参与。“以民为主”，就是根据当地的实际情况，充分利用各地有利资源，发挥优势，因地制宜，提供各式各样的公共产品和公共服务。郁南县社会信用体系建设之所以能够取得成功，重要原因在于该县抓住了当地农民发展致富最关键的资金金融问题，获取资金支持是当地群众最关心的问题，直接关系到广大群众的切身利益。金融是市场化程度比较高的领域，又是风险比较大的行业，如何将二者结合起来使效益达到理想状态的同时，又最大限度地规避风险，郁南县在社会治理中找到了创新的着力点，即创新金融服务的同时建构农村社会信用体系，多元主体共同向“以农村信用体系建设促地方经济发展”的目标努力。实践证明，郁南县的具体做法产生了“多赢”的效果。

4. 地方治理需要构建多元参与的体制机制

多元主体参与是治理理论的基本特征。在郁南社会信用体系建设过程中政府并非一枝独秀，而是形成了政府与多个金融机构、多个金融市场、企业和协会等共同参与的农村信用体系建设模式。一是发挥人民银行牵头作用，利用行政力量，组织更多的银行业金融机构积极参与，以市场需求为导向，因地制宜，将农村信用体系建设推向深入。二是支持地方政府和社会各类资本共同参与设立涉农融资担保基金，成立县域农村中小企业和农户贷款担保公司，鼓励有条件的农业龙头企业、农业行业协会和农民专业合作组织及民间资本发起设立或参与组建信用担保公司，鼓励各类担保机构进入农村市场，积极拓展符合农村特点的涉农贷款担保业务，支持再担保机构为市、县各类农村信用担保机构提供再担保服务。三是积极争取，加快引进涉农保险机构，探索出了“涉农保险 + 农户 + 信贷”的农银保互动合作模式。

三 问题探讨

1. 政府的统筹与政策的连续性问题

郁南社会信用体系建设是依靠金融政策支持和金融部门的服务开展起来的，各个金融机构通过服务需要政府统筹协调，并与相应的政策机制相协调。金融服务直接关系到群众的切身利益，以经济紧密相连，自然会引起群众的关注，容易调动群众参与的积极性。金融服务是以相关利益为纽带联系起来的，一旦利益缺失或者减少，这种服务就会弱化或变异，此时再以其为基础保持诚信体系的良好运行可能会出现困难。通过金融服务给群众带来的利益是群众作“信用农户”的物质基础，只有在这种利益不断延续并能发展壮大的情况下信用关系才能更好地保持，这就需要相关金融政策更加科学和有效执行，需要相应的金融机构可持续地服务，才能使相关信用体系得以持续发展。实践证明，一些地方政府因政绩观的驱使政策易变，就会动摇信用体系的基础。因此，确保政策的延续性尤为关键。

2. 政府与市场、社会的关系问题

从案例中不难发现，尽管郁南县在信用体系建设中较好地处理了行政力量与市场、社会的关系，并取得了一定的经验，但这些经验能否坚持下去、获得广泛推广应用并发展完善，还是一个问题。这是因为，在处理政府与市场、社会的关系问题上，我国整体水平还不高，目前正处于改革探索的关键期，一个县级地方政府很难完全突破大的政治生态环境。同时，从案例中不难发现已取得的成果离不开政府的强力推动，行政力量带动其他主体积极参与，换句话讲，市场及社会主体仍然依靠行政力量发挥效能，一旦政府力量改变或缺失，相关市场主体（银行及其他金融机构）和社会组织很难发挥主导作用，影响信用体系建设的持续推进。当然，要正确处理政府与市场、社会的关系，主要依赖于国家水平和治理能力的提升，但无论是在理论上还是实践中，都离不开地方政府积极有益的探索。

结　语

一　研究的基本结论

责任政府作为现代民主政治发展的产物，是对人民负责的政府模式，主动作为、勇于负责、敢于担当是责任政府的显著特征，在社会转型的新时期显示出了更大的意义和发展前景。特别是在改革开放继续前行的当下，整个社会在利益结构和社会格局等方面都发生着重大变化，正所谓“经济体制深刻变革、社会结构深刻变动、利益格局深刻调整、思想观念深刻变化”的时代，这些空前的社会变革，既给社会发展带来了活力，又给社会带来了复杂多变的各类矛盾和社会问题，为责任政府的重建与发展提供了现实诉求。当代责任政府建设并没有现成的模式、制度、范式可以去遵循，而是要人们首先具备改革创新的勇气，从应然和实然的维度对责任政府的本质及其现状予以审视，从而挖掘责任政府有别于传统政府的特征和目标诉求，才能彰显责任政府的当代价值。社会管理作为政府的重要职能，需要相应的责任政府形式与之相适应，才能实现社会治理的目标任务。当代责任政府继承传统又超越传统、立足现实问题又面向未来可持续发展需要，是一种与时代相协调的政府形式。本书始终将责任政府的研究置于社会转型背景下社会（地方）治理的生态环境中，较系统地研究了责任政府的理论基础、建设意义、现实困境、责任内容、履责动力、控制机制、建设路径等方面的问题，得出了以下结论：

第一，责任政府是完善政府治理结构和提升政府治理能力的理想政府模式。责任政府就是对人民负责的政府，其性质是人民主体性，其核心价值就是“负责任”。责任政府如能充分履责、担负起责任，就没有那么多难以解决的基层矛盾和现实问题了。因此，“负责任”应该成为政府解决社会问题、提高管理能力的逻辑起点。反之，不负责任是社会矛盾产生、社会问题加剧的直接原因之一。政府只要强化责任心，而且能够忠实地履行责任，众多问题就会迎刃而解。责任政府的“责任”及其实现包含了政府应尽的职能范围，较其他政府形式更为全面合理，自然就成为变革时期增强社会治理效果的最理想的政府模式选择。

第二，责任政府依托的理论基础和秉承的价值理念具有与时俱进的理论品质。责任政府有着广泛而深厚的理论渊源，人民主权思想、权责统一思想、法治精神、担当精神和有限政府理念均成为责任政府构建的理论原则。服务、廉洁、透明、公正等理念为责任政府注入了新的价值元素，成为责任政府推进改革和适应社会发展的理论优势。

第三，地方治理的现实需要是责任政府构建的主要价值。本书对已有成果进行了认真梳理，在参阅借鉴相关成果的基础上，从地方治理的视角对责任政府建设进行了较系统的探究。从规范分析的维度探讨了责任政府的内涵、特征、价值目标和政府的责任内容；从实证分析的维度剖析了建设责任政府的重要意义和存在的问题；从综合的视角探讨责任政府建设的对策，认为责任政府的制度、机制、体制是随着社会发展的需要不断优化和完善的。责任政府应坚持理念创新、制度创新、技术创新、体制机制创新，不断增强政府管理的规范化、科学化、信息化水平，提高政府社会治理的能力。

第四，行政问责制的建立与完善是责任政府的制度保障。行政问责的目的就是要形成科学有效的权力制约和协调机制。建立健全行政问责制既是责任政府建设的重要内容，又是确保政府责任有效落实的重要措施。但传统意义上的问责制已经难以适应当前政府建设和社会治理的需要，要求以改革创新的勇气超越问责制的现实困境，发挥制度的优势和效益。

第五，改革成功的经验是地方政府创新社会治理的有效动力。本书选取了几个地方治理手段创新比较成功的案例予以剖析，从中获得启示与灵感，为建设责任政府提供了现实动力。案例分别从城市治理、农村治理、信用生态环境构建等方面展现地方治理的创新举措，总结出地方政府在维护责任、服务责任、保障责任、民生责任、文化责任、生态责任等方面取得的宝贵经验，为其他地方的社会治理提供有益的经验借鉴。

二　研究的困惑与不足

多年来，在政府改革与发展的历程中，多种政府模式不断出现，比如民主政府、法治政府、责任政府、服务政府、有限政府、透明政府、廉洁政府、亲民政府、效率政府等都引起了人们的关注和研究，它们之间的关系怎样？是平衡关系还是包含关系？还是相容关系？现有的研究成果还没有形成比较权威的结论，有的学者认为服务型政府应该包含其他的政府模式，很多学者针对具体的政府模式进行了研究。本研究认为，一方面责任政府与其他政府模式具有相容性，在一些内容、原则、方法等方面具有共同特性。另一方面，责任政府在众多政府模式中具有中枢地位，全部或部分包含着其他政府模式的内容，因为民主、法治、服务、透明、廉洁、亲民、效率都可以作为政府的责任范畴。因此，本书研究责任政府的同时，其他相关政府类型也被纳入其中作为某种价值诉求、价值目标进行研究，作为健全责任政府的一个重要内容。这也正是本书选择责任政府研究的原因所在。

社会治理作为一项治国方略在党的十八届三中全会才被明确提出来，是从社会管理的基础上发展而来的，目前无论是在理论上还是实践上都是一个全新的命题，属于一个研究的热点问题，责任政府在新的时代背景下也需要新的内涵和创新的体制机制才能适应社会治理的新要求，这些为研究带来了一定的困难，再加之时间、资料、条件和作者水平等方面的限制，书中还存在一些缺陷和不足，有待克服和提高。

一方面，就研究对象而言，责任政府针对当前地方治理面临的系列问题应该进行多方面的变革与创新，本研究做了相应的理念和制度等方面的设计。但为什么这样设计，相关理论依据还不充分，对现实的指导意义还有待实践来检验。对案例的调查与分析还需要进一步地深入，最后提出的对策建议在操作性上也还需要进一步探讨。

另一方面，从地方治理的视角研究责任政府建设，一些相关的内容本应该进行深入的分析和研究，但由于精力受限、学术功底不足等问题，目前没能很好地进行下去。比如社会治理、地方治理对责任政府究竟有怎样的诉求？责任政府如何才能更好地实现社会治理、地方治理的目标？国外责任政府建设的经验对我国责任政府建设有何启示？国内不同层次、不同地域的责任政府建设又有何特点与差别？如此等等。

正是因为还存在上述不足，笔者不敢有丝毫的自满和懈怠，还必须努力创造条件，对责任政府建设进行更系统深入的研究。

参考文献

一　中文译著和外文著作

1. ［法］孟德斯鸠：《论法的精神》（上册），张雁深译，商务印书馆 1961 年版。
2. ［美］E. 博登海默：《法理学——法律哲学与法律方法》，邓正来译，中国政法大学出版社 1999 年版。
3. ［英］洛克：《政府论》（下篇），叶启芳、瞿菊农译，商务印书馆 1964 年版。
4. ［德］康德：《法的形而上学》，沈叔平译，商务印书馆 1991 年版。
5. ［德］康德：《历史理性批判》，何兆武译，商务印书馆 1991 年版。
6. ［法］卢梭：《社会契约论》，何兆武译，商务印书馆 1963 年版。
7. ［古希腊］亚里士多德：《政治学》（卷三），吴寿彭译，商务印书馆 1981 年版。
8. ［美］塞缪尔·亨廷顿：《变化社会中的政治秩序》，王冠华等译，上海三联书店 1998 年版。
9. ［美］萨拜因：《政治学说史》（上册），刘山等译，商务印书馆 1986 年版。
10. 《马克思恩格斯全集》第 2 卷，人民出版社 1995 年版。
11. 《马克思恩格斯选集》，人民出版社 1982 年版。
12. ［法］托克维尔：《论美国的民主》，董果良译，商务印书馆 1995 年版。
13. ［英］理查德·威尔森金、凯特·皮尔特：《不平等的痛苦——收入分配如何导致社会问题》，新华出版社 2010 年版。
14. ［美］E. S. 萨瓦斯：《民营化与公私部门的伙伴关系》，周志忍等译，中国人民大学出版社 2002 年版。

15. ［英］安东尼·吉登斯：《第三条道路及其批评》，孙相东译，中共中央党校出版社 2002 年版。

16. ［澳］欧文·E. 休斯：《公共管理导论》（第 3 版），张成福译，中国人民大学出版社 2007 年版。

17. Jay M. ShafriT, *The facts on file dictionary of public administration*, New York: Facts On File Publications, 1985.

18. Denhardt, R., *Theory of Public Organization*, 2nd ed., CA: Brooks/Cole, 1993.

19. Henry Cambell Black, *Black's Law Dictionary*, St. Paul, Minn., West Publishing Co., 1990.

20. D. Kttle, *Sharing Power: PublicGovernance and Private Markets*, Washington, D. C.: Brookings Institution, 1993.

21. Dobel, J. Patrick, "The Corruption of a State", *American Political Science Review*, 1978, 72: 958-973.

二　中文著作

22.《毛泽东选集》第 3 卷，人民出版社 1991 年版。

23. 毛泽东：《为人民服务》，人民出版社 1968 年版。

24.《毛泽东选集》第 4 卷，人民出版社 1991 年版。

25.《邓小平文选》第 3 卷，人民出版社 1993 年版。

26. 中共中央宣传部编：《习近平总书记系列重要讲话读本》，学习出版社 2014 年版。

27. 何勤华：《西方法学史》，中国政法大学出版社 1996 年版。

28. 何怀宏：《契约伦理与社会正义》，中国人民大学出版社 1993 年版。

29. 夏书章：《行政管理学》（第 4 版），高等教育出版社 2008 年版。

30. 张康之：《公共行政中的哲学与伦理》，中国人民大学出版社 2004 年版。

31. 席恒：《公与私：公共事业运行机制研究》，商务印书馆 2003 年版。

32. 麻宝成：《社会正义与政府治理：在理想与现实之间》，社会科学文献出版社 2012 年版。

33. 陈奇星、陈尤文：《公共管理案例分析》，上海人民出版社 2009 年版。

34. 李松:《中国社会诚信危机调查》，中国商业出版社 2011 年版。
35. 向春玲:《加强和创新社会管理 18 个经典案例》，中共中央党校出版社 2011 年版。
36. 李俊清:《传承与创新：当代公共管理理论与前沿问题研究》，人民出版社 2009 年版。
37. 徐双敏:《电子政务概论》，武汉大学出版社 2009 年版。
38. 陆学艺:《中国社会建设与社会管理：对话与争鸣》，社会科学文献出版社 2011 年版。
39. 全国干部培训教材编审指导委员会编写:《生态文明建设与可持续发展》，人民出版社 2011 年版。
40. 俞可平:《政府创新的理论与实践》，浙江人民出版社 2005 年版。

三 学术论文

41. 卫建林、朱佳木等:《世界正在发生深刻复杂变化》，《中国社会科学》2013 年第 1 期。
42. 张成福:《责任政府论》，《中国人民大学学报》2000 年第 2 期。
43. 李景鹏:《政府的责任和责任政府》，《国家行政学院学报》2003 年第 5 期。
44. 刘祖云:《论公共行政责任的实现》，《理论月刊》2003 年第 4 期。
45. 顾爱华:《中国公共行政责任与追究制度探讨》，《中国行政管理》2002 年第 8 期。
46. 杨雪冬:《责任政府——一个分析框架》，《公共管理学报》2005 年第 1 期。
47. 刘祖云:《“责任政府”及其实现途径——当代中国公共行政责任理论研究反思》，《江苏社会科学》2006 年第 1 期。
48. 高秦伟:《架构政府责任体系的理论探讨》，《行政与法》2002 年第 1 期。
49. 王和平、陈家刚:《论责任政府的宪政基础》，《中国行政管理》2011 年第 9 期。
50. 刘勇华、彭中礼:《论责任政府的法理基础》，《南华大学学报》（社会科学版）2010 年第 2 期。
51. 张晓泉、林学飞:《论行政法治条件下政府责任的实现》，《中共浙江省委党校学报》2003 年第 2 期。
52. 张定淮、涂春光:《论责任政府及其重建机制》,《中国行政管理》2003 年第 12 期。
53. 陈国权:《论责任政府及其实现过程中的监督作用》,《浙江大学学报》(人文社会科学版)2001 年第 2 期。
54. 谭功荣:《问责制:责任政府最基本的实践形式》,《中共福建省委党校学报》2004 年第 7 期。
55. 郑振宇:《行政道德责任:建立责任政府的关键》,《理论与改革》2002 年第 6 期。
56. 潘华云:《社会契约论的历史演变》,《南京师大学报》(社会科学版)2003 年第 1 期。
57. 李绍元:《社会契约论视域中的传媒社会责任——兼论绿色传播》,《伦理学研究》2011 年第 4 期。
58. 伍洪杏:《行政问责的理论依据新探》,《理论与改革》2012 年第 1 期。
59. 周亚平:《试论卢梭的人民主权论》,《吉林省教育学院学报》2010 年第 9 期。
60. 孙永芳:《卢梭的人民主权论再探析》,《前沿》2008 第 11 期。
61. 周云帆、刘文静:《宪政制度产生的背景及其启示》,《中山大学学报》(社会科学版)2003 年第 3 期。
62. 于伟、李天博:《公民社会之与善治》,《前沿》2008 年第 7 期。
63. 何增科:《治理、善治与中国政治发展》,《中共福建省委党校学报》2002 年第 3 期。
64. 荣开明:《毛泽东民本思想重大贡献》,《中国地质大学学报》(社会科学版)2007 年第 3 期。
65. 杨楠:《试论政府责任及其实现途径》,《兰州学刊》2011 年第 5 期。
66. 姚尚建:《国内责任政府研究的历史与现状》,《学术交流》2006 年第 4 期。
67. 周庆行、王洪增:《论现代责任政府》,《南都学坛》(人文社会科学学报)2006 年第 1 期。
68. 李晓玲:《论责任政府》,《江淮论坛》2010 年第 3 期。
69. 陈国权、王勤:《责任政府:以公共责任为本位》,《行政论坛》2009

年第6期。

70. 陈庆云等:《公共管理理念的跨越:从政府本位到社会本位》,《中国行政管理》2005年第4期。

71. 胡弘弘:《论公民意识的内涵》,《江汉大学学报》(人文科学版)2005年第1期。

72. 肖飞飞、戴烽:《公共领域中的公共精神》,《求实》2012年第11期。

73. 杨德东:《社会主体责任意识的缺失及重塑》,《中州学刊》2007年第2期。

74. 冯淑慧等:《树立责任理念,建立责任政府》,《兰州学刊》2004年第5期。

75. 汪玉凯:《破解既得利益格局是改革的最大难题》,《改革内参》(综合版)2013年第2期。

76. 郑杭生:《社会运行论及其在中国的表现——中国特色社会学理论探索的梳理和回顾之一》,《广西民族学院学报》(哲学社会科学版)2003年第4期。

77. 万斌、董石桃:《社会良性运行的政治调节机制及其优化》,《浙江社会科学》2010年第1期。

78. 夏挺松等:《我国"看病难、看病贵"问题的成因及对策分析》,《中国社会医学杂志》2011年第3期。

79. 黄爱宝:《责任政府构建与政府生态责任》,《理论探讨》2007年第6期。

80. 谢菊:《论政府生态责任》,《北京行政学院学报》2007年第4期。

81. 邓贤明:《责任政府视域下政府生态责任探析》,《前沿》2011年第7期。

82. 胡晓娟、胡毅夫:《国内道路交通安全现状、原因及防治对策》,《工业安全与环保》2009年第10期。

83. 高小平:《解放思想,深化行政体制改革》,《中国行政管理》2013年第3期。

84. 张屹立:《论责任政府构建的动力机制及路径选择》,《咸宁学院学报》2007年第1期。

85. 周亚越:《行政问责制的内涵及其意义》,《理论与改革》2004年第4期。

86. 宋涛：《行政问责概念及内涵辨析》，《深圳大学学报》（人文社会科学版）2005 年第 2 期。
87. 胡祥、施雪华：《行政问责的理论与实践》，《毛泽东邓小平理论研究》2012 年第 7 期。
88. 姜晓萍：《行政问责的体系构建与制度保障》，《政治学研究》2007 年第 3 期。
89. 英国《金融时报》社评：《中国收入分配改革亟需细化》，《改革内参》（综合版）2013 年第 6 期。
90. 孙谦：《法治建构的中国道路》，《中国社会科学》2013 年第 1 期。
91. 霍中文、周卫滨：《市场干预国家的法学分析》，《经济经纬》1999 年第 3 期。
92. 李玉璧：《西部开发与政府法律人格构》，《西北师大学报》（社会科学版）2002 年第 4 期。
93. 李军鹏：《大部制改革需要解决的六大重点问题》，《改革内参》（综合版）2013 年第 8 期。
94. 刘典文：《为公众做个好交易：不断提高政府合同管理的能力和水平》，《领导科学》2010 年第 2 期。
95. 付景涛、黄辉：《企业参与地方政府绩效评估的机会空间——顾客政治的理论视角》，《中国行政管理》2013 年第 3 期。
96. 俞可平：《中国公民社会研究的若干问题》，《中共中央党校学报》2007 年第 6 期。
97. 于飞：《论责任政府的理论基础》，《哈尔滨市委党校学报》2006 年第 11 期。
98. 宋曙光：《新医改下论“看病难、看病贵”——基于公共治理理论的视角》，《经济研究导刊》2009 年第 9 期。
99. 黄海荣：《论弱势群体暴力维权——以公权与私权的冲突为视角》，《云南行政学院学报》2011 年第 4 期。
100. 魏向赤、王小明：《“上学难、上学贵”的成因及其解决途径》，《教育与经济》2006 年第 3 期。
101. 李迎生：《论政府在农村社会保障制度建设中的角色》，《社会科学研究》2005 年第 4 期。
102. 课题组：《农村公共服务体系建设的诸多问题》，《改革内参》（综合版）2013 年第 9 期。

103. 郭根、吴婧：《地方政府的维稳“悖论”与化解之道》，《云南行政学院学报》2013 年第 1 期。

104. 唐皇凤：《“中国式”维稳：困境与超越》，《武汉大学学报》（哲学社会科学版）2012 年第 9 期。

105. 人民论坛问卷调查中心：《借“维稳”名义不作为乱作为“较严重”》，《人民论坛》2010 年第 9 期。

106. 张荆红：《“维权”与“维稳”的高成本困局——对中国维稳现状的审视与建议》，《理论与改革》2011 年第 3 期。

107. 王慧：《官场中的维稳烦恼》，《领导文萃》2010 年 12 月（下）。

108. 李传良：《现阶段我国公权与私权的冲突及调适》，《山东社会科学》2009 年第 8 期。

109. 王莉君、孙国华：《论权力与权利的一般关系》，《法学家》2003 年第 5 期。

110. 吴燕怡、万高隆：《私权与公权之冲突及地方政府责任》，《云南行政学院学报》2009 年第 3 期。

111. 刘士平、冯辉：《论“政府强制拆迁”中公权与私权的对立统一》，载郭道晖主编《岳麓法学评论》第 6 卷，湖南大学出版社 2005 年版。

112. 董阳、常征：《区域经济发展与资源保护协调机制研究》，《中国行政管理》2013 年第 4 期。

113. 黄小勇：《公众参与和政府公共决策策略》，《长白学刊》2011 年第 3 期。

114. 贾丽萍：《从十八大报告看中国社会保障新的发展目标》，《中国经济时报》2013 年 3 月 20 日第 A11 版。

115. 徐铜柱：《社会稳定视域下民族地区基层政府领导力探讨》，《社会主义研究》2011 年第 2 期。

116. 徐铜柱：《社会治理中公权与私权的冲突及调适》，《社会主义研究》2014 年第 2 期。

117. 徐铜柱：《试论社会管理中政府权力与责任的统一》，《社会主义研究》2013 年第 2 期。

118. 徐铜柱：《加强民族地区基层政府领导力建设探讨》，《中南民族大学学报》（人文社会科学版）2012 年第 5 期。
119. 徐铜柱：《从管理到治理：地方政府维稳职能的失衡与矫正》，《理论导刊》2014 年第 4 期。
120. 马庆钰：《全面推进官办社会组织改革》，《改革内参》（综合版）2014 年第 30 期。
121. 肖文涛：《社会治理创新：面临挑战与政策选择》，《中国行政管理》2007 年第 10 期。
122. 陈启智：《大公无私及其历史启示》，《伦理学与精神文明》1984 年第 5 期。
123. 李传良：《现阶段我国公权与私权的冲突及调适》，《山东社会科学》2009 年第 8 期。
124. 王莉君、孙国华：《论权力与权利的一般关系》，《法学家》2003 年第 5 期。
125. 杨义芹：《中国传统公私观及其缺陷》，《上海师范大学学报》（哲学社会科学版）2010 年第 3 期。

四 博士硕士学位论文

126. 杨淑萍：《行政分权视野下地方责任政府的构建》，博士学位论文，中央民族大学，2007 年。
127. 田侠：《行政问责机制研究》，博士学位论文，中共中央党校，2009 年。
128. 宋为：《公权腐败的网络治理研究》，博士学位论文，华中科技大学，2011 年。
129. 汪敏：《农村社会保障中的政府责任》，博士学位论文，湖南大学，2007 年。
130. 徐方正：《官员问责制的完善与责任政府的建设》，硕士学位论文，重庆大学，2010 年。
131. 郑苍松：《政府合同外包治理研究——以福建城市垃圾处理为例》，硕士学位论文，福建师范大学，2010 年。
132. 王行宇：《我国责任政府建设研究》，硕士学位论文，郑州大学，2004 年。
133. 张军辉：《行政问责制研究》，硕士学位论文，中国政法大学，

2006 年。
134. 陈翔：《我国政府问责制的制度分析与现状研究》，硕士学位论文，浙江大学，2007 年。

五 网络文章

135.《钟南山谈雾霾：要处理好 GDP 和民众健康的关系》，新华网（http://jjckb.xinhuanet.com/2013-03/04/content_431592.htm）。
136.《国土部新规打击囤在专家称地方政府动力不足》，新华网（http://news.xinhuanet.com/fortune/2012-06/08/c_123254622.htm）。
137.《十八届三中全会公报：创新社会治理设立国安委》，新华网（http://news.xinhuanet.com/politics/2013-11/12/c_118113455.htm）。
138.《胡锦涛强调提高社会主义基层民主政治建设水平》，新华网（www.xinhuanet.com）。
139. 习近平：《保护生态环境就是保护生产力》，人民网（http://fujian.people.com.cn/n/2013/0411/c181466-18441970.html）。
140.《起底季建业：会议纪要成南京审理拆迁案“法典”》，中国新闻网（http://news.china.com/domestic/945/20131018/18096334.html）。

后　记

本书是在我的博士论文基础上修改而成的，也是我近年来在对民族地区行政管理、基层社会治理进行研究的过程中所遇、所思、所感而得出的一些较肤浅的看法和认识，算是个人从事专业教学和科学研究的一个阶段性成果。特别是在改革开放继续前行的当下，庆幸个人的研究方向与时代同行。

我非常高兴在 2010 年考上华中师范大学政治学研究院的博士研究生，博士学习的经历对我来说就是人生的一笔财富，中年的我倍感来之不易。三年之后，学业总算有了一个阶段性的成果，内心充满着无限感慨：没有华中师范大学良好的学习环境、没有导师们的悉心培养、没有朋友们的热情帮助、没有家人的关爱与体贴，就没有我的进步与收获。

我要首先感谢我的导师陈伟东教授，他是一个学识渊博、思维敏捷、人品高尚的导师。陈老师对我的论文细心指导，从论文选题到文章的撰写、从资料的准备到特色的凝练、从论文开题到文章定稿，通篇都凝聚着陈老师的辛劳和汗水。陈老师作为社区建设与管理的专家学者，其深邃的理论观念和广博的专业素养时时闪现出学术的魅力，吸引我主动追随并不断学习。可以说，有幸成为陈老师的弟子是我人生中宝贵的收获！在此，我要用我最诚挚的心情向我的导师陈伟东教授致以崇高的敬意！

我还要感谢华中师范大学政治学研究院的领导和老师们，特别是程又中教授、唐鸣教授、王建国教授、王敬尧教授，你们的教诲和帮助给我营造了良好的学习环境，给予我智慧的启迪。我特别要感谢湖北民族学院校长戴小明教授，在我学习期间给予我的鼓励与关怀，是您的鼓励让我增添信心，是您的关怀让我有所作为，并为本书的出版提供了卓越的支持。感谢湖北民族学院外国语学院院长李权文教授为本书所做的相关英文翻译与校对工作。还有我的博士同学孔娜娜、谢正富、赵守飞等，不仅给我许多帮助，而且在学术的探讨中结下了深厚的同学情谊。在此，我对所有支持我关心我帮助我的领导、老师、同学、朋友们道一声真诚的感谢！

我最要感谢我的父母，你们默默奉献的精神和不知疲倦的做事态度总在激励我做正确的事，你们勤劳与善良的品质时刻鞭策我要做正直的人。更要感谢我的爱人张俊女士帮我收集资料、主动承担家务、耐心辅导孩子，能让我安心写作，我深感欠她太多，谨以此书奉献给她。最后要感谢的是我刚满十岁的儿子，学习期间没能够挤出多的时间来陪伴你深感愧疚，可每次回家又能听到你的懂事的关心的问候："爸爸，论文写完没有?!"你的每一次问话都让我增添前行的力量。

总之，博士学习对我来说是人生的一大跨越，个中滋味值得细细品味和永远珍藏。

本书在编辑出版过程中，中国社会科学出版社的孔继萍女士提出了许多宝贵的建议、花费了大量心血，为本书的最终出版助益良多，在此一并致谢！

尽管尽了最大的努力，但书中仍难免存在许多不妥之处，恳请大家包涵并批评指正！

徐铜柱

2014 年 9 月于湖北民族学院桂花园